Kunst am Stück

Theater Oberhausen 1992–2003

Hrsg. von Klaus Weise und Jochen Zulauf

Verlag Karl Maria Laufen
Oberhausen

mit freundlicher Unterstützung der SPARKASSEN-BÜRGERSTIFTUNG OBERHAUSEN

Bibliografische Information Der Deutschen Bibliothek
Die Deutsche Bibliothek verzeichnet diese Publikation in der Deutschen Nationalbibliografie;
detaillierte bibliografische Daten sind im Internet über http:// dnb.ddb.de abrufbar.

Dieses Buch trägt die Nummer: _60_

ISBN 3-87468-193-9

© Verlag Karl Maria Laufen, Oberhausen 2003
Alle Rechte vorbehalten
Printed in Germany

Redaktion: Helmut Postel, Rolf Rüth, Saskia Schwarz und Jochen Zulauf
Gestaltung, Layout und Satz: Benning, Gluth & Partner, Oberhausen
Druck: Basis Druck, Duisburg

Ohne Zuschauer kein Theater. Eine Auswahl	4
Himmel und Erde von Klaus Weise	10
Vor der Hacke ist es immer dunkel. Ein Bericht aus dem Tagebau des Theaters von Rolf Mautz	16
Und die im Dunkeln sieht man doch. Theaterleute vor, hinter, unter und über der Bühne Fotos von Anna Polke	30
Theater(t)räume Fotos von Anna Polke	48
Szenen einer wilden Ehe. Der Kritiker als Fan von Michael Schmitz	58
Von Klassikern und anderen Zeitgenossen. Schauspiel-Dramaturgie in Oberhausen von Helmut Postel	68
Expeditionen ins Unbekannte. Die Außenprojekte von Rolf Rüth	240
Junges Theater Oberhausen. Theater im Pott von Michael Jezierny	266
Herzen, Huren, Halbtonschritte. Die musikalischen Abende von Michael Barfuß	304
Wildwuchs am Theater. Die Nachtfoyers des Ensembles von Stephanie Gräve	330
Der Falstaff hinter der Theke: der Theaterwirt Walter Schwill von Helmut Postel	342
Werbung als Bühne oder geht's auch leiser? von Martin Benning	346
Dem Mimen flicht die Nachwelt keine Kränze. Der Oberhausener Theaterpreis von Gerd Lepges	358
Zuguterletzt: Das, was bleibt! Die Chronik aller Inszenierungen der Intendanz Klaus Weise zusammengestellt von Gerd Lepges, Saskia Schwarz und Jochen Zulauf	364
Wer da war. Ensemble und Gäste Alle Namen, Fotonachweise	396

Ohne Zuschauer kein Theater.
Eine Auswahl

Ohne Zuschauer kein Theater. Eine Auswahl

Ohne Zuschauer kein Theater. Eine Auswahl

Ohne Zuschauer kein Theater. Eine Auswahl

Ohne Zuschauer kein Theater. Eine Auswahl

Frank Wickermann, Günter Alt und Yorck Dippe in „Schlachtfest-Woyzeck" von Klaus Weise – Georg Büchner, Premiere am 26. September 1997 im Großen Haus

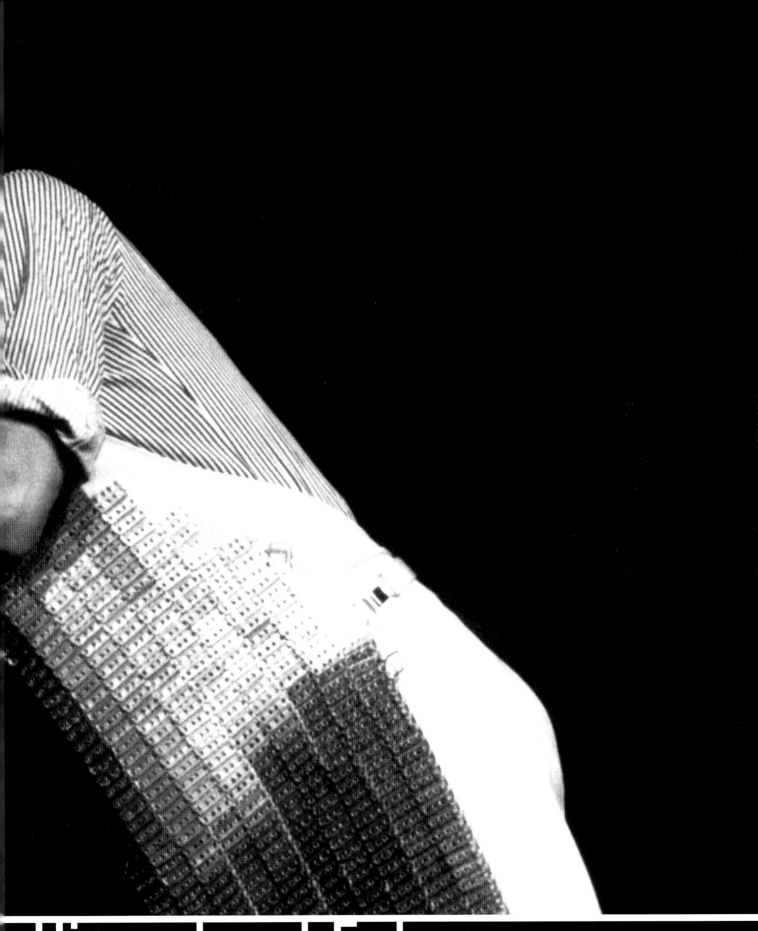

Himmel und Erde

von Klaus Weise

Himmel und Erde von Klaus Weise

*Manuela Alphons und Hartmut Stanke
in „Emilia Galotti" von Gotthold Ephraim Lessing,
Premiere am 25. September 1999 im Großen Haus*

*Hanna Jürgens, Tatjana Pasztor und Verena Bukal
in „Sonnenfinsternis" von Susanne Schneider,
Premiere am 2. November 2001 im Großen Haus*

In der Ebene unter mir brannte der Himmel. Wolken, glutrot erstrahlend, bedeckten das Firmament. Brennende Nebelschwaden stiegen von unten auf, giftige Dämpfe, die sich ausbreiteten und – kein Zweifel – in Kürze die Erde und uns vergiftet haben würden. Keine Sonne war zu sehen. Die Erde war aufgebrochen und dampfte aus ihrem Innersten. Bald würde glühende Lava aus ihr herausbrechen, zuerst die Ebene zu meinen Füßen, dann die Anhöhe, auf der wir standen, in einem Meer zähflüssiger Glut versinken lassen. Irgendwann später würde die Erde wie ein Geschwür zerplatzen, um schließlich im Dunkel des Weltalls zu verglühen.

Kein Zweifel: es gab keine Rettung mehr.

Was sich vor meinen Augen da in der Ebene und dem Himmel über ihr abspielte, war der Beginn des Weltuntergangs, Jüngstes Gericht, schlimmste Bibelstunde, zu der die Trompeten von Jericho die Musik spielten.

Da waren wir also vor dem Kommunismus aus der DDR geflohen, um im Westen elendig ums Leben zu kommen! Ich rannte nach Hause, denn wenn die Welt untergeht, muss die Familie zusammenhalten.

Später dann auch wieder rot.

Du stichst die Sau zwei Finger breit neben der Brust und wenn du die Halsschlagader getroffen hast, sprudelt das Blut in einer warmen Fontäne aus der Wunde, dass es eine Freude ist. Was nicht gebraucht wird vom Blut für die Blutwurst und den roten Schwartemagen, fließt in den Abguss, ins Erdinnere. Dort trinken es dann die apokalyptischen Reiter, bevor sie in den glutroten Himmel aufsteigen. Doch davor liegt die Angst. Du kannst wegsehen, die Augen, aber nicht die Ohren schließen: Schlachthof Mülheim, die sympathische Stadt an der Ruhr, Kindheit im elterlichen Metzgerhaushalt.

Vielleicht verstehen Sie, warum ich, als ich Anfang der siebziger Jahre zum Studium nach München ging, sagte: „Nie wieder Ruhrgebiet!"

Never say never again – James Bond wusste es, ich nicht.

Als ich 1991 als Theaterleiter und Regisseur zurück kam ins Ruhrgebiet, war die Montanindustrie weg (oder so gut wie) und auf dem Schlachthofgelände von Mülheim wohnen heute wahrscheinlich in Doppelhaushälften Familien und auf der Straße spielen die Kinder. C'est la vie – Sellerie!

Jetzt galt es, das Ruhrgebiet – mit den Mitteln des Theaters – neu zu entdecken, die Topografie seiner Industriebrachen als Ausdruck seiner Seelenlandschaft zu lesen und hinter dem gedemütigten Bewusstsein nach einer neuen Identität zu suchen. So wurden die gelben Reclam-Heftchen zu bunter Blüte getrieben, so haben die Klassiker von Morgen das Rampenlicht der Gegenwart erblickt, und so reanimierten die Außenprojekte das Theatralische der untergegangenen Industrieorte mitsamt ihrem Abraum.

Und vielleicht wird der Himmel ja wieder einmal rot und Blut wird fließen und ein kleiner Junge wird stehen und sich wundern.

Heike Kretschmer, Michael Witte und Tatjana Pasztor in „Portia" von Marina Carr, Premiere am 20. Oktober 2000 im Großen Haus

Hartmut Stanke, Juan Carlos Lopez, Mohammad-Ali Behboudi, Andreas Maier und Raphael Rubino in „Orte der Sehnsucht. Georg Forster – Weltumsegler und Revolutionär"

von Klaus Weise, Premiere am 7. Juni 2001 in der Kokerei Zollverein Essen

Rolf Mautz in „Leonce und Lena" von Georg Büchner, Premiere am 28. Oktober 1994 im Großen Haus

Vor der Hacke ist es immer dunkel.
Ein Bericht aus dem Tagebau des Theaters

Vor der Hacke ist es immer dunkel. Ein Bericht aus dem Tagebau des Theaters von Rolf Mautz

Felix Vörtler in „Jedermann" von Ulrich Greb,
Premiere am 20. und 21. August 1999 im Amphitheater auf der Halde Haniel

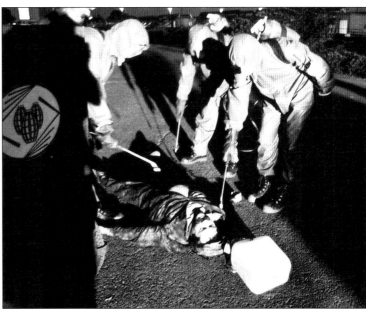

Mohammad-Ali Behboudi (liegend) in „An der schönen blauen Emscher"
von Ulrich Greb, Premiere am 13. Juni 1997 im Klärwerk Emschermündung

Da sehe ich mich noch stehen vor den verstaubten, aufgewellten und schief hängenden Fotos im Schaukasten des Theater Oberhausen vor 10 Jahren. Wo bin ich denn hier hin geraten? Das musste die gefürchtete Provinz sein, mit der „Blume von Hawaii" oder „Madame Butterfly" oder dem „Zigeunerbaron". Die Fliegen hatten auf die Fotos geschissen, der Zuschauerraum war vollkommen ausgeräumt, der Kronleuchter – übrigens ein sehr schöner Kronleuchter – völlig verdreckt und verstaubt, die Bühnenbretter herausgerissen, das Haus eine einzige Baustelle, der Gang zur Intendanz ein knarrender Bretterboden, der die Jahre über seltsamerweise gehalten hat, und im Intendanzsekretariat eine von staubigen Akten verschüttete Sekretärin. Es sah aus wie bei Dorfrichter Adam in der Registratur. Zutiefst deprimiert setzte ich mich ins Auto, und meine Frau hat in der Tat bis Köln kein Wort mit mir gesprochen. Aber der Vertrag war nun mal unterzeichnet, es hieß antreten, ich trat also an. Doch siehe, bei Vertragsbeginn strahlte das Theater in neuem Glanz, hatte einen neuen Eingang, ein schickes Café, schicke Designer-Sofas, schicke blaue Designer-Leuchten im Zuschauerraum, statt des Kronleuchters eine wuchtige Beleuchterbrücke in rosa, ein aufgeräumtes Sekretariat, blitzblanke Panoramascheiben und geputzte Messingknöpfe.

Es sah so schmuck aus wie der geputzte Alfa Romeo des Intendanten auf dem Intendanten-Parkplatz.

Zur Eröffnung gaben wir Kleists *Prinz Friedrich von Homburg*, in dem ich die ersten Worte zu sagen hatte. Zwei Tage vor der Premiere war der Designer-Dekorationsstahlfächer, der über dem Zuschauerraum schwebt, heruntergeknallt und hätte fast zwei Intendanten erschlagen, Herrn Weise und seinen damaligen Regieassistenten Herrn Lepper, hätten sie nicht gerade vor Beginn der Probe im neu gestalteten Foyer Kaffee getrunken. Sieben Sitze wurden bei diesem Absturz zerdeppert, das Regiepult zu Klump gehauen, und wir Schauspieler standen mit dem Ausdruck ungläubigen Entsetzens – so wie die Masken an der Außenfront des Theaters – um das Trümmerfeld herum. Da ich ein abergläubischer Schauspieler bin, der noch immer einen stetigen, allerdings vollkommen sinnlosen Kampf gegen das Pfeifen im Theater führt, insbesondere das Anfängerpfeifen, standen mir die Haare zu Berge.

Bei der dritten Vorstellung des Prinzen fehlte der Kollege Stanke, der den Kurfürsten gab, das Schlimmste, was einem Schauspieler passieren kann. Ein Bus voller Zuschauer musste nach Hause geschickt werden, der Weise lief mit einer weißen spitzen Nase im Gesicht über den Garderobenflur und fluchte alles zusammen, wir schminkten uns bestürzt und ratlos ab. Heute erst weiß ich, wie dem armen Hartmut Stanke zumute gewesen sein muss. Bei *Portia* erwachte ich einige Jahre später aus einem verspäteten Mittagsschlaf, nachdem der Anrufbeantworter mehrmals angesprungen war. Es war keine Nachricht darauf, erwartungsfroh schaltete ich mein Handy ein und es meldete sich ein Herr Weise: „Rolf, Du hast die Vorstellung verpasst. Weise" Punkt. Das war his Master's Voice auf der Mailbox, der ich im Schlaf prompt antwortete: „Klaus, Du willst mich wohl verarschen!" Nein, damit scherzt man nicht, war mein zweiter Gedanke, Spielplan anschauen mein dritter. Stürzte zum Spielplan: „Was, heute Dreigroschenoper, das ist doch seit acht Jahren abge-

Heide Simon, Felix Vörtler, Jutta Masurath, Meike Gottschalk und Rolf Mautz in „Ein paar Leute suchen das Glück und lachen sich tot" von Sibylle Berg, Premiere am 11. März 2000 im Gasometer Oberhausen

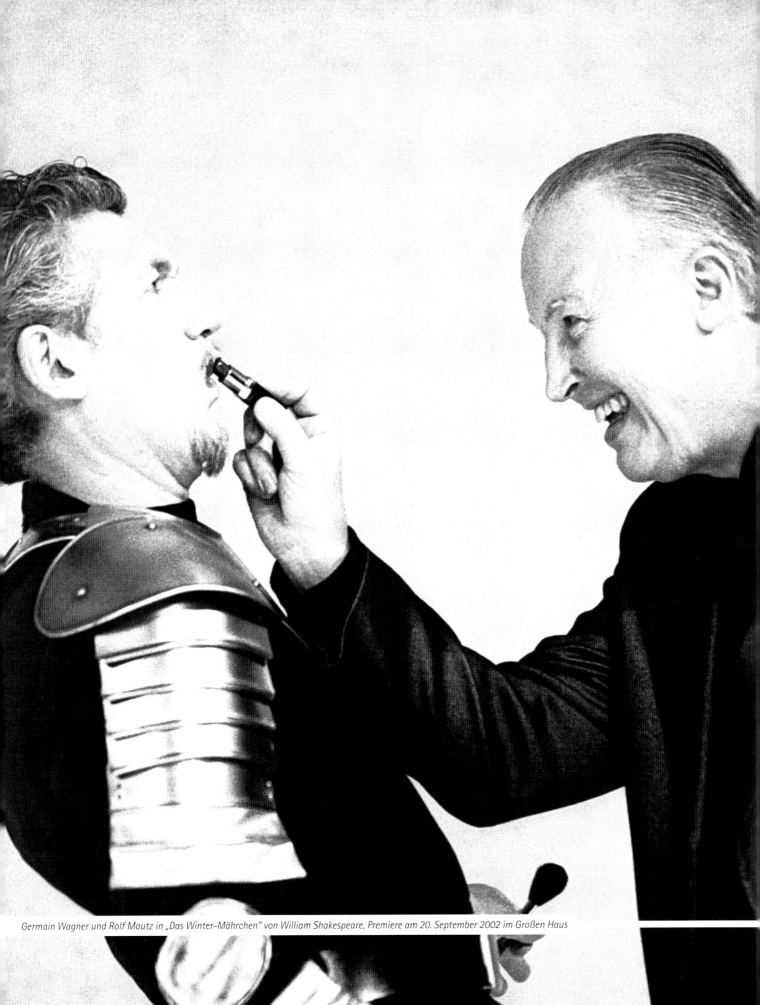
Germain Wagner und Rolf Mautz in „Das Winter-Mährchen" von William Shakespeare, Premiere am 20. September 2002 im Großen Haus

Vor der Hacke ist es immer dunkel. Ein Bericht aus dem Tagebau des Theaters von Rolf Mautz

Anna Magdalena Fitzi, Rolf Mautz, Anna Polke, Silke Slavik und Kirsten Hörold in „Die Dreigroschenoper" von Bertolt Brecht, Premiere am 2. April 1993 im Großen Haus

Neven Nöthig, René Schnoz, Christiana Krüger und Anna Magdalena Fitzi in „Leonce und Lena" von Georg Büchner, Premiere am 28. Oktober 1994 im Großen Haus

spielt, und du kannst den Text nicht mehr!" Ein uralter Spielplan, von anno dunnemals, hing an meinem Bücherregal und hatte mich genarrt. Während ich meinen Kalender suchte, sagte mir eine Stimme „Geh ans Telefon, Du Idiot". Schrie den Pförtner an: „Inspizientenpult – sofort!" Stefan Müller am Inspizientenpult: „Rolf, wo bist Du?" – „Hier" – „Wo?" – „In Oberhausen. Wann ist mein Auftritt?" – „Der war schon. Wann kannst Du hier sein?" – „In fünf Minuten."

Oh Gott, oh Gott, Hose an, Hemd, Treppe hinunter und – Thalia stehe mir bei – eine halsbrecherische Fahrt in die Einbahnstraße, in der Frau Real von der Kasse die Straße tatkräftig gegen die Fahrtrichtung freigehalten hatte. Da standen sie schon mit Kostüm und Maske, der Weise mit der weißen Nase und ich – zitternd am ganzen Leib – trat hinaus und ließ meine Wut an meiner Partnerin und Bühnentochter Heike Kretschmer aus. Zehn Minuten zu spät, aber aufgetreten, nachdem Weise durch eine überzogene Ansprache und Kollege Ünsalan mit dem Textbuch in der Hand einen äußerst verzweifelten, aber letztlich vereitelten Rettungsversuch unternommen hatten. Selten war mir so schlecht.

Am übelsten war es mir im Gasometer beim *Endspiel*. Die Proben in dem kalten, lebensfeindlichen Raum, eine Qual, Stichworte in luftiger Höhe nur zu erahnen, sinnloses Anschreien gegen das Dröhnen des Windes und das Klatschen des Regens auf diese graue, verfluchte Tonne. Schwitzend treppab und treppauf gelaufen in einem mit Filz und Watte ausgestopften Kostüm, der Weise saß unten im blauen Designer-Mäntelchen und blauen Hütchen und schaute mit blitzenden Brillengläsern, neben zwei Gasheizöfchen sitzend, zu und ließ sich von Erinnya Wolf mit irischem Whiskey bedienen. Gegen Ende des Stückes musste ich mit einem Koffer und dem Liedchen „Vögelchen, flieg zu meiner Liebsten, niste Dich in ihrem Mieder ein" auftreten. Das Stichwort von Ham, von Günter Alt, war unterhalb der Plattform beim besten Willen nie und nimmer zu verstehen. Bei jeder Kritik quälte mich der Weise damit, dass ich zu spät auftrete, dass der Spannungsbogen abfalle, dass man das als Schauspieler doch spüren müsse, das sei doch eine Sache des Instinktes, dass ich so schwerhörig doch nicht sein könne, dass der Kollege Alt schon ungeduldig warte und ob ich die Szene schmeißen wolle, ob ich keine Lust auf diesen schönen Auftritt hätte und ob ich seine Inszenierungskunst völlig torpedieren wolle etc. Am Abend der Premiere hält sich der Weise, mein Auftritt steht kurz bevor, zur Entgegennahme des Applauses an eben der Stelle auf, an der ich mich für den umstrittenen Auftritt vorbereite. Das Stichwort fällt, bzw. ich erahne es dunkel, da sagt der Weise zu mir: „Rolf, Du hast recht, das Stichwort hört man wirklich nicht." Da spätestens hätte ich ihn erwürgen können.

Auch das so genannte *Emscher-Projekt* war kein Zuckerschlecken. Wer einmal die Rechenkammern des Emscher-Klärwerks insbesondere nach dem Wochenende betreten hat, wenn tausende und abertausende Kondome und Millionen von blauen Ohrenwattestäbchen aus der trüben braunen Soße gefischt werden und zu Blöcken gepresst über ein Förderband in Container verfrachtet werden, wer den unsäglichen Gestank dieses Augiasstalles des Ruhrgebietes einmal in der Nase hatte –

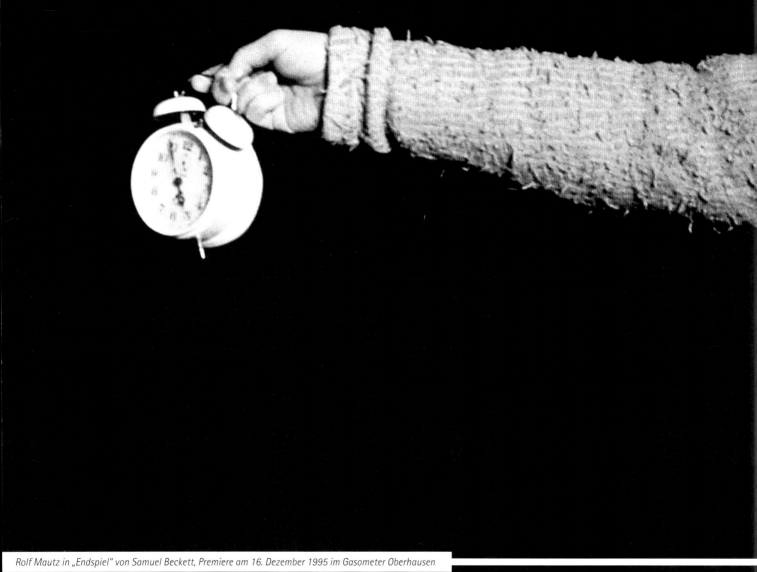

Rolf Mautz in „Endspiel" von Samuel Beckett, Premiere am 16. Dezember 1995 im Gasometer Oberhausen

Vor der Hacke ist es immer dunkel. Ein Bericht aus dem Tagebau des Theaters von Rolf Mautz

*René Schnoz und Rolf Mautz in „Wer hat Angst vor Virginia Woolf?"
von Edward Albee, Premiere am 15. Januar 1993 im Großen Haus*

*Anke Schubert und Franz Xaver Zach in „Amphitryon"
von Heinrich von Kleist, Premiere am 15. Januar 1994 im Großen Haus*

und nicht nur für einen vergnüglichen Theaterabend, sondern allabendlich –, dem würde das Theater nicht zur Freude gereichen. Es sollte noch schlimmer kommen. In einer schmucken weißen Kapitänsuniform mit schneeweißer Mütze sollte mich ein Kollege, der überintensiv und darüber hinaus seemännisch völlig unkundig war, durch eines der Klärbecken rudern, in dem die Scheiße, die bekanntlich immer oben schwimmt, oben schwamm. Dabei hatte ich Goethes Osterspaziergang zu rezitieren und aufrecht im Heck eines kleinen Plastikbootes zu stehen. Der Kollege kam, wie zu erwarten, beim Rudern aus dem Rhythmus, ich fiel der Länge nach auf die Nase, und ein Tau, das reichlich mit Emscherbrühe getränkt war, streifte mir quer durch den Mund, in dem die Sprache und infolgedessen auch der Osterspaziergang vor Ekel verstummten. Ich schüttete mir einen Schluck Desinfektionsmittel, das ich ständig bei mir trug, in den Mund, hechtete halsbrecherisch an Land und hatte wieder diesen Ausdruck im Gesicht, den die Masken des Schreckens zeigen, als ich mich im Spiegel der Toilette des Schleusenwärterhauses ansah. Gottlob verstauchte sich der Kollege, der mich derart gerudert hatte, Landratte, die er nun mal war, beim Rollerskaten noch vor der Premiere das Bein, und der Kollege Neven Nöthig, der einsprang, ruderte mich allabendlich mit sicherer Hand durchs Klärbecken. Ich danke ihm heute noch.

Die tagtägliche nachhaltige Gesundheitsschädigung, die von den so genannten Außenprojekten ausgeht, und zwar bis heute noch, ist geradezu unbeschreiblich. Und der Zuschauer, der in der glücklichen Lage ist, diese nur einmal besuchen zu dürfen, steigt in sein Auto oder in den bereit gestellten StOAG-Bus, labt sich an den Resten seines Picknickkörbchens, während unsereiner leise weinend, verschwitzt und unabgeschminkt den Heimweg antritt – in *Jedermann* mit einer verrotzten Staublunge, die Zunge pelzig, vom Abraum der Halde Prosper Haniel, im *Emscher-Projekt* mit einem anhaltenden olfaktorischen Schaden, im *Endspiel* und *Ein paar Leute suchen das Glück* mit steif gefrorenen Knien im Pinguingang ins Theaterlokal wankend, das chemische Heizkissen noch in der Manteltasche. Aus dem Forster-Projekt *(Orte der Sehnsucht. Georg Forster – Weltumsegler und Revolutionär)* auf der Zeche Zollverein mit einem Hörschaden, dessen Folgen bei den Proben zum *Winter-Mährchen* – also über den Verlauf einer Spielzeit hinweg – noch anhalten. Da gibt der Weise auf der neuen, hellen, gut beheizten Probebühne Szenenanweisungen, die so genuschelt sind, dass ich sie beim besten Willen nicht verstehe. Ich frage aus ca. 12 m Entfernung: „Was hast Du gesagt?", daraufhin spricht der Weise, um mich zu ärgern, noch leiser. Ich frage den Partner, der mit mir die Szene spielt: „Was hat er gesagt?", und der Kollege ist so freundlich, mir die Anweisung vom Weise zu übersetzen: „Der Weise meint, du solltest nicht so viel mit den Händen fuchteln." „Oh", sage ich zum Kollegen, „das hat er mir schon oft gesagt. Das vertanzt sich bis zur Premiere." Schreit der Weise vom Regiepult: „Was redet Ihr denn da?" Ich: „Der Germain übersetzt mir nur, was Du kommentiert hast." Schreit der Weise: „Hier ist nicht der Ort für Privatgespräche." Ich: „Erlaube mal, das war kein Privatgespräch, der Germain war lediglich so nett, mir Deine

Rolf Mautz und Neven Nöthig in „An der schönen blauen Emscher" von Ulrich Greb, Premiere am 13. Juni 1997 im Klärwerk Emschermündung

Vor der Hacke ist es immer dunkel. Ein Bericht aus dem Tagebau des Theaters von Rolf Mautz

Günter Alt und Christiana Krüger in „Die Möwe" von Anton Čechov,
Premiere am 2. September 1994 im Großen Haus

Rolf Mautz in „An der schönen blauen Emscher" von Ulrich Greb,
Premiere am 13. Juni 1997 im Klärwerk Emschermündung

leisen Anweisungen zu übersetzen." Schrei der Weise: „Ruhe, so schwerhörig kannst Du doch nicht sein." So entsteht der schönste Probenkrach, der Weise ist beleidigt, weil ich seine Anweisungen nicht umsetze, und ich bin beleidigt, weil seiner Regiekunst Teile meiner eustachischen Röhre zum Opfer gefallen sind. Am Ende der Probe sage ich zu Germain Wagner: „Der Weise hat dann aber doch gesagt, wir hätten seine Anweisungen doch noch ganz gut umgesetzt."

„Nein", sagt der Germain, „Du hast ihn nicht ganz verstanden. Er hat gesagt, Du bist umbesetzt." Aber das war gelogen. Ich fragte einmal meinen 89-jährigen Vater, was er denn für seinen schönen neuen Anzug bezahlt habe? „Ja, halb drei", war die Antwort. Also erblich bedingter endogener Hörschaden, durch exogene Außenprojekte nunmehr chronisch geworden. Die Frau Doktor Madschiji, die ihre Praxis auf dem halben Wege zwischen dem Theater und der Probebühne hatte, machte einen Hörtest mit mir und wackelte bedenklich mit dem Kopf. 30 % Hörverlust. Jetzt hat der Mortier die Außenprojekte entdeckt und ist trotzdem zum Intendanten der Pariser Oper bestellt worden. Der muss ein beneidenswertes Ohr am Puls der Zeit haben! Meine Texte lerne ich, wie immer, bei Wind und Wetter auf der Kirchheller Heide, immer mit dem Blick auf die verfluchte, staubige Halde Prosper Haniel, die höchste Erhebung des Ruhrgebietes. Ich rede und gestikuliere dann immer alleine vor mich hin, sage den Text laut vor mich hin, fuchtele mit den Armen vor mich hin, damit sich das bis zum ersten Probentag vertanzt, damit der Weise nicht wieder schreit: „Rolf, Du fuchtelst schon wieder so mit den Händen herum." Gehe schnurstracks den Wanderweg hinunter, mitten durch Sumpfgebiet. Hinter mir nähert sich langsam ein grünes Auto mit dem Schild „Forstverwaltung Dinslaken" an der Windschutzscheibe. Der Fahrer fährt mit so einem Gesicht wie die Maske außen auf dem Theater neben mir her und fragt aus dem Fenster: „Kann ich Ihnen helfen?" „Nein", sage ich bedeutungsvoll, „ich memoriere einen Text." „Ach, dann sind Sie wohl vom Theater?" „Ja", sage ich, „ich lerne den Text für ein Stück", und um ein wenig Reklame zu machen, „für das Außenprojekt des Theater Oberhausen *Jedermann* auf der schönen Halde Prosper Haniel." „Und ich dachte, Sie bräuchten Hilfe", sagt der Waldarbeiter aus seinem stinkenden Waldarbeiter-VW-Passat. „Was, Sie sind vom Theater, da machen Sie doch sowieso in zwei Jahren einen Aldi draus!", gibt Gas und rauscht mit seinem grünen Auto den Wald runter.

Die Außenprojekte liegen stets direkt nach den Ferien, schon wegen der guten Witterung und des damit verbundenen Publikumzuspruches.

Endlich hatte ich einmal kein Außenprojekt, sondern Vorproben zu *Hamlet*, eine Hausproduktion, eine so genannte Chef-Piéce, in der ich meinem Alter gemäß die Rolle des Polonius geben sollte. Mein Freund und Schauspielkollege Burghart Klaußner, der in der Hauptstadt engagiert ist, hatte mich zu einer Segelreise auf seiner Yacht „Stella" eingeladen auf dänischem Gewässer, und wir passierten gerade das Schloss des Prinzen Hamlet bei Helsingör. Ich schnappte mir seine Kamera vom Navigationstisch, wo ich doch mitten in den Hamlet-Proben war, und fotografierte von Bord aus die imposante Schloss-

Vor der Hacke ist es immer dunkel. Ein Bericht aus dem Tagebau des Theaters von Rolf Mautz

*Elenor Holder, Anna Polke, Stephanie Lang und Hartmut Stanke
in „Der Tartuffe" von Molière,
Premiere am 2. Juni 1995 im Großen Haus*

*Rolf Mautz, Nina V. Vodop`yanova, Mohammad-Ali Behboudi, Felix Vörtler,
Arved Birnbaum und Hartmut Stanke in „Baal" von Bertolt Brecht,
Premiere am 27. Februar 1998 im Großen Haus*

kulisse. Mein Freund Burghart schrie: „Das waren die letzten Bilder des letzten Films an Bord. Die waren für die Landung in Travemünde bestimmt." Ich sage: „Schau Burghart, ich habe bald wieder Hamlet-Proben, da könnte ich doch einmal die Bilder vom Original-Hamlet-Schloss vorweisen." „Na, bist Du wahnsinnig geworden? Urlaubsfotos auf der Probe herumzuzeigen – das ist doch peinlich!" „Na gut", sage ich, „dann zeige ich sie eben bei der Premierenfeier herum." „Wenn Du den Hamlet spielst, wird es keine Premierenfeier geben!"

So verfolgte mich das Theater Oberhausen bis in die dänischen Gewässer, und ein schöner Urlaubskrach war die Folge.

Das Gasometer-Außenprojekt *Ein Paar Leute suchen das Glück und lachen sich tot* hatte dann doch ein Gutes: Ich hatte darin so viel gefroren, dass ich mit den Händen nicht herumgefuchtelt habe und sie immer schön an den chemischen Heizkissen festgehalten habe, die der Felix Vörtler eines Abends zur Vorstellung mitgebracht hatte. Die musste man nur anknacken, und sofort ging von ihnen eine wohlige Taschenwärme aus, die bis zum Ende der Vorstellung anhielt. So habe ich fast das ganze Stück über die Hände in den Taschen behalten, was der Frau Berg so gut gefallen hat, dass sie ein Stück für mich geschrieben hat mit meinem Namen im Titel. Das Stück spielt allerdings in den Tropen, wo es blödsinnig heiß ist, und der Weise hatte gleich bei der zweiten Probe den glänzenden Regieeinfall, ich könnte doch das ganze Stück in der Unterhose spielen. Ob ich was dagegen hätte. „Nein", habe ich gesagt, „ich habe nichts dagegen, aber die Unterhose möchte ich doch bitteschön anbehalten." Das Stück kam gut an, und in einer Kritik war ich nur mit der Unterhose bekleidet auf dem Szenenfoto zu sehen. Darunter stand: „Kostüme: Fred Fenner".

Nachdem das Stück drei Monate läuft, komme ich morgens an die Tageskasse, um die Kassendamen mit Nachfragen nach den Besucherzahlen für *Herr Mautz* zu quälen. Es treten drei ältere Damen hinzu, die sich anheischig machen, Karten für das Stück zu erwerben. „Oh", sage ich, „das ist aber nett, dass Sie meine Vorstellung besuchen wollen." Da sagen sie im Chor: „Wir wollten Sie endlich mal in Unterhose sehen."

Bald wird der Weise zum Spielzeitende oder der Lepper zum Spielzeitanfang seinem Bühnenbildassistenten den Befehl geben, das Bild mit dem Herrn Mautz in der Unterhose aus dem Schaukasten zu nehmen. Na, wartet Freundchen, die Sache ist noch nicht ausgemacht!

Denn Jahre später, als der Weise schon pensioniert war und auf seiner Finca bei Cadaques am Pool saß und sein digitales Sony-Hörgerät zur Inspektion in Barcelona war, da soll der Lepper den ganzen Weg über die Pyrenäen zum Weise gereist sein, um ihn wegen der GmbH-Holding um Rat zu fragen. „Wie hoch war eigentlich Dein letzter Etat in Oberhausen?", hat der Lepper den Weise gefragt. Der Weise hat in die Sonne geblinzelt und genuschelt: „Ja, halb drei." Der Lepper hat nichts dazu gesagt, aber bei sich gedacht, dass der Weise ausgerechnet in der Beethoven-Stadt durch das ständige Anhören von Generalproben als Generalintendant halb taub geworden sei. Dabei hätte der Lepper doch schon aus seiner Assistentenzeit wissen müssen, dass der Weise immer nur das gehört hat, was er hören wollte.

Roland Riebeling, Hendrik Richter, Rolf Mautz, Mohammad-Ali Behboudi und Juan Manuel Torres y Soria in „Herr Mautz" von Sibylle Berg, Premiere am 9. März 2002 im Großen Haus

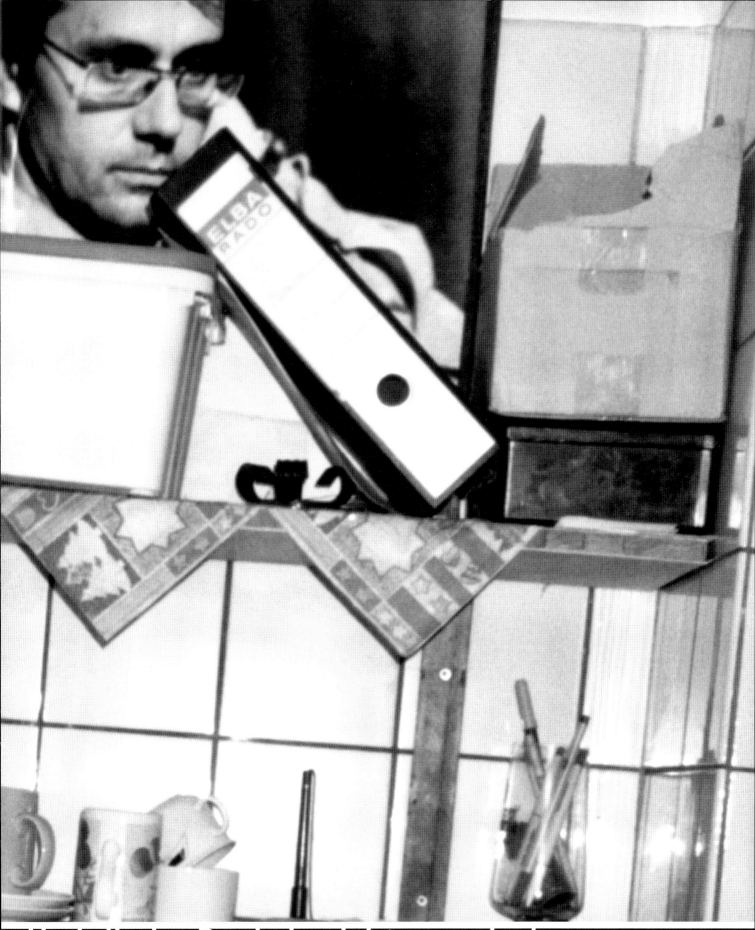

**Und die im Dunkeln sieht man doch.
Theaterleute vor, hinter, unter und über der Bühne**

Fotos von Anna Polke

Und die im Dunkeln sieht man doch. Theaterleute vor, hinter, unter und über der Bühne. Fotos von Anna Polke

Die Pforte

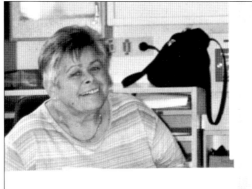
Sigrid Eggert

Heidi Härter

Karl Feuser

Die Technische Direktion

Gunther Elsasser (Technischer Direktor)

Christoph Kreutzer (Bühneninspektor)

Frank Schmidt (Bühnenmeister)

Werner Fest-Holloh (Bühnenmeister)

Stefan Oppenländer (Bühnenbildasistent)

Tanja Annika Görlitz (Kostümbildassistentin)

Daniela Maria Decker (Kostümbildassistentin)

Und die im Dunkeln sieht man doch. Theaterleute vor, hinter, unter und über der Bühne. **Fotos von Anna Polke**

Wolfgang Müsch

Adolf Jäkel

Stefan Müller (Assistent. d. Technischen Direktors)

Jochen Jahncke (Leiter der Beleuchtung)

Andreas Parker (Werkstättenleiter)

Die Ausstattung

Gesine Kuhn (Bühnenbildassistentin)

Svea Kossack (Bühnenbildassistentin)

Die Schneiderei

Katharina Kämper (Leiterin der Kostümabteilung)

Monika Mönig, Sigrid Eschmann

Und die im Dunkeln sieht man doch. Theaterleute vor, hinter, unter und über der Bühne. Fotos von Anna Polke

Claudia Thiemann

Edward Ciosek (Gewandmeister)

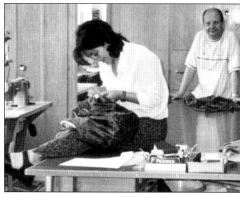
Rosana Tamburro, Edward Ciosek,

Alexander Klode, Burkhard Fahnenbruck, Jeanette Rohe-Blaßcyk (Praktikantin),

Rainer Felzner und Svenja Stuhlämmer (Praktikantin)

Der Malersaal

Harald Tutlys

Frank Oberst

Die Schlosserei

Uwe Mölleken (Maschinenwart)

Die Polsterei

Andreas Parker und Frank Brandt

Und die im Dunkeln sieht man doch. Theaterleute vor, hinter, unter und über der Bühne. Fotos von Anna Polke

Kerstin Eichholz, Christiane Müller

Der Malersaal

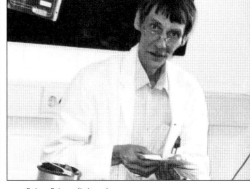

Rainer Felzner (Leitung)

Die Schreinerei

Klaus Ritzerfeld (Leitung), Stefan Radovic

Gerd Schledorn (Leitung), Heinz Höppner, Jürgen Winter

Jürgen Winter

Die Hausreinigung

Lina Schulz

Und die im Dunkeln sieht man doch. Theaterleute vor, hinter, unter und über der Bühne. Fotos von Anna Polke

Die Bühnentechnik

Margret Rütters, Sonja Rothe, Jenny Grunts, Anita Kammhöfer

Hartmut Rasokat, Frank Hoffmann, Walter Bischoff, Dirk Büskens, Frank Schöller, Franz Herrmann, Miguel Weidemann,

Konrad Pfaff, Frank Goldbach, Holger Padowano, Benjamin Schnitzler, Herbert Verhoeven, Roland Pelloth, vorne: Theodor Riesener, Udo Matten

Die Beleuchtung

Jürgen Marzotko, Jochen Jahncke

Andreas Rasche, Rolf Welbers

Rolf Meurisch

Reinhard Witte, Oswin Frensch

Eckhard Wollek

Und die im Dunkeln sieht man doch. Theaterleute vor, hinter, unter und über der Bühne. Fotos von Anna Polke

Daniel Winter, Frank Hoffmann, Heinz Otto, Hartmut Rasokat, Aykut Efe, Theodor Riesener, Thomas Wobker, Rainer Felzner (Malersaal), Miguel Weidemann, Herbert Verhoeven, Walter Bischoff, Dirk Büskens, Benjamin Schnitzler, Franz Herrmann, Jürgen Winter (Schlosserei), Hermann Langenberg, Heinz Höppner (Schlosserei), Konrad Pfaff, Vincent Ventelou (Beleuchtung), Stefan Radovic (Schreinerei)

Hartmut Rasokat, Olaf Tomsons, Christoph Kreutzer, Daniel Winter   *Roland Pelloth*

Andreas Rasche (Stellvertretender Leiter der Beleuchtung)   *Thomas Lerch, Jürgen Marzotko*   *Vincent Ventelou*

Der Ton

Björn Berendes (Leiter der Tonabteilung)   *Lars Figge*

Und die im Dunkeln sieht man doch. Theaterleute vor, hinter, unter und über der Bühne. Fotos von Anna Polke

Günter Streich

Joachim Barthlott

Die Requisite

Tanja Kuhlmann

Die Inspizienz

Stefan Müller (rechts)

Petra Anders

Die Regieassistenz

Sinéad Kennedy

Bühnen- und Kostümbild

Manfred Blößer

Sigrid Colpe

Und die im Dunkeln sieht man doch. Theaterleute vor, hinter, unter und über der Bühne. Fotos von Anna Polke

Hermann Schulz (Leitung)

Roman Firgau

Rainer Taegener (Requisiteur und Hauswart)

Uta Neubert

Die Souffleusen

Angelika Schmidt

Eva Lange

Harald Wolff

Miriam Zielke

Fred Fenner

Stephanie Geiger

Claudia Helling

Und die im Dunkeln sieht man doch. Theaterleute vor, hinter, unter und über der Bühne. Fotos von Anna Polke

Ilka Hövermann

Martin Kukulies

Andrea Mutz

Peter Scior

Anna Stolze

Elisabeth Strauß

Andrea Bettini

Christina Böckler

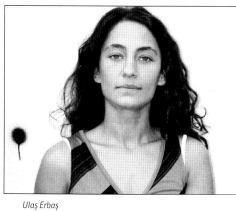
Ulaş Erbaş

Matthias Kaschig

Stephan Kimmig

Annette Kuß

Und die im Dunkeln sieht man doch. Theaterleute vor, hinter, unter und über der Bühne. Fotos von Anna Polke

Alfred Peter

Petra Rotterdam

Ariane Salzbrunn

Sigrid Trebing

Die Regie

Fred Berndt

Barry L. Goldman

Ulrich Greb

Thomas Goritzki

Johannes Lepper

Stefan Otteni

Rosee Riggs

Und die im Dunkeln sieht man doch. Theaterleute vor, hinter, unter und über der Bühne. Fotos von Anna Polke

Christoph Roos

Volker Schmalöer

Werner Schroeter

Klaus Weise

Franz Xaver Zach

Die Musik

FM Einheit

Markus Maria Jansen

Volker Kamp

Angelika Zeimet, Gülsum Güler, Karin Pautsch, Luise Göke, Kirstin Gäbler, Klaus Weise

Elisabeth Bartsch, Gülsum Güler, Aysel Ablak

Und die im Dunkeln sieht man doch. Theaterleute vor, hinter, unter und über der Bühne. Fotos von Anna Polke

Peter Seuwen

Lore Stefanek

Kay Voges

Michael Barfuß

Manfred Miketta, Peter Engelhardt, Stefan Lammert, Lothar van Staa, Michael Barfuß

Georg Verhülsdonk (Stimmbildung)

Die Garderobe

Kirstin Gäbler (Hausinspektorin)

Bärbel Hüsken, Waltraud Schäfer, Ilse Witt

Die Theaterkasse

Thorsten Toschka (Leitung)

Und die im Dunkeln sieht man doch. Theaterleute vor, hinter, unter und über der Bühne. Fotos von Anna Polke

Christa Real

Anette Storp

Angelika Trautes und Monika Freund

Peter Alexius (Leitung d. Personalabrechnung)

Gabriele Schäffler (Buchhaltung und Personalabrechnung)

Eveline Gibhardt und Roland Schilling (Rechnungsführung)

Jürgen Korkesch (rechts)

Mohti Merz, Jürgen Korkesch, Sabine Pies (hinten), Melanie Klasen (mitte), Nicole Düring (vorne), Thomas Müller

Nicole Düring

Garderobendienst

Bärbel Klose

Thomas Goldschmidt

Und die im Dunkeln sieht man doch. Theaterleute vor, hinter, unter und über der Bühne. Fotos von Anna Polke

Die Verwaltung

Jürgen Hennemann (Verwaltungsdirektor)

Iris Marks (Sekretariat)

Edith Naß (Buchhaltung)

Die Maske

Thomas Müller (Chefmaskenbildner)

Melanie Klasen

Mohti Merz

Sabine Breuer

Anja Markstein

Wilfried Meschig

Und die im Dunkeln sieht man doch. Theaterleute vor, hinter, unter und über der Bühne. Fotos von Anna Polke

Intendanz und Dramaturgie

Helmut Postel

Klaus Weise

Ulrike Niestradt (Assistentin des Intendanten)

Klaus Weise (Intendant)

Dr. Jochen Zulauf (Presse- und Öffentlichkeitsarbeit)

Michael Jezierny (TiP und Theaterpädagogik bis 2001)

Erinnya Wolf (Dramaturgin bis 2001)

Theaterfotografie

Jürgen Diemer

Rudolf Holtappel

Und die im Dunkeln sieht man doch. Theaterleute vor, hinter, unter und über der Bühne. **Fotos von Anna Polke**

Hildegard Peters (Zentrale)

Katrin Gern (Künstlerisches Betriebsbüro)

Helmut Postel (Chefdramaturg)

Sandra Hartung (Dramaturgin)

Rolf Rüth (Geschäftsführender Dramaturg)

Claudia Engemann (TiP und Theaterpädagogik)

Kay Voges (Studio-Spielleiter)

Michael Barfuß (Musikalischer Leiter)

Christian Nielinger

Birgit Steinmetz

Theater(t)räume

Theater(t)räume. Fotos von Anna Polke

Theater(t)räume. Fotos von Anna Polke

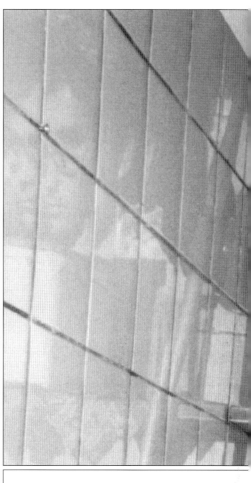

Theater(t)räume. Fotos von Anna Polke

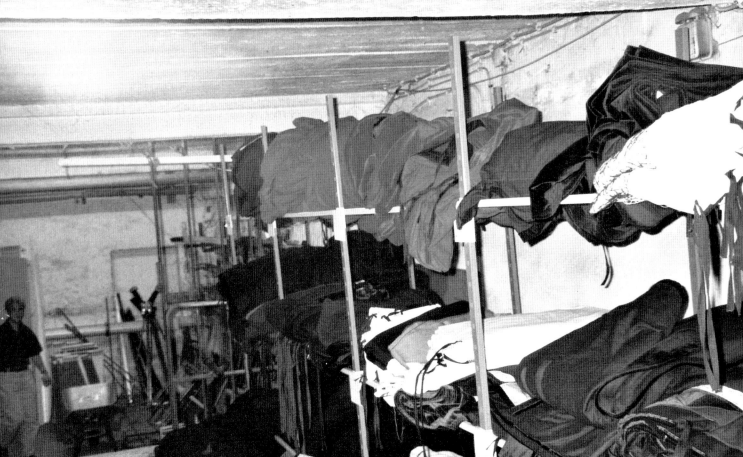

Theater(t)räume. Fotos von Anna Polke

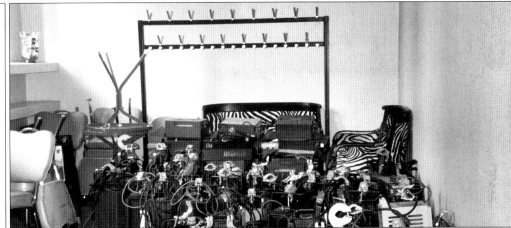

Theater(t)räume. Fotos von Anna Polke

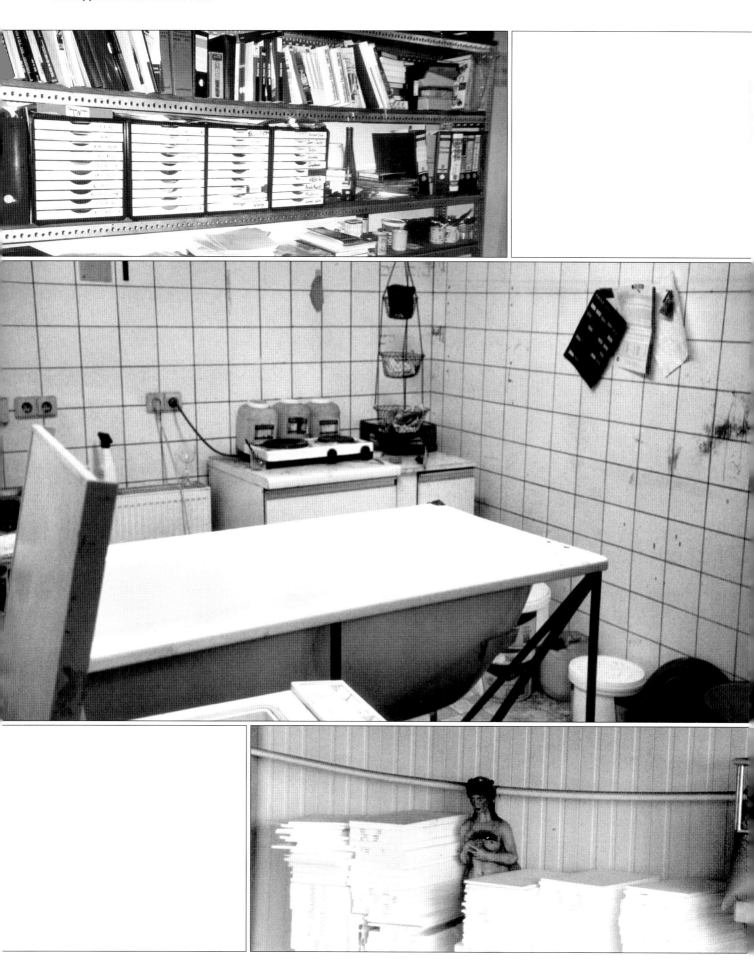

Theater(t)räume. Fotos von Anna Polke

Theater(t)räume. Fotos von Anna Polke

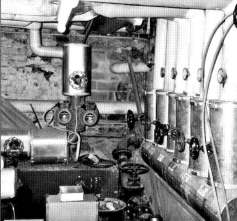

Theater(t)räume. Fotos von Anna Polke

Rolf Mautz und Günter Alt in „Endspiel" von Samuel Beckett, Premiere am 16. Dezember 1995 im Gasometer Oberhausen

Szenen einer wilden Ehe.
Der Kritiker als Fan

von Michael Schmitz

Szenen einer wilden Ehe. Der Kritiker als Fan von Michael Schmitz

*Felix Vörtler, Stephanie Lang, Rolf Mautz und Anna Polke
in „Die Minderleister" von Peter Turrini, Premiere am 25. Februar 1994 im Großen Haus*

Liebeserklärungen beginnen normalerweise so: „Ich liebe dich". Heute, im voll durchamerikanisierten Leben, sagen Menschen auch: „I love you". Ich weiß, für mich ist es die bislang am längsten anhaltende Liebe meines Lebens. Von mir aus auch „Je t'aime". Ebertstraße: Neun war ich, glaube ich, als mich meine theaterverrückte Schwester in der 5. Parkett-Reihe die erste „Zauberflöte" blasen ließ. Da hatte Klaus Weise, der jetzt dieses wunderschöne Schauspielhaus seit zehn Jahren intendiert, noch eine Pillenente auf seiner Thüringer Bübchenschürze. Günter Alt war noch nicht einmal ein Samenkorn, Verena Bukals Großeltern hatten wahrscheinlich gerade Verenas Eltern gezeugt. Nur der Helmut Postel, der lebte schon. Und zwar länger als ich. Hurra...

Papa hatte einen Dienstplatz in der 5. Reihe, daneben der war für Mutti. An der Grillostraße konnte ich das Klingeln vor Vorstellungsbeginn hören, weil damals noch nicht soviel Straßenverkehr war. Beim ersten Klingeln brüllte „Tutti" (einen anderen Namen hatte Papa nicht) in die 1. Etage: „Else!!!" Dann stürzte Mutti die Holztreppe runter und die beiden gingen ins Theater. Nachts kamen sie nach Hause und nicht selten wurde ich dann wach, weil einige Schauspieler mit sonorer Stimme gemeinsam mit unseren Eltern feierten.

Das habe ich nach der „Zauberflöte" als erstes gelernt. Das Theater ist ein Ort zum Feiern und zum Verlieben. Später habe ich dann als spätpubertierender Gymnasiast und frühpubertierender Studiosus mit Peter Handke um die Wette gebrüllt, mit Günther Büch Legenden erlebt. Und dann bin ich irgendwann wie die Jungfrau zum Kind zu eigenen „Dienstplätzen" gekommen. Reihe vier, Rang-Mitte, Plätze 22 und 24. Ab 20. November 1978. Im Musiktheater. Gelegentlich gastierte auch ein Tourneetheater mit einem Schauspiel.

Oft war es grauenvoll, manchmal auch gut, einmal, mit Curd Jürgens in dem Ein-Personen-Stück „Im Zweifel für den Angeklagten", sogar eine Sternstunde der Schauspielkunst.

Es dauert manchmal ein Weilchen, bis man zum eigentlichen Anlass seiner literarischen Ergüsse kommt.. Aber ohne Vorspiel kein Höhepunkt. Der begann vor 10 Jahren mit einem Absturz. Nach dem Umbau des Musentempels im Jahr 1992 falle ich die Treppe runter: Reihe zwei, Rang-Mitte, Plätze 16 und 18. Es ist ein Absturz der besonderen Art. Denn während hier gegen viele Fronten auch inhaltlich der Umbau zu einem Sprechtheater inszeniert wird, wirft man mir vor, mich nicht engagiert genug für den Erhalt des Musiktheaters eingesetzt zu haben. Bis aufs Nagelbett heruntergetippte Fingernägel sprechen eine andere Sprache. Gleichwohl belegt mich eine Bratschistin gar mit Gottes Bann. Das ist

Szenen einer wilden Ehe. Der Kritiker als Fan von Michael Schmitz

Günter Alt und Heike Kretschmer in „Hamlet" von William Shakespeare,
Premiere am 11. September 1998 im Großen Haus

dann nun das unabwendbare Ende meiner ohnehin schon seit langem schlummernden Messdienerkarriere.
Hier wollte ich hin, zu der Liebeserklärung an das Oberhausener Sprechtheater. Also ich liebe euch alle. Geistig, platonisch, theatralisch. Ihr seid alle wunderbar, auch der Intendant. Denn der ist sogar ein pünktlicher Schuldenzahler. Luxemburg, *Jakes Frauen*. Stadtbummel mit Klaus Weise und Jürgen Hennemann. Die ärmste Socke in diesem Trio, der schlechtbezahlte Schreiberling, hatte Francs in Hülle und Fülle. Klaus hat von dem von mir Geliehenen erst mal einen ausgegeben. Wer das schottische Herz des Intendanten kennt, weiß um die außergewöhnliche Tat. Am späten Abend habe ich mit Elenor Holder noch an der Hotelbar gestanden und hätte sie für mein Leben gern geküsst. Leider hat sie Geschmack. Also bin ich ungeknutscht ins Bett gegangen, ich war ja nicht Jake.

Da hatte ich eine bittere Erfahrung schon hinter mir mit Günter Mautz. Der heißt nämlich Rolf. Und das hat der mir mit seiner Sprechgewalt dermaßen ins Ohr gedonnert, dass ich fortan am liebsten nur noch über die mir ebenfalls lieben Schützenvereine oder Karnevalisten geschrieben hätte. Zumal die Narretei des Schreibers nachgerade orgiastisch wurde, als er Schillers *Räuber* einem gewissen Herrn Shakespeare zuordnete. Den süffisanten Unterton in der Stimme von Günter Alt werde ich nie vergessen. Damals habe ich mir eigentlich geschworen, dass er die nächste Rezension schreiben muss. Helau. Turrinis *Minderleister*, was habe ich sie vermöbelt. Die Regie fand ich mies, das Stück noch mieser, die Schauspielerinnen und Schauspieler natürlich toll. Zehn Jahre, welches Theater hat so etwas zu bieten, wenn es nicht gerade die Burg, die Residenz oder das Berliner Ensemble sind. Gern möchte ich hier mein heimliches und

manchmal unheimliches Vorbild nennen. Hans Jansen, den ehemaligen WAZ-Theaterkritiker. Ein totaler Horváth-Fan. Und die *Geschichten aus dem Wiener Wald* sind sein Liebstes von dem wunderbaren Schriftsteller. Gerade war Hänschen pensioniert, da kommt dieses Stück in Oberhausen zur Premiere, schöner, wie es nicht geht. Hänschen hat nachher im „Falstaff" beinahe geweint und getrauert und gesagt: „Und du darfst über eine solche Menschenbildnerin schreiben. Ich habe die Marianne so oft gesehen, nie so gut." Verena.
Günter Alt als Hamlet. Der ist glaube ich wirklich von Shakespeare, hoffentlich nicht von Goethe. Denn klammheimlich hatte ich die Faust zur Rache geballt, als ich hörte, wen Klaus Weise als diesen Anti-Helden besetzte. Günter, Hosenträger, nicht gerade ein Adonis, beinahe meine Körperfülle, fast ein idealer Hamlet. Und dann spielt dieser Mensch ihn so, wie

Anke Schubert und Andrea Bettini in „Jakes Frauen" von Neil Simon, Premiere am 31. März 1995 im Großen Haus

Szenen einer wilden Ehe. Der Kritiker als Fan von Michael Schmitz

*Günter Alt in „Endspiel" von Samuel Beckett,
Premiere am 16. Dezember 1995 im Gasometer Oberhausen*

ihn wahrscheinlich kaum eine Theaterbühne je erlebt hat. Wahnsinn.
Das ist Oberhausen, Ebertstraße. Manchmal auch Gasometer. *Endspiel* bei Eiseskälte. Fast 40 Grad Fieber im Leib und eine Grog-Mischung in der Kanne, die jeden Ostfriesen umgebracht hätte. Erst hatte ich nur Freunde um mich. Selbst Hildegard Matthäus, damals gottlob noch „Miss Kultur" der CDU, nahm einen Schluck aus der Kanne. Nie zuvor hatte ich sie auch nur einen Tropfen Alkohol trinken sehen. Leider paarten sich das Fieber und der hochprozentige Rum in meinem Körper zu einer Art Betäubungsspritze. Immer wieder nickte ich weg, erste Reihe, höchstnotpeinlich. Die Zahl der Freunde nahm schluckartig ab. Aber was tut man nicht alles fürs Theater.
Ich würde jetzt gern nichts mehr schreiben, aber jede Liebeserklärung hat ein Ende. Meist hat sie etwas mit Trennung zu tun. Bonn. Ich fass' es nicht. Bonn. Dieser provinzpolitische Wurmfortsatz. Und der Weise, geizig wie er ist, wird kaum was hier lassen. Muss ich mich jetzt mit meiner besseren Hälfte jeden Monat in den Zug setzen, um mit euch zu lachen, zu weinen, zu leiden, zu feiern? Wer übernimmt die Hotelkosten? Der Günter Mautz vielleicht, der Rolf heißt? Oder der Shakespeare, der ein Schiller war? Oder die Kornelia Lüdorff, eine meiner heimlichen Favoriten in diesem himmlischen Ensemble?
Rein familienrechtlich würde ich das „böswilliges Verlassen" nennen. Aber zehn Jahre danach gibt es weiter Hoffnung. Die erste, dass die Stadt weiter ihr Theater finanziert. Auch dann, wenn andere Zuschussgeber sich von der Bühne der Mitverantwortung stehlen. Die zweite, dass mit Hennemann, dem „Hund" aus dem *Polizeirevier*, ein kluger Finanz-Sachwalter bleibt. Die dritte, dass zumindest Anna Polke, Mohammad-Ali Behboudi und Hartmut Stanke diesem Hort der Spielkunst erhalten bleiben. Und die vierte, dass der komplette gute Geist hinter der Bühne wohl weiter an der Ebertstraße schafft.

Ten years after. Ein Schauspieler hat mal zu einer begeisterten Zuschauerin gesagt: „Ihr werdet uns hier noch vermissen." Die Antwort kam postwendend: „Ihr uns auch." Jede Liebeserklärung hat zwei Seiten. Und bei allem Respekt vor der hinreißenden Arbeit im Theater: Über euch allen steht euer Publikum. Und ein besseres als das Oberhausener, das den schmerzhaften Übergang vom Musiktheater zum Schauspiel nicht nur wahrgenommen, sondern später gar gefeiert hat, werdet ihr nicht finden. Zehn Jahre und kein bisschen leise. Mit einer Träne im Auge und der Gewissheit, euch als Publikum bei Johannes Lepper hier oft zu sehen, dankt euch Michael Schmitz.

Yorck Dippe und Anna Polke in „Geschichten aus dem Wiener Wald" von Ödön von Horváth, Premiere am 6. April 2001 im Großen Haus

Felix Vörtler, Jeffrey R. Zach und Yorck Dippe in „Polizeirevier OB-Mitte" von Felix Vörtler, Premiere am 6. Januar 1996 im Großen Haus

Matthias Kniesbeck und Anke Schubert in „Prinz Friedrich von Homburg" von Heinrich von Kleist, Premiere am 9. Oktober 1992 im Großen Haus

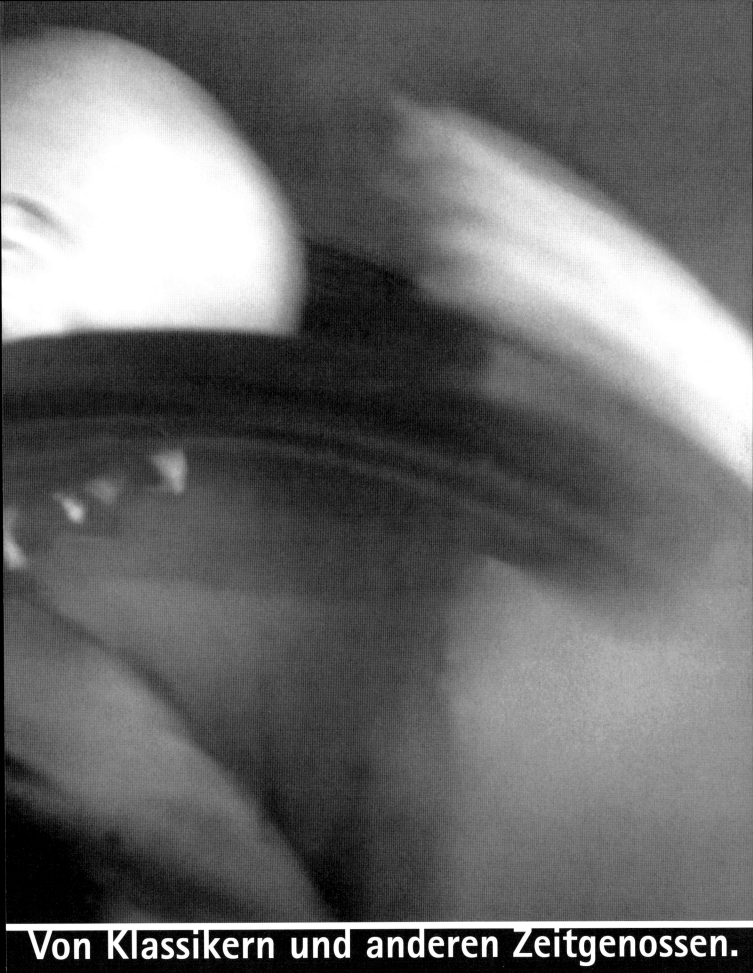

Von Klassikern und anderen Zeitgenossen. Schauspiel-Dramaturgie in Oberhausen

Germain Wagner und Matthias Kniesbeck in „Othello. Der Mohr von Venedig" von William Shakespeare, Premiere am 5. Februar 1993 im Großen Haus

Von Klassikern und anderen Zeitgenossen. Schauspiel-Dramaturgie in Oberhausen von Helmut Postel

René Schnoz, Rolf Mautz, Anna Polke und Anke Schubert
in „Wer hat Angst vor Virginia Woolf?" von Edward Albee,
Premiere am 15. Januar 1993 im Großen Haus

Anna Magdalena Fitzi, Rolf Mautz, Anna Polke, Silke Slavik und
Kirsten Hörold in „Die Dreigroschenoper" von Bertolt Brecht,
Premiere am 2. April 1993 im Großen Haus

DAS SCHÖNE BEDEUTET DAS MÖGLICHE ENDE DER SCHRECKEN.
Heiner Müller

„Es war einmal". Eine kleine Pizzeria, „Sicilia", in Oberhausens Saarstrasse, die Alte Mitte, Sommer 1992. Vorprobenzeit zu *Prinz Friedrich von Homburg*. Das junge Pächter-Ehepaar spricht kaum deutsch. Man erfährt, dass sie erst seit kurzem hier in Oberhausen sind und hoffen, für ihre scharfen sizilianischen Pizzen reichlich Abnehmer zu erobern.

Der Intendant sitzt mit mir zusammen an einem Tisch in der Nähe des Fensters zur Strasse. Die Vorübergehenden, bunt gewürfelte Leute, deutsch und nichtdeutsch, regen zur Frage an: Werden wir diese Menschen je erreichen mit unserem Theater? Können wir ihr Interesse wecken, ihren Geschmack orten? Keine Antwort – von keinem. Statt dessen die Tat. Am Tag die Proben und abends Verwertung der Gedanken und Gefühle im „Falstaff".

Der Abschied lag schon vor der Tür. Der Neubeginn wartete auf Einlass. Eine einsame Bratschistin irrte noch lange durch die Stadt, auf der Suche nach ihrem Auftritt, den es nicht mehr gab. Zurück blieb vielleicht jener unverwechselbare, gleichzeitig schwebende Ton, eine bestimmte, nicht genau zu definierende Stimmung, eindeutige und widersprüchliche Farben. Viel Grau im Alltag, aber Helligkeit in den Köpfen und immer öfter auf der Bühne am Ebertplatz ein chorisches Anpacken, Anfassen. Aufbruch also. So könnte man diesen Beginn beschreiben: von dem, was war, blieben Stimmungen zurück; ein Haus mit neuem Hüter und viele Theatermenschen, die bereit waren, ein neues Erbe anzutreten und das Vermächtnis der berühmten Vorgänger im Oberhausener Sprechtheater (Günther Büch, Peter Handke, Ulrich Wildgruber, Günter Lamprecht und viele andere) tätig aufzugreifen. Von der Wiederaufnahme einer „abgebrochenen Tradition" spricht auch ein erster größerer Bericht in der F.A.Z. im Oktober 1992. Hingewiesen wird auf jene Ende der 60er Jahre in Oberhausen beheimateten Uraufführungen von Stücken Peter Handkes. Und über die Entscheidung für das Kleist'sche Schauspiel schrieb der Rezensent: „Der Einstand mit Kleists *Prinz von Homburg* war ein erster Schritt auf einem weiten Weg: kein feingliedriger Schlafwandler und romantischer Träumer wird vorgestellt, sondern ein Trumm von einem Typ, der – kahlschädlig, stiernackig und hemdsärmlig – zu Gefühlsäußerungen und Introspektion durchaus in der Lage ist. Die Besetzung mit Matthias Kniesbeck ist fast schon die Lesart der Inszenierung... Was den Prinzen scheitern lässt, ist eine gesellschaftliche Wirklichkeit, die ohne Traum auskommt."

TRAUM UND WIRKLICHKEIT. POESIE DER LIEBE UND PROSA DES ALLTAGS.

Von Anfang an galt es, eine Dramaturgie der unberechenbaren Gegensätze aufzuspüren und für die Stücke eine kritische Lesart ohne Programmatik zu entwickeln. Unsere Aufgabe war es, „neue Formen auszuprobieren und uns mit Fragen zu konfrontieren, die wir immer neu stellen müssen – aufgeklärtes, nicht abgeklärtes Theater machen! Dies ist selbstverständliche

Von Klassikern und anderen Zeitgenossen. Schauspiel-Dramaturgie in Oberhausen von Helmut Postel

Rolf Mautz, Heide Simon, Anke Schubert, Christoph Quest, Elenor Holder, Gerhard Fehn, Franz Xaver Zach, Axel Gottschick und Helmfried von Lüttichau in „Die Stützen der Gesellschaft" von Henrik Ibsen, Premiere am 22. Oktober 1993 im Großen Haus

Felix Vörtler, Stephanie Lang, Rolf Mautz und Anna Polke in „Die Minderleister" von Peter Turrini, Premiere am 25. Februar 1994 im Großen Haus

Verpflichtung, wenn wir nicht in den ausgelatschten Schuhen konventionellen Darstellungsgewerbes umher schlurfen wollen. Das abgesicherte, auf Nummer Sicher gehende Theater, ohne Provokation und ‚Anstößigkeit', braucht Gruftwächter und Museums-Diener, aber keine Spieler. Und auf Spieler sind wir angewiesen: sowohl auf die, die uns verzaubern, als auch auf die, die sich verzaubern lassen." (Theaterzeitung November 1993).

Das klingt im Nachhinein wie die Variation auf ein Thema, das knapp ein Jahr später, in Čechovs *Die Möwe* (Inszenierung: Klaus Weise) angesprochen wurde: von Kostja, der Sohn der Schauspielerin Arkadina. Er bereitet seine abendliche Aufführung für die Gäste Sorins vor und hat dennoch Zeit zur Reflexion: „…meiner Ansicht nach ist das zeitgenössische Theater reine Routine, Konvention. Wenn der Vorhang aufgeht und bei abendlicher Beleuchtung in einem Zimmer mit drei Wänden diese großen Talente, diese Priester der heiligen Kunst, vorführen, wie Menschen essen, trinken, lieben, herumgehen und ihre Jacketts tragen; wenn sie versuchen, aus trivialen Bildern und Phrasen eine Moral herauszufischen – eine kleine Moral, leicht verdaulich, nützlich für den täglichen Hausgebrauch; wenn sie mir in tausend Variationen immer wieder das gleiche, immer das gleiche immer das gleiche vorsetzen – dann laufe ich davon, ich laufe davon wie Maupasssant vor dem Eiffelturm davongelaufen ist, der ihm das Hirn erdrückt hat durch seine Trivialität." Gerade das Triviale, Gewöhnliche, Alltägliche, scheinbar Unbedeutende birgt, bei genauerem Hinsehen, dramatischen Zündstoff. Dies beweisen die Stücke Čechovs sehr eindrücklich. Und so folgten auf *Die Möwe*, *Der Kirschgarten* und *Drei Schwestern*. Leben ist live. Kunst ist künstlich und Theater sollte theatralisch sein. Es besteht in der Gemeinsamkeit von Autoren, Spielern und Zuschauern. Aber es ist kein Informationsmittel. Auch keine Predigt oder Botschaftsübermittlung. Es ist ohne den wechselseitigen Prozess des Zuspielens, Zusehens und Zuhörens nicht möglich. „Gutes Theater" ist ein Pleonasmus, ein „doppelgemoppelt", da Theater immer gut ist, wenn es ernst und heiter genommen wird. Eine Dramaturgie der Hauptakteure gehört dazu und die offene Form der zeitgenössischen Stücke. Die kühnen Konstruktionen der Shakespeare-Welten; die blitzlichtartigen Erkenntnisse in Schillers Dramen. Der Gefühlstaumel und die liebe Verlogenheit bei Horváth. Die Emanzipation der meist weiblichen Individuen vom Joch der feudalen Männergesellschaft bei Lessing.

Mitten drin sind wir jetzt im Streifzug durch die Spielpläne der letzten 10 Jahre, und „eins nach dem andern" ist als erwünschte Systematik nicht mehr zu halten. Dennoch seien einige wichtige Aspekte der Annährung an jene „Klassiker" der Theatergeschichte benannt, die dem Oberhausener Schauspiel-Repertoire seine besondere Prägung gaben.

HIC RHODOS HIC SALTA

Die Zuschauer, die sich nach und nach, zuerst sehr zögerlich, ihrem neu etablier-

Christiana Krüger in „Der Sturm" von William Shakespeare, Premiere am 18. März 1994 im Großen Haus

Gerhard Fehn und Kornelia Lüdorff in „Die Möwe" von Anton Čechov, Premiere am 2. September 1994 im Großen Haus

Von Klassikern und anderen Zeitgenossen. Schauspiel-Dramaturgie in Oberhausen von Helmut Postel

Andrea Bettini und Christiana Krüger in „Jakes Frauen" von Neil Simon,
Premiere am 31. März 1995 im Großen Haus

Hartmut Stanke in „Unser Dorf soll schöner werden" von Klaus Chatten,
Premiere am 26. November 1994 im Studio 99

ten „Sprechtheater" näherten, um dann irgendwann zu entdecken, dass es „ihr" neuer Begegnungsort wird, diese Zuschauer aus Oberhausen und Umgebung (Duisburg, Bottrop, Essen, Düsseldorf u. a.) konnten bald erkennen, dass wir – bei aller Unberechenbarkeit – nicht arrogant und besserwisserisch sein und ein Theater von oben herab machen wollten. Zwar gab und gibt es keine starren Kriterien für die Auswahl der Stücke, doch erhielten jene (eher frühen) Dramen der Klassiker den Vorzug, in denen die Widersprüche, Fallhöhen, Unversöhnlichkeiten noch nicht durch den vom Bildungsbürger oft gepriesenen Formen-Kanon und durch eine hehre Klassiker-Meisterschaft eingeebnet wurden. In den Jugend-Dramen Schillers *Die Räuber, Kabale und Liebe* und *Don Carlos* sowie in Lessings Trilogie der starken Frauen-Stücke *Emilia Galotti, Miss Sara Sampson* und *Minna von Barnhelm* ist die Herausforderung an die Menschen-Gestaltung groß, und das Ungestüme wirkt direkt auf uns. Dies entspricht einem „jungen Theater", wie es das Oberhausener eines ist. Die Bilder von einzelnen Inszenierungen sind uns noch im Gedächtnis, und wir erinnern uns an die wilde *Räuber*-Horde in Johannes Leppers Inszenierung des Schiller'schen Trauerspiels, den krassen Vater-Söhne-Konflikt in der Darstellung von Günter Alt (Franz), Andrea Bettini (Karl) und Otto Schnelling (Vater Mohr). Für kurze prägnante Momente erhellte Amalias (Sabine Maria Reiß) Sehnsuchtslicht das dunkle Seelenverließ der beiden feindlichen Brüder. Überraschend und einprägsam auch die Übertragung der *Emilia Galotti* in ein Italien der 30er Jahre, in denen der aufkommende Faschismus auch die Ästhetik umkrempelte. Hier, in Weises Inszenierung, waren wir überrascht von der Aktualität eines Klassikers, der kräftig durchgelüftet wurde. Der Palast-Umbau des Prinzen von Guastalla war ständig präsent und „im Gang", weil sein Don Juanismus immer neue Räume für immer neue Liebschaften suchte – und erhielt. Und in der straffen, auf Erotik konzentrierten Fassung des Lessing'schen Frühwerkes *Miss Sara Sampson* in der Erarbeitung des jungen Regie-Debütanten Matthias Kaschig staunte der Zuschauer über die unverfrorene Interpretation der ménage-à-trois-Geschichte als heutige Beziehungskiste (die zuweilen auch zwischen Schauspielerinnen und Schauspielern „abgeht"). Schließlich sehen wir in dieser Spielzeit, wie Lore Stefaneks *Minna von Barnhelm*, in der deutschen Nachkriegszeit angekommen, alle Kraft aufwenden muss, um ihren Verlobten Tellheim vom Pfad der Ehre in den Schoß der Ehe zu (ver)führen. Und zwar vorm Hintergrund einer durch den Krieg gezeichneten Männerwelt, die, auf die ehernen Gesetze des Staats starrend, den Blick verliert für die die Menschheit erhaltende Liebe ihrer Frauen.

BERECHTIGTE ZWEIFEL, GEWAGTE GEWISSHEIT

Das Motto für unsere erste Spielzeit lautete: „Du wirst meiner Liebe nicht entgehen." Das Motto der letzten Spielzeit unter der Intendanz von Klaus Weise heißt: „Und die Liebe höret nimmer auf". Von Ödön von Horváth wird jetzt die Rede

Von Klassikern und anderen Zeitgenossen. Schauspiel-Dramaturgie in Oberhausen von Helmut Postel

Carolin Weber, Anna Polke und Kornelia Lüdorff in „Der jüngste Tag"
von Ödön von Horváth,
Premiere am 27. Oktober 1995 im Großen Haus

Franz Xaver Zach, Gerhard Fehn, Juana Sudario, Tobias Randel
und Günther Delarue in „Hexenjagd" von Arthur Miller,
Premiere am 12. April 1996 im Großen Haus

sein, denn dass der Geist seiner Dichtungen uns zweimal zu einer Theater- Losung für Oberhausen inspirierte (es sind dies auch zwei Zitate aus seinen Stücken), spricht für eine, unsere Dramaturgie der Menschlichkeit. Eine Dramaturgie „sub specie Horváthiensis" sozusagen!

In Zeiten wachsenden Eigennutzes, schamloser Erfolgsorientierung und der horriblen Gesellschaftsform „Ich-AG", muss das Interesse an sozialer, intellektueller und Herzens -Bildung neu geweckt werden. Wie erklären wir die Tatsache, dass heute eine überwiegende Aufmerksamkeit dem Wirtschaftlichen gilt und das Geistige, Kulturelle, Humane, das doch den Geist und die Substanz Europas ausgemacht hat, an den Rand gedrängt wird?

Zwar sei „durch bloße Beschwörung", wie Oskar Negt in seinen kürzlich veröffentlichen „Reflexionen über das Verhältnis von Demokratie, Bildung und Tugenden" meint, „wenig auszurichten. Denn die Menschen sollten in der Tat Mut haben

und ihren Eigensinn bewahren. Sie sollten tapfer und solidarisch sein; auch ist ihr Gerechtigkeitssinn für demokratische Verhältnisse unabdingbar. Aber alle solche Sollens-Vorschriften kann man nur wiederholen, und ist doch unsicher, ob sie sich in der Realität der Lebenseinstellungen festsetzen." (O.N., in „Frankfurter Rundschau" 10. 9. 2002)

Das empfindliche Gleichgewicht zwischen dem Zusammenbruch alter und dem Aufkommen neuer Wertmaßstäbe hat psychologisch genau und sprachlich unverwechselbar Ödön von Horváth in seinen Schauspielen, Komödien und Volksstücken beschrieben. Mit den bedeutendsten war er im Oberhausener Spielplan vertreten: *Glaube Liebe Hoffnung* in der Inszenierung von Reinhard Göber, als erste – und letzte – Co-Produktion mit dem Schauspiel Essen. Danach kamen dann *Sladek oder Die schwarze Armee*, *Der jüngste Tag*, *Kasimir und Karoline* und *Geschichten aus dem Wiener Wald*.
Die Unausweichlichkeit der Liebe, die von Horváth mit schmerzender Präzision

gezeichneten Männer- und Frauen-Verschränkungen und -Verwirrungen; deren Phantasien von Sehnsucht und Glücks-Erfüllung, ihr Leiden an der Welt und ihr Humor fürs Abgründige: Dieser Reichtum der Menschendarstellung in den Volksstücken des großen Dramatikers (der ersten Hälfte des letzten Jahrhunderts) war Ausschlag gebend dafür, Horváth zu einem der Hauptstützen unseres Spielplangebäudes zu machen.

DICHTER KONTINENT

Zwar ist die Erde noch mit vielen anderen bevölkert als mit Autoren, Spielern, Theaterleuten; und doch ist es für alle, die die Darstell- und Zuschaukunst lieben, ein schöner Gedanke, es gäbe auf ihr einen sechsten Kontinent mit dem Namen „Dichtung und theatralische Wahrheit." Auf ihm hätten nicht nur die Horváth-Menschinnen (schwäbisch: „Menscher") und Menschen ihre Völkerwanderung begonnen, sondern in seiner fruchtbarsten Gegend hätte SHAKESPEARE gesiedelt

Frank Wickermann und Felix Vörtler in „Liliom" von Franz Molnàr, Premiere am 27. September 1996 im Großen Haus

Günter Alt und Kornelia Lüdorff in „Bus Stop" von William Inge, Premiere am 3. Januar 1997 im Großen Haus

Jean Michel Räber, Volkert Matzen, Anna Polke und Rolf Mautz
in „Romeo und Julia" von William Shakespeare,
Premiere am 25. Oktober 1996 im Großen Haus

Volkert Matzen, Felix Vörtler und Stella-Maria Adorf
in „Nora. Ein Puppenheim" von Henrik Ibsen,
Premiere am 23. Mai 1997 im Großen Haus

und eine eigene Insel erhalten. (Dieser große Engländer, der uns alle erfunden hat!) Dicht daneben wäre dann ein größeres Areal samt Strand (der unterdrückte Liebestaumel) mit der Bezeichnung „ČECHOVS LAND" entstanden. Abgründige Wasser trügen HEINRICH VON KLEIST zum Fluss seines Namens, einem ohne Wiederkehr. GEORG BÜCHNER erhielte einen Gebirgszug namens Lenz-Heide. Und, damit die paradiesischen Gefilde vollständig würden, gäbe es noch ausgiebige Landstriche für die IBSEN-GESPENSTER-FJORDE (mitsamt den dort hausenden *Stützen der Gesellschaft*, der *Wildente*, *Nora* und *Hedda Gabler*). Das weite BRECHT-TAL und die WEDEKIND-QUELLEN nicht zu vergessen! Natürlich gibt es auf diesem Kontinent der dramatischen Phantasmagorie auch Schattenbereiche. SAMUEL BECKETT wäre da zu Haus (*Endspiel* im Gasometer) und JEAN GENET (*Unter Aufsicht*, im Studio 99), ARTHUR MILLER vielleicht (*Hexenjagd*), EDWARD ALBEE (mit *Virginia Woolf*), und die unvergessene SARAH KANE (*Gesäubert*).

Auf diesem Kontinent gäbe es, jetzt mit Zoom heran geholt und groß gemacht, das Theater in Oberhausen, wo die genannten und noch nicht erwähnten Dramatiker einige ihre schönsten Schöpfungen bewundern konnten: William Shakespeare – padre padrone der Theaterwelt – hätte seine Freude gehabt: an *Othello*, *Der Sturm* (im Haus und im Gasometer), *Romeo und Julia*, *Was ihr wollt* (aus Zürich an den Ebertplatz geholt) *Hamlet*, *Sommernachtstraum*, *Das Winter-Mährchen*. Und zwar auch darum, weil die Regisseurin und die Regisseure (Annette Kuß, Thomas Goritzki, und mehrfach Klaus Weise) ihre je eigenen Klangfarben eingebracht und subjektive künstlerische Schauspieler-Erkundungen angestellt haben. So sind uns die Hauptaktricen und Hauptakteure gegenwärtig: Matthias Kniesbeck als Othello. Stephanie Lang als Desdemona. Carolin Weber als Julia. Günter Alt als Hamlet. Andrea Bettini als Claudius. Heike Kretschmer als Ophelia. Manuela Alphons als Gertrud. Rolf Mautz als Polonius. Carlos Lopez als Zettel. Christiana Krüger als Ariel. Helmfried von Lüttichau als Caliban.

Nicole Kersten als Hermione und Perdita. Bernd Braun als Leontes. Alle Darstellerinnen und Darsteller müsste man immer bewundernd nennen, und kann doch nur einigen die Ehre erweisen- pars pro toto gewissermaßen.

Ihre Erwähnung steht auch für Verlebendigung und intellektuelle Durchdringung der Figuren - anstelle von Regeln, wie man heute Shakespeare, Schiller, Kleist und Lessing spielen soll. Auf keinen Fall – und zum Glück ist dies auch nicht möglich – naturalistische Annäherung an DIE KLASSIKER als Bemühen, sie „so zu spielen, wie sie geschrieben wurden." Dieser zuweilen geäußerte Publikumswunsch muss, Thalia sei Dank, unerfüllt bleiben, da auf dem Theater nichts schrecklicher ist als blutleere Werktreue.

„Das Theater ist eine Jahrtausend alte Perversität in die die Menschheit vernarrt ist und deshalb so tief in sie vernarrt ist weil sie in ihre Verlogenheit so tief vernarrt ist und nirgendwo sonst in dieser Menschheit ist die Verlogenheit größer und faszinierender als auf dem Theater."

Von Klassikern und anderen Zeitgenossen. Schauspiel-Dramaturgie in Oberhausen von Helmut Postel

Rosemarie Weber, Jeffrey R. Zach, Esther Reubold und Johanna Kollet in „Gestohlenes Meer" von Lilly Axster, Premiere am 29. April 1998 im Ebertbad

Carolin Weber, Nina V. Vodop'yanova und Albert Bork in „Kabale und Liebe" von Friedrich Schiller, Premiere am 3. Mai 1998 im Großen Haus

So ist das. Da pflichten wir enthusiastisch bei. Und da scheint – mit dem Zitat aus Thomas Bernhards *Der Theatermacher* (im Hotel Handelshof in Mülheim a. d. Ruhr) – der richtige Moment gekommen, zur VOR-WIE-NACH-MODERNE überzuleiten, die in einigen Parade-Beispielen schon gestreift wurde, hier aber – durch einige exemplarische Stücke und Inszenierungen – ausführlicher ergründet werden soll. Eine Schubladen-Einteilung in: HIER KLASSIKER, da DIE MODERNE UND DIE ZEITGENOSSEN wäre langweilig. Gerade die Überschneidungen, Überzeichnungen von alten und neuen Stücken und Stoffen weckt unsere Aufmerksamkeit, und ihre Skizzierung ist plausibler und macht auch mehr Lust auf vergegenwärtigendes Erinnern. Vom Gemischtwaren-Laden ist oft die Rede, wenn die Feuilletons den Jahresvorausblick oder das Fazit der Theatersaison kritisieren. In Oberhausen mussten die Theatermacher immer die Tatsache mit bedenken, dass es in dieser Stadt weder eine Universität noch ein Ton angebendes Bildungsbürgertum gab und gibt. Dieser Umstand machte uns nicht umständlich, sondern wach für die je *richtige* Mischung, die Vermittlung zwischen traditionell verfassten Stoffen, Geschichten in „klassischen" Formen, und einer zeitgenössischen, innovativen, oft fragmentarischen Gegenwartdramatik. Was sein muss, ist Verzicht auf Langeweile und Indoktrination. Nicht maßvoll soll ein Spielplan der Moderne sein, sondern eher ohne Maß, rebellisch, kritisch, komisch, provokativ. Mit dem Blick auf unsere gerade vergangenen zehn Jahre richtet sich unser Kopf auf Geschehnisse, die er nicht fassen kann. Die Fassungslosigkeit ist Aufgabe für jedes Theater: dafür in Sprache und Ausdruck sensibel zu werden und die Schauspielerinnen und Schauspieler zu Seismographen ihrer Zeit zu machen. Keines der uns seit Kriegsende begegnenden Ereignisse war im wahrsten Sinn „erschütternder" als der Terror-Tag des 11. September 2001. Und wenn wir an diesen *einen* Horror-Tag denken, erheben sich die anderen, nicht minder beunruhigenden Vorkommnisse mit drohender Gebärde: Vom Golfkrieg von vor über zehn Jahren über den zentralafrikanischen Genozid und das sich Zerfleischen der Vielvölkerstaaten im ehemaligen Jugoslawien bis hin zu den jüngsten Terror-Wellen, die rund um den Erdball rasen: all diese politischen Erschütterungen, die gewaltige global wirksam werdende Verwerfungen nach sich ziehen, haben zwar keinen unmittelbaren ästhetischen Impuls auszulösen vermocht; doch wurden wir alle mehr oder minder davon mitgeprägt und erhielten, auch wo wir uns verhalten äußerten, eine die Sinne schärfende Beobachtungs-Aufgabe mit auf den Weg durch die 90er Jahre gebürdet. Am Wegrand dieser Strecke voll ungeheurer Handlungen, blutiger Taten tauchen einige – jetzt auf unseren „Spielplan der Moderne(n)" bezogene – Titel auf von Dramen und Theatertexten, die von der unheilen Welt der Gegenwart durchaus beredtes Zeugnis ablegen. Gewalt und Vergewaltigung im psychischen wie im physischen Sinn. Verletzungen der Seele und der Körper. Dies sind zentrale Themen dieser Stücke. Im Folgenden einige herausragende Nennungen: *Extremities* von W. Mastrosimone, *Tätowierung* von Dea

Andrea Bettini und Tatjana Pasztor in „Alles nur aus Liebe" von Alan Ayckbourn, Premiere am 17. April 1998 im Großen Haus

Andreas Maier in „Der gute Dieb" von Conor McPherson, Premiere am 27. August 1999 im Großen Haus

Von Klassikern und anderen Zeitgenossen. Schauspiel-Dramaturgie in Oberhausen von Helmut Postel

Yorck Dippe und Tatjana Pasztor in
„Emilia Galotti" von Gotthold Ephraim Lessing,
Premiere am 25. September 1999 im Großen Haus

Heike Kretschmer und Tatjana Pasztor
in „Portia" von Marina Carr,
Premiere am 20. Oktober 2000 im Großen Haus

Loher. *A Bloody English Garden* von Nick Fisher. *Die Minderleister* von Peter Turrini. *Hexenjagd* von Arthur Miller. *Roberto Zucco* von Bernard-Marie Koltès. *Schlachtfest-Woyzeck* von Georg Büchner / Klaus Weise. *Blut* von Lars Norén. *Feuergesicht* von Marius von Mayenburg. *Portia Coughlan* von Marina Carr. *Herr Mautz* von Sibylle Berg. *Gesäubert* von Sarah Kane.

An der Schnittstelle zwischen früher Moderne und Zeitgenossenschaft wären *Peer Gynt* von Henrik Ibsen, *Baal* von Bertolt Brecht, *Frühlings Erwachen* von Frank Wedekind und die beiden berühmten Amerikaner Tennessee Williams (mit *Endstation Sehnsucht* und *Orpheus steigt herab*) sowie Edward Albee mit seinem Geschlechterdrama *Wer hat Angst vor Virginia Woolf* anzusiedeln.

Noch einmal soll an dieser Stelle, wo wir nur kurz auf die uns brennenden Fragen der Zeit: warum ist - noch immer - der Mensch des Menschen Wolf?, eingehen konnten, der Friedrich Schiller der *Räuber* sich äußern:

„Eben deswegen ist des Menschen nichts so unwürdig, als Gewalt zu erleiden, denn Gewalt hebt ihn auf. Wer sie uns antut, macht uns nichts Geringeres als die Menschheit streitig; wer sie feigerweise erleidet, wirft seine Menschheit hinweg."

Leider, so ist jetzt zu konstatieren, kann es keinen Anspruch auf Vollständigkeit geben: weder was Stücke-Nennungen noch was die eingehende Würdigung der Autoren, vor allem unserer zeitgenössischen, betrifft. Allein, auf einige im Theater Oberhausen wiederkehrende Männer und Frauen, die für uns und andere Theaterstücke schrieben und schreiben, müssen wir zu sprechen kommen, da sie der lebendigste Teil unserer Dramaturgien sind. Die in Berlin lebende Autorin Dea Loher wäre da zu erwähnen, deren Stück „Tätowierung" an unserem Haus seine erste größere Beachtung erhielt, dann der andere Berliner Autor, Roland Schimmelpfennig, der hier zuerst mit *Die ewige Maria* (Studio 99, 1996) und zuletzt mit *Die arabische Nacht* (2001 im Großen Haus, Annette Kuß) vertreten war und

dessen letztes Stück *Vorher/Nachher* in der Regie von Christoph Roos gleich zu Beginn des neuen Jahres zu sehen sein wird. Die Frauen Sibylle Berg gehören in diese Erwähnungs-Reihe (auch mit *Ein paar Leute suchen das Glück und lachen sich tot*) und Susanne Schneider (mit *Sonnenfinsternis*) und Elfriede Müller (mit *Die Touristen*) und Marina Carr und da fällt mir noch ein für den starken Gegenwarts-Akzent unseres Spielplans unübersehbarer Veranstaltungs-Marathon ein:

Anfang Juni 1998 war in nahezu allen irgend bespielbaren Räumen des Hauses am Ebertplatz ein THEATER NEUEN TYPS zu Gast, und zwar unter dem Titel: „achtung gegenwart!" Unter Leitung der Dramaturgie, insbesondere Stephanie Gräve und in Zusammenarbeit mit einer (transitorischen) Vereinigung aus Berliner Autoren, die sich zu diesem TNT zusammengeschlossen haben, konnte man an drei Tagen (und Nächten, versteht sich) insgesamt 7 Inszenierungen und etwa 12 weitere „außerdems" besuchen, bewandern und bewundern. Seltsame Stücke

Von Klassikern und anderen Zeitgenossen. Schauspiel-Dramaturgie in Oberhausen von Helmut Postel

Zazie de Paris und Andreas Maier in „Orpheus steigt herab"
von Tennessee Williams,
Premiere am 15. Dezember 2000 im Großen Haus

Daniel Wiemer, Verena Bukal und Bernd Braun
in „Gesäubert" von Sarah Kane,
Premiere am 18. Januar 2002 im Großen Haus

wie Rinkes „Der Mann, der noch keiner Frau Blöße entdeckte" oder „Alex. Vier Sätze" von Simone Schneider oder „Brim" von Theresia Walser kamen da zur Aufführung. Das Lebensgefühl am Ende des Jahrtausends sollte beschworen werden. Eine Mischung aus Zuversicht und Verlassensein, aus Weltekel und Comic-Dasein. Diese Zustandsschilderungen sind grotesk, banal, tief schürfend, hoch fahrend, heutig! Zu dieser einmaligen Autoren-Zusammenkunft kamen eine große Zahl der Ende der 90er Jahre bekanntesten jungen Theaterautorinnen und Autoren Deutschlands nach Oberhausen: u. a. Chris Ohnemus, Simone Schneider, Theresia Walser, Martin Baucks, Daniel Call, Silvio Huonder, Thomas Oberender, Moritz Rinke, Alexej Schipenko. Die Resonanz in den Theatern der Republik war erheblich – und sie ging sogar über die deutsche Grenze hinaus bis nach Bordeaux: Dort gibt es seit 1999 eine freie Theatergruppe in festen Räumen am Rand der Stadt, das sich TNT nennt, auf französisch eben: Théâtre de Nouveau Type. Eine Delegation unter Leitung des Bordelaiser Goethe-Instituts hatte das „achtung gegenwart"-Festival in Oberhausen besucht.

KUNST IST SCHÖN,
MACHT ABER VIEL ARBEIT
Karl Valentin

Wie das Theater aus der Spannung zwischen Bühne und Zuschauerraum lebt, so tragen zu seiner Entstehung natürlich auch die Spiele-Leiter und Spiel-Raum-Ersteller eine unübersehbare Rolle in dieser Kunst!

Alle Regisseurinnen und Regisseure, die hier in zehn Jahre gearbeitet und auf verschiedenen Spiel-Stätten ihre Arbeit geleistet haben, zu würdigen, hieße auf jeden von A bis Z, von Paul Adler bis Franz Xaver Zach, im Einzelnen einzugehen. Das aber geht zu weit. Wir bedienen uns einer List(e): sie sind alle in dieser Dokumentation namentlich genannt. Hier bleibt nur die Unterstreichung ihrer Bedeutung als Wagenlenker für den jungen Thespis-Karren Oberhausen, selbst meist jung und neugierig und immer darauf bedacht, ihre Spieler zu verführen und die Zuschauer zu verzaubern. Und da die Regisseure greifbaren, begehbaren Raum und verwandelte Menschen brauchen, benötigen sie auch Ausstatter – Bilder für Szenen und Kostüme für die spielenden Personen. Auch da ist die Aufzählung müßig, aber da ich ja auch meine Vorliebe habe – man hat die anderen zwischen und in den Zeilen ja schon entdeckt – sei sie, auf die Raumgestaltung bezogen, hier bekannt und an Martin Kukulies „fest" gemacht, der unter anderen die schönsten Shakespeare-Räume für die Oberhausener Bühne entworfen hat. Dies waren und sind begehbare, belebte Bilder. Ohne sie, ohne diese szenische Architektur, wären die Inszenierungen, die vor allem Klaus Weise in diesen Räumen realisiert hat, schwer vorstellbar gewesen: ob es die weiße Traum-Welt von Prosperos *Sturm*-Insel war oder das (aus Zürich importierte) Illyrien von *Was ihr wollt* oder das *Hamlet*Land, ein dänisches Renaissance-Verlies mit großer Transparenz – immer haben mich Kukulies' den Schauspielern zugeeigneten Spielstätten

Heike Kretschmer in "Hedda Gabler" von Henrik Ibsen, Premiere am 22. Oktober 2000 im Großen Haus

Hendrik Richter, Rolf Mautz und Roland Riebeling in „Herr Mautz" von Sibylle Berg, Premiere am 9. März 2002 im Großen Haus

Von Klassikern und anderen Zeitgenossen. Schauspiel-Dramaturgie in Oberhausen von Helmut Postel

Regina Gisbertz, Anna Polke, Raffaele Irace, Raphael Rubino, Zazie de Paris und Daniel Wiemer in „die göttliche flamme oder Die Längste Sekunde" von Werner Schroeter, Premiere am 31. Mai 2002 im Großen Haus

Nina V. Vodop'yanova, Nicole Kersten und Bernd Braun in „Das Winter-Mährchen" von William Shakespeare, Premiere am 20. September 2002 im Großen Haus

fasziniert. Weite, hohe Hallen, mit Nischen, Umgängen, Galerien und Stegen, die den Figuren – zumal aus Shakespeare-Stücken – Raum gaben, space for fun and error, ihre Enge hervor treibend oder ihren Höhenflug!

In den *Räubern* (S. 158) und in *Geschichten aus dem Wiener Wald* wurde diese verschachtelte Weiträumigkeit noch einmal variiert. Die Finsternis tragischer Unausweichlichkeit bei Schiller hat auch die Galerie und den Zuschauerraum mit ins Geschehen hinein gezogen und die unmenschliche Idylle im *Wiener Wald* wurde von Zauberkönigs Horror-Kabinett dominiert. In *Hedda* (S. 212), in *Emilia Galotti* (S. 208) und in *Portia Coughlan* (S. 210) waren wir mit all unseren Augen-Blicken ständig suchend zu Haus, und fanden helle und dunkle Winkel, dann Höhen und Treppen, wieder die Ecken, die Hinter-Zimmer und immer zentral den Platz der unausweichlichen dramatischen Begegnung, betont ins Unübersehbare gehoben. Ein Satz von Albert Einstein fällt mir ein – für den ästhetischen Atem der Kukulies-Bilder: „Alles sollte so einfach wie möglich gemacht werden, aber nicht einfacher."

Keinesfalls ist zu übersehen: das wunderbare Kaleidoskop der wechselnden Verkleidungen, entworfen von Stephanie Geiger und Fred Fenner! Von ihm stammen auch die merkwürdigen Kleinod-Räume der Connor-Mc-Pherson-Stücke *Der gute Dieb* (S. 82) und *Salzwasser* und die schaurig-schöne Bali-Bleibe von *Herrn Mautz*.

DAS LEBEN NENNT DER DERWISCH EINE REISE

„Es war einmal" – und das wird immer wieder sein. Das Bleibende ist das Flüchtige. Und das Theater in Oberhausen bleibt, auch wenn wir gehen, denn Theater muss wandern, da es ein vorübergehendes Ereignis ist. Es ist selbst ein Bild vom Leben. Die Pizzeria ist gegangen, und es ist ein Thai-China-Imbiss gekommen, „Tan Tai". Die Globalisierungsfalle macht auch nicht vor unseren Mägen Halt. Immer weiter, immer schneller – eilt die Zeit, wir eilen mit. Schließlich ist Schluss, und dieser wird – wie kann es anders sein? – mit Ödön von Horváth beschlossen. Es ist sein, auf ein Streichholz-Briefchen geschriebenes „Testament", das man in Paris bei ihm fand, nachdem er am 1. Juni 1938 im Park von einem Baum erschlagen wurde:

Und die Leute werden sagen
In fernen blauen Tagen
Wird es einmal recht
Was falsch ist und was echt
Was falsch ist, wird verkommen
Obwohl es heut' regiert.
Was echt ist, das soll kommen
Obwohl es heut krepiert.

Stephanie Lang und Anna Magdalena Fitzi in „Extremities – Bis zum Äußersten" von William Mastrosimone, Premiere am 11. Oktober 1992 im Ebertbad

Susanne Bredehöft und Germain Wagner in „Glaube, Liebe, Hoffnung" von Ödön von Horváth, Premiere am 30. Oktober 1992 im Großen Haus

René Schnoz und Anke Schubert in „Wer hat Angst vor Virginia Woolf?" von Edward Albee, Premiere am 15. Januar 1993 im Großen Haus

Jacqueline Roussety, Markus Dietz und Christiana Krüger in „Tätowierung" von Dea Loher, Premiere am 16. Januar 1993 im Ebertbad

Matthias Kniesbeck in „Othello. Der Mohr von Venedig" von William Shakespeare, Premiere am 5. Februar 1993 im Großen Haus

Stephanie Lang und Franz Xaver Zach in „Die Dreigroschenoper" von Bertolt Brecht, Premiere am 2. April 1993 im Großen Haus

René Schnoz und Mario Gremlich in „A Bloody English Garden" von Nick Fisher, Premiere am 15. April 1993 im Studio 99

Germain Wagner, Elenor Holder und Hartmut Stanke in „Der Tod und das Mädchen" von Ariel Dorfman, Premiere am 28. Mai 1993 im Großen Haus

Jeffrey R. Zach und Martin Skoda in „Die schnellste Uhr im Universum" von Philip Ridley, Premiere am 8. Juni 1993 im Großen Haus

Christiana Krüger und Felix Vörtler in „Archeologia" von Alexej Schipenko, Premiere am 19. Juni 1993 im Ebertbad

Rainer Suter, Anna Magdalena Fitzi, René Schnoz, Hanne Wolharn und Martin Skoda in „Sladek oder Die schwarze Armee" von Ödön von Horváth,

Premiere am 1. Oktober 1993 im Großen Haus

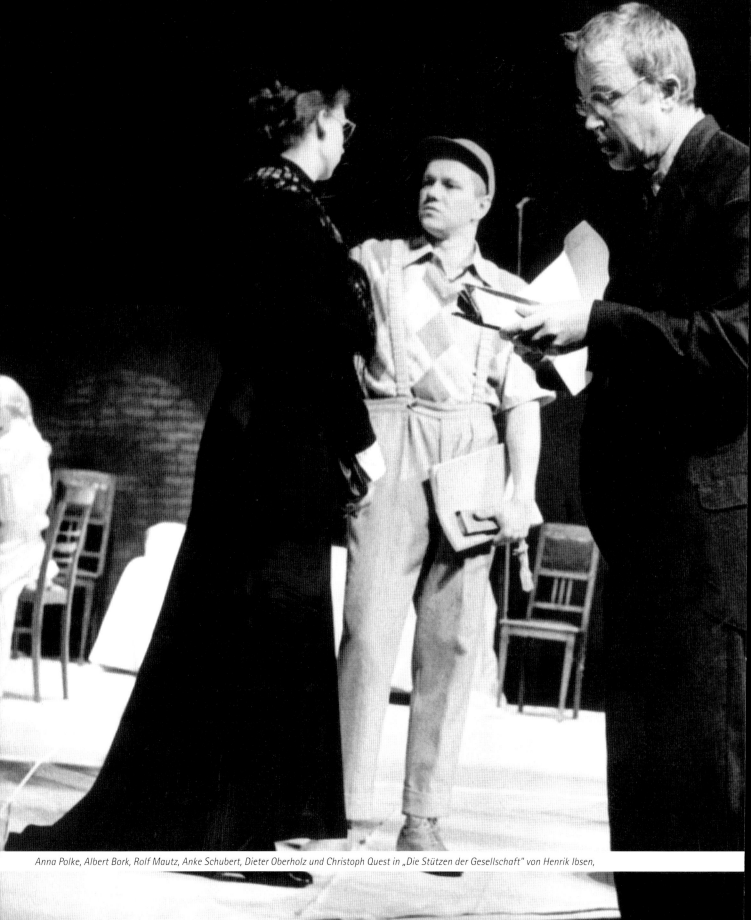
Anna Polke, Albert Bork, Rolf Mautz, Anke Schubert, Dieter Oberholz und Christoph Quest in „Die Stützen der Gesellschaft" von Henrik Ibsen,

Premiere am 22. Oktober 1993 im Großen Haus

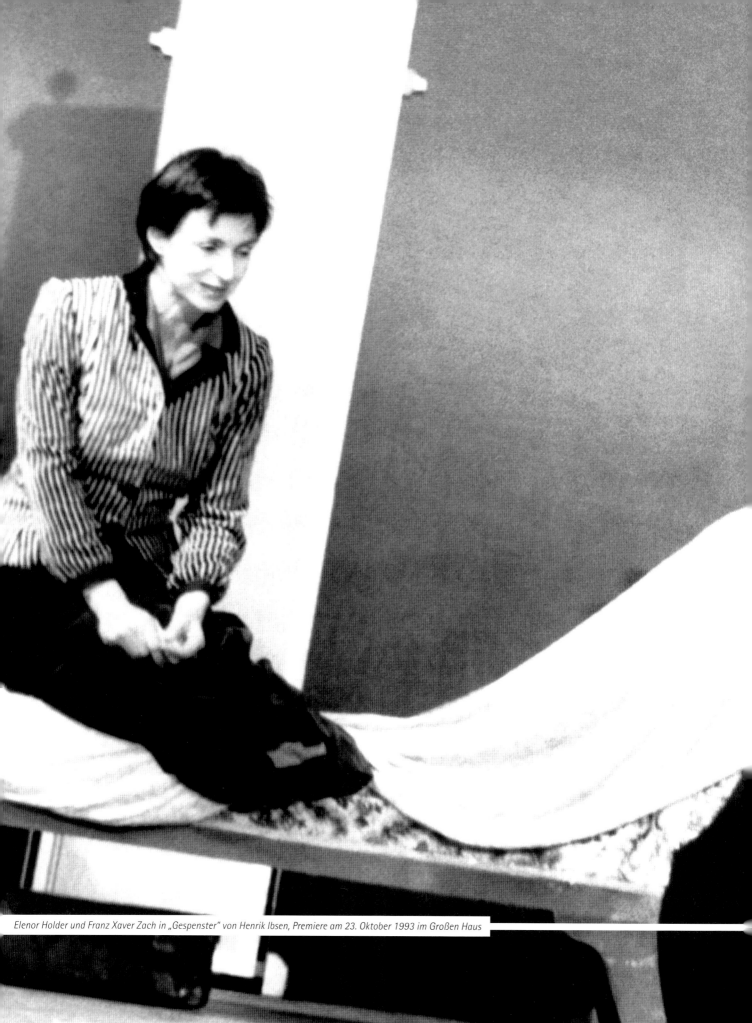

Elenor Holder und Franz Xaver Zach in „Gespenster" von Henrik Ibsen, Premiere am 23. Oktober 1993 im Großen Haus

Anke Schubert und Franz Xaver Zach in „Amphitryon" von Heinrich von Kleist, Premiere am 15. Januar 1994 im Großen Haus

Mario Gremlich in „Dreck" von Robert Schneider, Premiere am 5. Februar 1994 im Studio 99

Rolf Mautz, Stephanie Lang, Anna Polke und Felix Vörtler in „Die Minderleister" von Peter Turrini, Premiere am 25. Februar 1994 im Großen Haus

Elenor Holder und René Schnoz in „Loch im Kopf" von Wolfgang Deichsel, Premiere am 6. Mai 1994 im Großen Haus

Dieter Oberholz, Gisela Storck, Andrea Bettini und Jacqueline Roussety in „Roberto Zucco" von Bernard-Marie Koltès, Premiere am 16. Juni 1994 im Großen Haus

Christiana Krüger in „Die Möwe" von Anton Čechov, Premiere am 2. September 1994 im Großen Haus

Anna Polke, Andrea Bettini und Stephanie Lang in „Kalldewey, Farce" von Botho Strauß, Premiere am 30. September 1994 im Großen Haus

Christiana Krüger und Günter Alt in „Die Möwe" von Anton Čechov, Premiere am 2. September 1994 im Großen Haus

Hans Matthias Fuchs, Mario Gremlich und Volkert Matzen in „Die Maske im Fleisch. Stadt der Krieger" von Tim Staffel, Premiere am 1. Oktober 1994 im Ebertbad

Rolf Mautz in „Leonce und Lena" von Georg Büchner, Premiere am 28. Oktober 1994 im Großen Haus

Hartmut Stanke in „Unser Dorf soll schöner werden" von Klaus Chatten, Premiere am 26. November 1994 im Studio 99

Jacqueline Roussety in „Die Wildente" von Henrik Ibsen, Premiere am 27. Januar 1995 im Großen Haus

Andrea Bettini und Günter Alt in „Otello darf nicht platzen" von Ken Ludwig, Premiere am 30. Dezember 1994 im Großen Haus

Anke Schubert und Andrea Bettini in „Jakes Frauen" von Neil Simon, Premiere am 31. März 1995 im Großen Haus

Martin Skoda, Albert Bork und Jacqueline Roussety in „Rose und Regen, Schwert und Wunde. Ein Sommernachtstraum" von Beat Fäh nach William Shakespeare,

Premiere am 28. April 1995 im Großen Haus

Kornelia Lüdorff, Sabine Weithöner, Monika Praxmarer und René Schnoz in „Trüffel" von Jens Roselt, Premiere am 20. Mai 1995 im Ebertbad

Elenor Holder, Anna Polke, Stephanie Lang und Hartmut Stanke in „Der Tartuffe" von Molière, Premiere am 2. Juni 1995 im Großen Haus

Rolf Mautz und Tanja von Oertzen in „Der jüngste Tag" von Ödön von Horváth, Premiere am 27. Oktober 1995 im Großen Haus

Frank Wickermann und Carolin Weber in „Der Streit" von Pierre Carlet de Marivaux, Premiere am 30. Dezember 1995 im Großen Haus

Frank Büssing, Sabine Maria Reiß, Peter Derks, Felix Vörtler, Hartmut Stanke, Gisela Storck und Gerhard Fehn in „Die ewige Maria" von Roland Schimmelpfennig,

Premiere am 27. Januar 1996 im Studio 99

Tanja von Oertzen in „Dead Funny" von Terry Johnson, Premiere am 1. März 1996 im Großen Haus

Monika Praxmarer und Simone Kabst in „Hexenjagd" von Arthur Miller, Premiere am 12. April 1996 im Großen Haus

Felix Vörtler und Simone Kabst in „Liliom" von Franz Molnàr, Premiere am 27. September 1996 im Großen Haus

Carolin Weber und Yorck Dippe in „Romeo und Julia" von William Shakespeare, Premiere am 25. Oktober 1996 im Großen Haus

Carolin Weber, Tobias Randel, Günter Alt und Rolf Mautz in „Bus Stop" von William Inge, Premiere am 3. Januar 1997 im Großen Haus

Susanne Bredehöft in „Sid und Nancy/Ella und El" von Ben Becker und Chris Ohnemus, Premiere am 5. Januar 1997 im Studio 99

Yorck Dippe, Manuela Alphons und Carolin Weber in „Die Touristen" von Elfriede Müller, Premiere am 28. Februar 1997 im Großen Haus

Sabine Maria Reiß, Günter Alt, Andrea Bettini, Otto Schnelling und Jeffrey R. Zach in „Die Räuber" von Friedrich Schiller, Premiere am 11. April 1997 im Großen Haus

Stella-Maria Adorf und Yorck Dippe in „Nora. Ein Puppenheim" von Henrik Ibsen, Premiere am 23. Mai 1997 im Großen Haus

Felix Vörtler, Yorck Dippe und Carolin Weber in „Schlachtfest-Woyzeck" von Klaus Weise-Georg Büchner, Premiere am 26. September 1997 im Großen Haus

Tobias Randel, Elenor Holder, Anna Polke, Mark Oliver Bögel, Rolf Mautz und Sabine Maria Reiß in „Der Kirschgarten" von Anton Čechov,

Premiere am 10. Oktober 1997 im Großen Haus

Nina V. Vodop'yanova in „Das Rätsel der gestohlenen Stimmen" von Alan Ayckbourn, Premiere am 14. November 1997 im Großen Haus

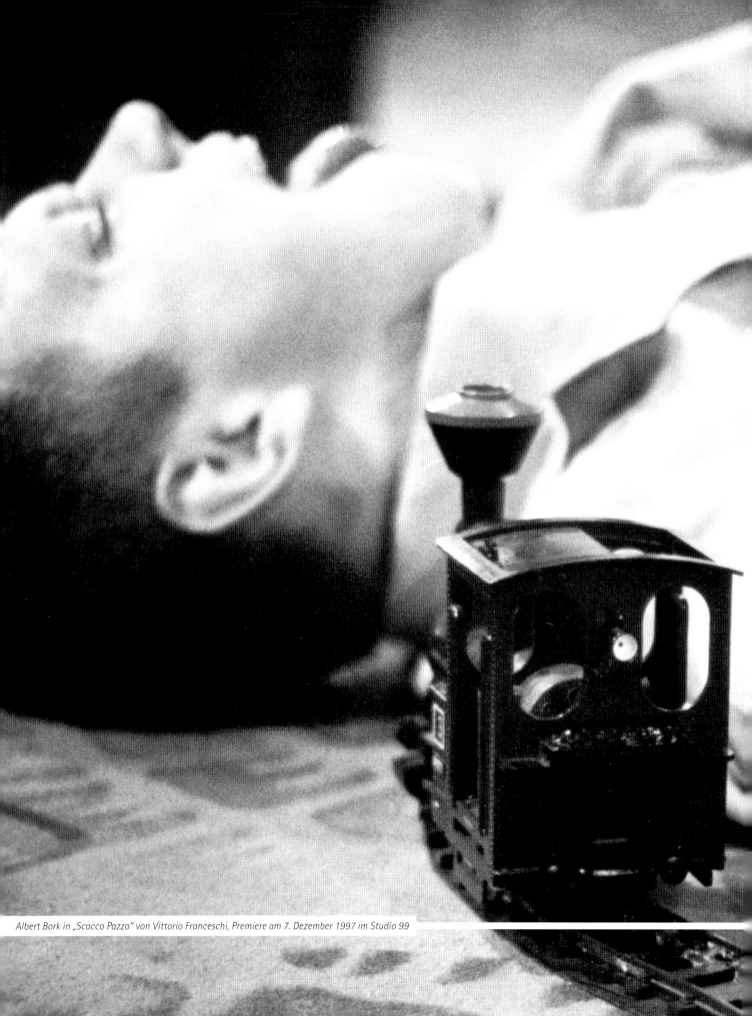
Albert Bork in „Scacco Pazzo" von Vittorio Franceschi, Premiere am 7. Dezember 1997 im Studio 99

Stephanie Überall und Gerburg Jahnke in „Arsen und Spitzenhäubchen" von Joseph Kesselring, Premiere am 30. Dezember 1997 im Großen Haus

Felix Vörtler und Simone Kabst in „Baal" von Bertolt Brecht, Premiere am 27. Februar 1998 im Großen Haus

Stella Maria Adorf und der Chor in „Der goldne Topf" von E. T. A. Hoffmann, Premiere am 27. März 1998 im Großen Haus

Rolf Mautz und Manuela Alphons in „Alles nur aus Liebe" von Alan Ayckbourn, Premiere am 17. April 1998 im Großen Haus

Martin Skoda, Christoph Maaß, Jeffrey R. Zach und Johanna Kollet in „Gestohlenes Meer" von Lilly Axster, Premiere am 29. April 1998 im Ebertbad

Tobias Randel, Nina V. Vodop`yanova und Carolin Weber in „Kabale und Liebe" von Friedrich Schiller, Premiere am 3. Mai 1998 im Großen Haus

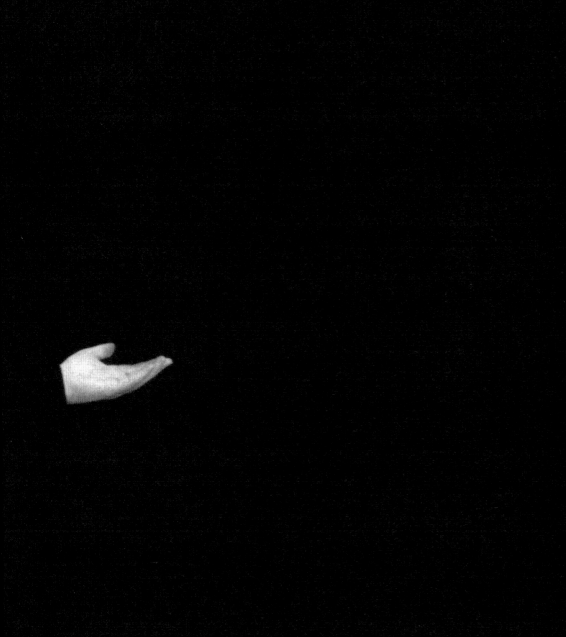
Johanna Kollet und Günter Alt in „Hamlet" von William Shakespeare, Premiere am 11. September 1998 im Großen Haus

Albert Bork, Atef Vogel, Anna Polke, Tobias Randel und Carolin Weber in „Brim/Kleine Zweifel" von Theresia Walser, Premiere am 15. September 1998 im Studio 99

Frank Wickermann, Felix Vörtler und Anke Zillich in „Der zerbrochne Krug" von Heinrich von Kleist, Premiere am 2. Oktober 1998 im Großen Haus

Stella-Maria Adorf, Carolin Weber und Felix Vörtler in „Kasimir und Karoline" von Ödön von Horváth, Premiere am 26. Februar 1999 im Großen Haus

Hartmut Stanke in „Kunst" von Yasmina Reza, Premiere am 26. März 1999 im Großen Haus

Frank Wickermann und Sabine Wegmann in „Peer Gynt" von Henrik Ibsen, Premiere am 8. Januar 1999 im Großen Haus

Felix Vörtler, Daniel Wiemer und Yorck Dippe in „Salzwasser" von Conor McPherson, Premiere am 7. Mai 1999 im Studio 99

Juan Manuel Torres y Soria, Yorck Dippe und Kornelia Lüdorff in „Die Kameliendame" von Alexandre Dumas d. J., Premiere am 11. Juni 1999 im Großen Haus

Andreas Maier in „Der gute Dieb" von Conor McPherson, Premiere am 27. August 1999 im Großen Haus

Tatjana Pasztor und Günter Alt in „Emilia Galotti" von Gotthold Ephraim Lessing, Premiere am 25. September 1999 im Großen Haus

195

Kaspar Markus Küppers, Juan Carlos Lopez und Felix Vörtler in „Endstation Sehnsucht" von Tennessee Williams, Premiere am 10. Dezember 1999 im Großen Haus

Nina V. Vodop`yanova und Hanna Jürgens in „Antigone" von Sophokles, Premiere am 17. Dezember 1999 im Studio 99

Stella-Maria Adorf, Tanja von Oertzen, Kornelia Lüdorff und Sabine Maria Reiß in „Damen der Gesellschaft" von Clare Boothe Luce, Premiere am 25. Februar 2000 im Großen Haus

Kaspar Markus Küppers und Yorck Dippe in „Die Goldberg-Variationen" von George Tabori, Premiere am 7. April 2000 im Großen Haus

Felix Vörtler, Lore Stefanek, Anke Zillich und Rolf Mautz in „Die Ratten" von Gerhart Hauptmann, Premiere am 26. Mai 2000 im Großen Haus

Kaspar Markus Küppers und Sabine Maria Reiß in „Der Diener zweier Herren" von Carlo Goldoni, Premiere am 15. Juni 2000 im Großen Haus

Sabine Maria Reiß und Juan Manuel Torres y Soria in „Don Carlos" von Friedrich Schiller, Premiere am 29. September 2000 im Großen Haus

Manuela Alphons und Heike Kretschmer in "Emilia Galotti" von Gotthold Ephraim Lessing, Premiere am 25. September 1999 im Großen Haus

Heike Kretschmer in „Portia" von Marina Carr, Premiere am 20. Oktober 2000 im Großen Haus

Nina V. Vodop' yanova, Heike Kretschmer und Yorck Dippe in „Hedda Gabler" von Henrik Ibsen, Premiere am 22. Oktober 2000 im Großen Haus

Tatjana Clasing und Ernest-Allan Hausmann in „Orpheus steigt herab" von Tennessee Williams, Premiere am 15. Dezember 2000 im Großen Haus

Heide Simon und Anke Zillich in „Im weißen Rößl" von Hans Müller und Erik Charell, Premiere am 26. Januar 2001 im Großen Haus

Kornelia Lüdorff, Heike Kretschmer und Hendrik Richter in „Die arabische Nacht" von Roland Schimmelpfennig, Premiere am 2. März 2001 im Großen Haus

Raphael Rubino, Anna Polke und Bernd Braun in „Geschichten aus dem Wiener Wald" von Ödön von Horváth, Premiere am 6. April 2001 im Großen Haus

Juan Manuel Torres y Soria und Nina V. Vodop`yanova in „Krankheit der Jugend" von Ferdinand Bruckner, Premiere am 1. Juni 2001 im Großen Haus

Rolf Mautz, Erol Ünsalan und Juan Carlos Lopez in „Ein Sommernachtstraum" von William Shakespeare, Premiere am 29. September 2001 im Großen Haus

Bernd Braun, Hanna Jürgens, Tatjana Pasztor und Verena Bukal in „Sonnenfinsternis" von Susanne Schneider, Premiere am 2. November 2001 im Großen Haus

Bernd Braun und Jennifer Julia Caron in „Gesäubert" von Sarah Kane, Premiere am 18. Januar 2002 im Großen Haus

Mirco Reseg und Hanna Jürgens in „Der nackte Wahnsinn" von Michael Frayn, Premiere am 15. Februar 2002 im Großen Haus

Angela Ascher und Nicole Kersten in „Miss Sara Sampson" von Gotthold Ephraim Lessing, Premiere am 28. Februar 2002 im Studio 99

Tatjana Pasztor und Tuğsal Moğul in „Drei Schwestern" von Anton Čechov, Premiere am 22. März 2002 im Großen Haus

Hendrik Richter und Rolf Mautz in „Herr Mautz" von Sibylle Berg, Premiere am 9. März 2002 im Großen Haus

Zazie de Paris und Daniel Wiemer in „die göttliche flamme oder Die Längste Sekunde" von Werner Schroeter, Premiere am 31. Mai 2002 im Großen Haus

Nicole Kersten und Bernd Braun in „Das Winter-Mährchen" von William Shakespeare, Premiere am 20. September 2002 im Großen Haus

Yorck Dippe und Verena Bukal in „Minna von Barnhelm" von Gotthold Ephraim Lessing, Premiere am 25. Oktober 2002 im Großen Haus

Daniel Wiemer und Regina Gisbertz in „Frühlings Erwachen" von Frank Wedekind, Premiere am 5. Januar 2003 im Studio 99

Das Ensemble in „Orte der Sehnsucht. Georg Forster – Weltumsegler und Revolutionär" von Klaus Weise, Premiere am 7. Juni 2001 in der Kokerei Zollverein Essen

Expeditionen ins Unbekannte.
Die Außenprojekte

von Rolf Rüth

Christiana Krüger in „Der Sturm" von William Shakespeare, Premiere am 18. März 1994 im Gasometer Oberhausen

Expeditionen ins Unbekannte. Die Außenprojekte von Rolf Rüth

Karin Klein, Lutz Zeidler, Theresa Berlage und Susanne Bredehöft
in „Der Berg ruft. Eine Reise ins Herz des Reviers" von Ulrich Greb,
Premiere am 16. September 1995 auf der Halde Haniel

Rolf Mautz und Günter Alt in „Endspiel" von Samuel Beckett,
Premiere am 16. Dezember 1995 im Gasometer Oberhausen

„Eines Tages bin ich mit meinem Mountainbike auf die Halde Haniel geradelt, und als ich oben war, wurde mir sofort klar ..."

Wie's weiter gegangen ist, wissen wir alle aus den Erzählungen unseres Intendanten. Und deshalb springen wir heute mal mitten rein ins Geschehen.

„Ihr seid doch verrückt. Was wollt ihr denn hier spielen, in dem Dreck? Macht das doch dahinten, wo es grün ist." So liebevoll direkt gaben an unserem ersten Probentag die Bergleute über Tage ihrer Sorge Ausdruck, wir könnten vielleicht die künstliche Idylle des fertig bepflanzten Bergs nebenan übersehen haben. Aber nein, wir müssen ja unbedingt dahin, wo noch geschüttet wird – wo die Motoren der überschweren Muldenkipper lärmen, wo Staubwolken wehen und Schlammfontänen spritzen.
Und dennoch helfen sie uns von Anfang an; Männer, für die die Halde nichts als ein Arbeitsort ist, ebnen uns Wege, planieren Löcher, türmen Steinhügel auf. Aus Skepsis wird Neugier, aus Neugier Begeisterung: Hier passiert was Ungewöhnliches. Auf dem riesigen Haldenplateau, hoch über den Städten Bottrop und Oberhausen, sind jetzt täglich Menschen zu sehen, die offenbar auch arbeiten – aber an einer geheimnisvollen Sache. So wird der Berg für die Menschen, die ihn erschaffen haben, zu einem fremden Ort. Umgekehrt geht es den Schauspielern. An einem fremderen Ort haben sie nie eine Inszenierung begonnen. Jetzt gilt es, ihm näher zu kommen: Der Berg ruft.

Die Verantwortlichen beim Bergwerk Prosper Haniel – also die Haldeneigentümer – haben den Ruf sofort verstanden. Haben aus dem einmaligen Ereignis zusammen mit dem KVR, der IBA Emscher Park, dem Theater Oberhausen und einem Architekturbüro den Plan einer dauerhaften Einrichtung entwickelt – und vier Jahre später haben wir das Bergtheater Haniel, eine spektakuläre Freilichtbühne auf dem Gipfel der Halde, mit Ulrich Grebs Fassung des Jedermann eröffnet. Dass aus der Idee einer neuen festen Spielstätte im Ruhrgebiet bislang nichts Rechtes geworden ist, ist eine andere Geschichte. Da geht's, wie auch anders, um Geld und um wirtschaftliche Interessen.

Geld spielt natürlich auch bei unseren großen Außenprojekten eine Rolle. Ohne die finanzielle Hilfe von Stiftungen – allen voran die Stiftung Kunst und Kultur des Landes NRW – wären unsere Produktionen im Gasometer Oberhausen, im Klärwerk Emschermündung Dinslaken, auf der Halde Haniel Bottrop, in der Kokerei Zollverein Essen oder im Kaufhaus Duisburg Projekte ohne Premiere geblieben. Denn was man außerhalb eines vollausgestatteten Schauspielhauses macht, ist wegen der fehlenden Infrastruktur aufwändig und entsprechend teuer. Warum macht man es dann?

Nicht die Langeweile hat uns jede Spielzeit mindestens einmal vor die Tür getrieben. Dazu ist unser Haus zu schön. Es war eher

Guido Henze, Thomas Marx und Elvir Delic in „Der Berg ruft. Eine Reise ins Herz des Reviers" von Ulrich Greb, Premiere am 16. September 1995 auf der Halde Haniel

Expeditionen ins Unbekannte. Die Außenprojekte von Rolf Rüth

„An der schönen blauen Emscher" von Ulrich Greb,
Premiere am 13. Juni 1997 im Klärwerk Emschermündung

Heike Kretschmer und Rolf Mautz in „Der Theatermacher" von Thomas Bernhard,
Premiere am 30. April 1999 im Hotel Handelshof in Mülheim

eine Mischung aus Entdeckerinstinkt und Lokalpatriotismus. Der eine hat uns entlegene, bisweilen ‚verbotene' Orte suchen lassen, der andere verdankt sich einem wachen Bewusstsein dafür, dass es nicht eqal ist, wo man gerade schafft. Aber muss, wer Theater im Ruhrgebiet macht, diese Gegend, diese Nicht-Landschaft, diese Naturverhunzung, auch lieben? Wahrscheinlich kann das nur, wer hier groß geworden ist. Alle anderen müssen einfach nur die Augen weit aufsperren, um zu sehen, welche Geschichten in den Schichten stecken, die die Menschen hier durch ihre Arbeit umgekrempelt und neu aufgehäuft haben. Es ist wie mit der Kohle: überall Flöze, die von der Oberfläche schräg in die Tiefe führen.

„Kathedralen der Arbeit" haben wir nie gesucht. Diese Romantisierung der industriellen Zeugen im Revier überlassen wir gern der Festivalkultur. Auch die schicke Hülle für ein Event hat uns nicht gereizt. Wir sind einem anderen Zauber verfallen, dem Zauber der Expedition ins Unbekannte.

Einem solchen Ort nähert man sich nicht mit einer fertigen Geschichte, nur mit einer Grundidee, einem Thema, einem Handlungsgerüst. Dieser Ort steckt selbst voller Geschichten; man muss sie aus ihm herauslocken, ihn gleichsam als Co-Autor gewinnen. Mit ihm zusammen kann man eine neue Geschichte entwickeln, die nur hier erzählt werden kann, nirgendwo anders.

So entstehen die meisten Außenprojekte des Regisseurs Ulrich Greb. Es sind „Reisen ins Herz des Reviers" (Der Berg ruft) oder „Reisen in den Bauch des Reviers" (An der schönen blauen Emscher). Während die Titel ironisch Exotik suggerieren, verweisen die Unterzeilen auf die eigentlichen Ziele der Expedition, denen die Zuschauer von Station zu Station näher kommen. Die Halde besteht aus totem Gestein, den Überresten der Arbeit, die das Revier einst am Leben erhalten hat. Diese versteinerte Arbeit wird nun – wie der Geist aus der Flasche – theatralisch befreit. Dass das Ganze als Butterfahrt beginnt

und mit einer Operation am offenen Herzen endet, gehört zum komödiantischkritischen Grundton von Ulrich Grebs Inszenierungen. Ebenso wie die Behauptung, dass Emscher und Kläranlage, diese gigantischen Verdauungsorgane für 6 Millionen Menschen, sich in einen einzigen Kurort mit Wunder wirkendem Heilwasser verwandeln lassen. Stets geht es ums Hier und Heute, um Arbeit und Strukturwandel, aber erzählt wird es aus der Distanz von Mythen und Märchen. Es geht um unser Leben, aber wir finden uns auf einer Zeitreise, zwischen Archäologie und Fiktion. Auch Ultimo – Magazine des Glücks, Ulrich Grebs jüngstes Projekt, nimmt das Publikum mit auf eine Entdeckungstour, bei der das scheinbar Vertraute fremd wird und einem das Fremde merkwürdig bekannt vorkommt. Zugleich geht Ultimo einen Schritt weiter: weg von den Hinterlassenschaften der Schwerindustrie, hin zu den neuen Ruinen von Dienstleistung und Konsum.

Zu den Anverwandlungen unbekannten Territoriums gehört auch Klaus Weises

Johannes Lepper und Anna Polke in „Die Verwandlung" nach Franz Kafka von Steven Berkoff, Premiere am 25. September 1998 in der Lutherkirche Lipperheidstraße

Rolf Mautz und Günter Alt in „Endspiel" von Samuel Beckett, Premiere am 16. Dezember 1995 im Gasometer Oberhausen

Tobias Randel, Frank Wickermann und Susanne Bredehöft in „Mutters Courage" von George Tabori, Premiere am 31. Mai 1996 im Zentrum Altenberg

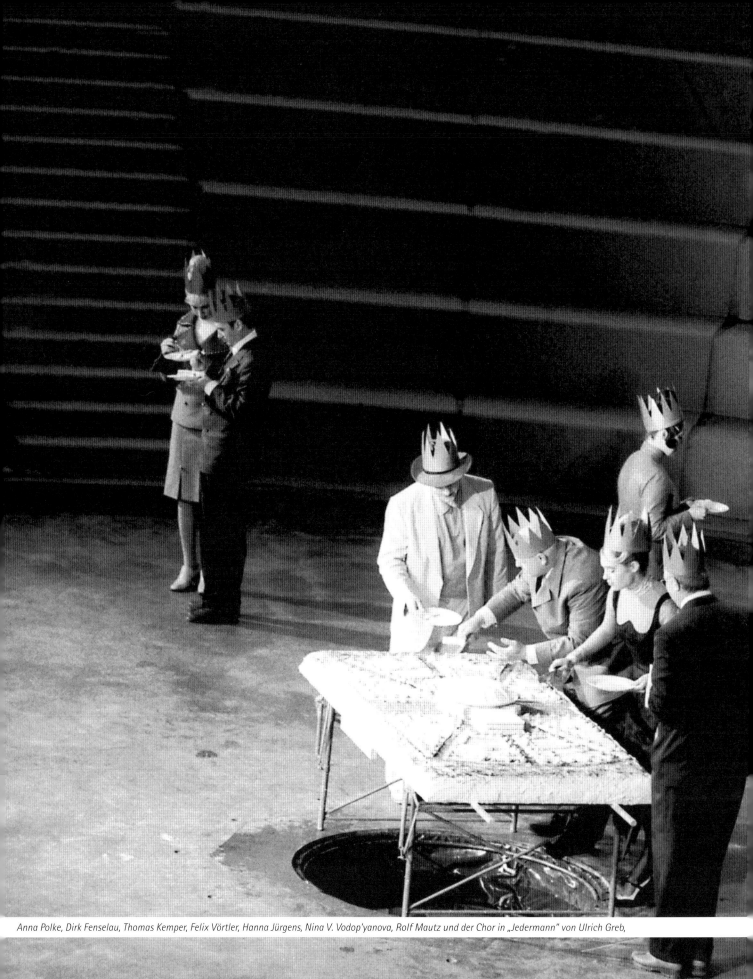

Anna Polke, Dirk Fenselau, Thomas Kemper, Felix Vörtler, Hanna Jürgens, Nina V. Vodop'yanova, Rolf Mautz und der Chor in „Jedermann" von Ulrich Greb,

Premiere am 20. August 1999 im Amphitheater auf der Halde Haniel

Tobias Randel und Rolf Mautz in „Der Theatermacher" von Thomas Bernhard, Premiere am 30. April 1999 im Hotel Handelshof in Mülheim

Expeditionen ins Unbekannte. Die Außenprojekte von Rolf Rüth

*Felix Vörtler in „Jedermann" von Ulrich Greb,
Premiere am 20. und 21. August 1999 im Amphitheater auf der Halde Haniel*

Tatjana Pasztor, Heide Simon, Felix Vörtler, Jutta Masurath, Meike Gottschalk und Rolf Mautz in „Ein paar Leute suchen das Glück und lachen sich tot" von Sibylle Berg, Premiere am 11. März 2000 im Gasometer Oberhausen

Orte der Sehnsucht – Georg Forster in der Kokerei Zollverein, das bei weitem aufwändigste unserer Projekte. Die Schwierigkeit und zugleich der Reiz dieses Unternehmens bestand darin, vom Leben eines Forschers und Revolutionärs, der seine Glücksutopie auf einer Reise durch die Südsee Wirklichkeit werden lassen wollte, in gigantischen fensterlosen Schächten zu erzählen, hinter deren meterdicken Mauern die Welt spurlos versinkt. Ein Ort, eindeutig nicht für Menschen geschaffen, und doch der denkbar spannendste Kontext für all die Hoffnungen, Wünsche und Ängste. Denn wo wächst die Sehnsucht kräftiger als im Finstern?

Hier, in der Kohlenmischanlage, haben wir am stärksten gespürt, wie sehr der Ort mitspielt. Man kann sich nicht gegen ihn stellen, man muss seinen Charakter nutzen. Alles Zubauen, Abdecken, Umbauen ist völlig sinnlos. Man kann Akzente setzen, am meisten aber vermag das künstliche Licht. Es kann jeden Raum verwandeln. Übertrumpfen kann man sie eh nicht: die Abgründe des Bunkers, den Himmel über der Halde, die dröhnende Stille des Gasometers.

Apropos Gasometer. Nicht immer haben wir unsere Geschichten erst ‚vor Ort' entwickelt. *Der Sturm, Endspiel* und *Ein paar Leute suchen das Glück und lachen sich tot* waren ‚fertige' Stücke. Aber wie haben sie sich unter dem Einfluss des Gasometers verändert! Eine Bühne im Theater ist ja zunächst mal ein neutraler, ein passiver Ort, einer, dem man die eigene Fantasie fast nach Belieben aufprägen kann. Die Oberhausener Riesentonne dagegen leistet von vornherein Widerstand gegen ihre theatralische Vereinnahmung, weil sie selbst schon theatralisch ist. Mit so einer Tonne kann man sich nicht anlegen, gegen sie kann man nicht gewinnen, man muss mit ihr einen Pakt schließen zu ihren Bedingungen, dann lässt sie sich vielleicht mal ein bisschen überlisten. Bei *Endspiel* hat Klaus Weise die winterliche Kälte und den gewaltigen Nachhall akzeptiert und szenisch fruchtbar gemacht, und das war der Beginn einer wunderbaren Freundschaft. Hier existieren Becketts menschliche Ruinen endlos weiter, eingeschlossen in eine doppelte Tonne. Für *Ein paar Leute ...* hieß die Bedingung: klaustrophobisch niedriger Raum mit ungeheurem Durchmesser. Die Vorhölle der Untoten lag hier dicht unter der Druckscheibe des Gasometers, im Parterre. So wird man das Stück nirgendwo wieder sehen können.

Am meisten hat's den *Jedermann* durchgerüttelt. Die Akustik im neuen Amphitheater war ausgezeichnet, Open Air wie gewohnt; aber rasch beschlich uns die Ahnung, dass Hofmannsthals Originaltext auf die Salzburger Domtreppen gehört und nicht auf die Halde Haniel. Es brauchte einen anderen Beginn, das Ende war ganz und gar obsolet. Ulrich Greb schrieb Szenen um, änderte immer mehr, und schließlich gab es einen gänzlich neuen Text, der von der Absicht der Inszenierung genauso geprägt war wie vom Ort der Aufführung. So erzählte der Oberhausener *Jedermann* nicht nur vom Sterben des reichen Mannes, sondern auch vom Auf- und Abtreten der Investoren und von

Neven Nöthig, Rolf Mautz und Susanne Bredehöft in „An der schönen blauen Emscher" von Ulrich Greb, Premiere am 13. Juni 1997 im Klärwerk Emschermündung

Expeditionen ins Unbekannte. Die Außenprojekte von Rolf Rüth

Hanna Jürgens, Florian Scholz, Kaspar Markus Küppers und Jennifer Julia Caron in „Quizoola!/Girlsnightout" von Tim Etchells/Gesine Danckwart, Premiere am 8. und 9. September 2000 im Bunker Alte Heid

Hartmut Stanke, Juan Carlos Lopez, Mohammad-Ali Behboudi, Andreas Maier und Raphael Rubino in „Orte der Sehnsucht. Georg Forster – Weltumsegler und Revolutionär" von Klaus Weise, Premiere am 7. Juni 2001 in der Kokerei Zollverein Essen

deren Boomtown-Seifenblasen in einer gebeutelten Region.

Das Publikum hat *Jedermann* geliebt wie wohl kein anderes Stück draußen. Zu 27 Aufführungen innerhalb eines Monats kamen mehr als 10.000 Zuschauer; Platzausnutzung 112 %! Und wir hätten endlos weiterspielen können. Die Menschen kamen aus dem gesamten Ruhrgebiet, etliche auch aus weit entfernten Teilen der Republik. Für viele bedeutete die Fahrt auf die Halde den ersten Kontakt mit dem Theater Oberhausen, für manche auch den ersten Theaterbesuch seit langem. Noch heute hört man in der Nachbarstadt Bottrop häufig den Seufzer: „Ach, wenn es so was wie den Jedermann doch noch mal da oben gäbe ..."

Anfangs waren wir nicht ganz so mutig. *Endspiel* und *Der Berg ruft* haben wir je 9-mal gezeigt, die *Emscher* schon 17-mal, *Ein paar Leute ...* 14-mal, *Orte der Sehnsucht* 20-mal. Und immer wurde der Andrang um so größer, je mehr die letzte Vorstellung nahte. Je entlegener der Ort

der Aufführung, desto verschworener der Haufen der Zuschauer, vereint in einer Mischung aus Kulturhunger und Abenteuerlust. Kälte, Regen, Dreck spielten keine Rolle, und wenn's mal ganz arg wurde, zog man ein Ganzkörper-Regencape über, schob sich die Isomatte unter oder hüllte sich in eine Pferdedecke.

Wie sehr der Spielort den Erfolg beim Publikum mitbestimmt, haben wir bei *Quizoola!/Girlsnightout* im Bunker Alte Heid gemerkt. Die Inszenierung von Kay Voges in den verliesartigen Zellen des Bombenschutzklotzes war ein Renner bei den jungen Zuschauern. Als wir sie nach 18 Aufführungen wegen des Bunkerumbaus zum Bürgerzentrum ins Studio 99 verlegen mussten, wollte kaum noch jemand sie sehen. Johannes Lepper ließ bei Kafkas *Die Verwandlung* in der Lutherkirche die Besucher aus der quasi göttlichen Perspektive der Empore auf seine Inszenierung blicken, und die Kirche war wieder voll. Dagegen war die Halle in der ehemaligen Zinkfabrik Altenberg, die wir

für *Mutters Courage* ausgesucht hatten, wohl von vornherein nicht so packend, auch nicht zwingend genug. Die Besucher strömten nicht wie sonst, sie tröpfelten.

Neben all den widerspenstigen Schauplätzen haben wir einmal den fast perfekt passenden Spielort gefunden. Der Große Saal des ehrwürdigen Mülheimer Hotels Handelshof schien so genau der Atmosphäre von Thomas Bernhards *Der Theatermacher* zu entsprechen, dass wir ihn schon für das fertige Bühnenbild hielten. Aber inszenieren heißt ja auch aneignen, und so musste sich der Raum doch noch einige Veränderungen gefallen lassen. Er soll allerdings leise protestiert haben.

Proteste von den Schauspielern gab es selten, obwohl die Strapazen bei Eiseskälte (Gasometer), Gestank und Hitze (Klärwerk) oder Staubböen (Halde) gehörig an den Kräften zerrten. Gewiss, es gibt die, die in der Fremde weder Tod noch Teufel fürchten und kopfüber im Dunkeln vom Zehnmeterbrett springen (alle haben es

Thorsten Deppe und André Faberski in „Quizoola!/Girlsnightout" von Tim Etchells/Gesine Danckwart, Premiere am 8. und 9. September 2000 im Bunker Alte Heid

Meike Gottschalk, Daniel Wiemer und Jutta Masurath in „Ein paar Leute suchen das Glück und lachen sich tot" von Sibylle Berg, Premiere am 11. März 2000 im Gasometer Oberhausen

Mirco Reseg, Michael Witte und Kaspar Markus Küppers in „Heinrich der Fünfte" von Ignace Cornelissen,
Premiere am 5. Mai 2002 auf dem Schulhof des Bertha-von-Suttner-Gymnasiums

Expeditionen ins Unbekannte. Die Außenprojekte von Rolf Rüth

Kaspar Markus Küppers und Michael Witte in „Heinrich der Fünfte"
von Ignace Cornelissen, Premiere am 5. Mai 2002
auf dem Schulhof des Bertha-von-Suttner Gymnasiums

Regina Gisbertz, Tatjana Pasztor, Anke Zillich und Sebastian Hufschmidt
in „Ultimo. Magazine des Glücks" von Ulrich Greb,
Premiere am 4. September 2002 in Duisburg, Beekstraße

überlebt); andere (ich verrate niemanden) neigen beim Anblick eines spinnenverwobenen Tunnels zu spontanem Hautausschlag mit Brechdurchfall. Aber wer einmal ein paar Meter unter einem Klärbecken voll mit Abermilliarden alles zersetzender Bakterien eine Rolle gespielt hat, der ist von da an auch zu Höherem berufen. Und wer in schwindelnder Höhe auf einem schmalen Brett über dem Abgrund stehend es vermocht hat, sich auf seinen Text zu konzentrieren, dem wird künftig vor keiner dramatischen Untiefe bange sein.

„In magnis et voluisse sat est", behauptet Properz: Bei großen Dingen genügt es, gewollt zu haben. Auch wenn Anspruch und Erfolg in unserem Fall sich etwas weiter angenähert haben: Verwirklichen konnten auch wir nicht alles, was wir uns ausgedacht hatten. Teils fehlte die Zeit, teils das Geld, manchmal kamen wir auch zu spät. *Der Berg ruft* und das *Emscher-Projekt* waren gedacht als die ersten beiden Folgen einer vierteiligen Spurensuche, einer Suche nach der heutigen Existenzform der antiken Elemente – der letzten Bausteine der sichtbaren Welt in der aristotelischen Naturphilosophie – an unserem Standort Ruhrgebiet. Nach der ‚Erde' und dem ‚Wasser' wollten wir uns dem ‚Feuer' zuwenden. Der Abriss der Hochöfen auf dem Gelände des stillgelegten Krupp-Stahlwerks in Duisburg-Rheinhausen kam uns zuvor. Zum Thema ‚Luft' wäre die Müllverbrennungsanlage in Oberhausen-Lirich ein ‚schöner' Ort gewesen. Wir hatten sie auch schon besichtigt, aber andere Projekte kamen dazwischen. Manche Industrieidyllen wie der Landschaftspark Nord in Duisburg schienen uns touristisch schon zu sehr ausgereizt für eine künstlerische Zweitentdeckung. Aber das Elektrostahlwerk neben dem Centro hätte uns interessiert. Zu spät, hieß es, bereits neu verplant. Auf dem Rhein-Herne-Kanal wollten wir mit umgebauten Kohlefrachtern eine nächtliche Theaterreise in Szene setzen: immens teuer und kompliziert. Auch die moderne Kläranlage in Bottrop-Welheim haben wir uns angeschaut. Doch was in Dinslaken in die Fläche (also auch: in die Spielfläche) geht, ist in Bottrop in die Tiefe gestapelt und verdichtet. Da kriegt die Fantasie Atemnot.

Schließlich gibt es da noch das wunderschöne, fast 90-jährige Pumpwerk Alte Emscher in Duisburg-Beeck. Eine multimediale Performance schwebte Ulrich Greb vor, als plötzlich die angekündigten Gelder gesperrt wurden. Was blieb, war ein Arbeitstitel: „Nach uns die Vorflut". Wem jetzt die ‚Vorflut' böhmische Dörfer sind, dem kann ich an dieser Stelle leider nicht helfen. Wie gesagt, das Ruhrgebiet steckt noch voller Geheimnisse.

Wenn jetzt die Triennale all die sogenannten Leuchttürme und Landmarken im Revier mit hochkarätiger und teurer Kunst erobert, empfiehlt sich den ortsansässigen Bühnen ohnehin ein neuer Aufbruch zu den weißen Flecken der Ruhr-, Emscher- und Lippe-Landkarte. Gibt noch genug davon!

Regina Gisbertz, Sebastian Hufschmidt, Tatjana Pasztor, Katharina Brenner und Anke Zillich in „Ultimo. Magazine des Glücks" von Ulrich Greb,

Premiere am 4. September 2002 in Duisburg, Beekstraße

Kornelia Lüdorff und Simone Kabst in „Rot Blau Schwarz Grau" von Wolfgang Mennel, Premiere am 6. März 1997 im Studio 99

Junges Theater Oberhausen.
Theater im Pott

von Michael Jezierny

Martin Skoda in „Jeda der Schneemann" von Mark Wetter und Paul Steinmann, Premiere am 14. Oktober 1992 im Studio 99

Junges Theater Oberhausen. Theater im Pott von Michael Jezierny

Sabine Weithöner in „Ameley, der Biber und der König auf dem Dach" von Tankred Dorst, Premiere am 25. November 1992 im Großen Haus

Neven Nöthig und René Schnoz in „Kiebich und Dutz" von Friedrich Karl Waechter, Premiere am 18. März 1993 im Studio 99

Andrea Bettini und Jeffrey R. Zach in „Die Kriegstreiberin" von Lisa Wilczok, Premiere am 26. September 1993 im Ebertbad

Der Abtreibungsversuch mittels einer Radioantenne – ausgeführt von der Schauspielerin Susanne Bredehöft als „Mutti" in dem Stück *Rollstuhl Willi* von Alan Brown war 1992 mein erster – und recht nachhaltiger – Eindruck vom zu der Zeit noch klein geschriebenen „tip" – dem „Theater im Pott" am Oberhausener Theater. Reinhard Göbers Inszenierung war in der Übergangsspielzeit 1991/92 herausgekommen. Sie zeigte eine gnadenlose Gesellschaft, in der nur der im Rollstuhl lebende Willi menschliche Werte bewahrt hat. Die damals noch etwas unentschiedene Haltung zur eigenen Courage zeigte sich im nachträglich angebrachten Aufkleber auf dem Spielplan „Für Jugendliche unter 18 Jahren nicht geeignet".
Das TiP war und ist die Kinder- und Jugendtheatersparte des Oberhausener Theaters, und mit dieser Inszenierung wurden die Grenzen des Theaters für junge Menschen in Oberhausen weit gesteckt.
Viele Jahre später habe ich während der Proben zu *The Glory of Living* von Rebecca Gilman oft an den Alters-Aufkleber denken müssen. *The Glory of Living* erzählt von der 15-jährigen Lisa, die gemeinsam mit ihrem Ehemann junge Mädchen mißbraucht und anschließend umbringt. Der Regisseur Kay Voges suchte intensiv nach einer bühnenadäquaten Umsetzung für Lisas ungestillte Sehnsucht nach Zärtlichkeit, Liebe und Sex, für die Zurichtungen, welche sie in ihrem kurzen Leben schon erfahren hat. Keine leichte Aufgabe in einem Jugendstück, welches noch dazu in dem Bühnenbild von Pia Maria Mackert die Zuschauer fast auf Tuchfühlung vor die Schauspieler setzte. Gespielt wurde dann ohne Aufkleber und mit großem Erfolg für Jugendliche ab 15/16 Jahren. Häufig gab es nach der Vorstellung angeregte Gespräche über das Hauptthema des Stückes, die Frage nach Schuld und Vergeltung für die jugendliche Mörderin Lisa, die doch zugleich Opfer war.
Ich hatte das große Glück, ein ganzes Jahrzehnt – von 1992 bis 2002 – für dieses mutige und seine Zuschauer immer ernst nehmende Kinder- und Jugendtheater unter der Intendanz von Klaus Weise zu arbeiten. Es war immer eine Freude, die künstlerische Linie mit zu prägen und die Qualität der Arbeit bei jungen Menschen der Region und bei Fachleuten weit über NRW hinaus bekannt zu machen.
Zu Beginn meines Engagements war das Oberhausener Kinder- und Jugendtheater gerade von einem 1973 gegründeten und seit 1977 „tip" genannten, eigenständigen Theater mit einem Ensemble von sechs Schauspielern und weitgehend autonomer künstlerischer Leitung zu einer „integrierten Kinder- und Jugendtheatersparte" transformiert worden. Skeptiker befürchteten deshalb, das anerkannte Theater sei dem Schauspiel einverleibt worden, und es würde so seine Identität verlieren.
Natürlich besteht die Gefahr in dieser Struktur immer. Integriertes Modell bedeutet ja nicht nur, dass das Kinder- und Jugendtheater die erweiterten Möglichkeiten des Gesamthauses nutzen kann und dass (theoretisch) alle Schauspieler des Ensembles auch in Produktionen des Kinder- und Jugendtheaters besetzt werden können. Der kleinere „Kindertheater"-Partner muss sich auch in allem, was er tun will, mit dem größeren, überregional bedeutenderen und vom Feuilleton stärker

Elfriede Müller, Felix Vörtler, Dieter Oberholz, Hans Matthias Fuchs, Mario Gremlich und Sabine Weithöner in „Ameley, der Biber und der König auf dem Dach" von Tankred Dorst,

Premiere am 25. November 1992 im Großen Haus

Mario Gremlich, Taies Farzan und das Ensemble des Arkadaş-Theater in „Heißt Du wirklich Hasan Schmidt?" von -ky, Premiere am 16. April 1994 im Großen Haus

 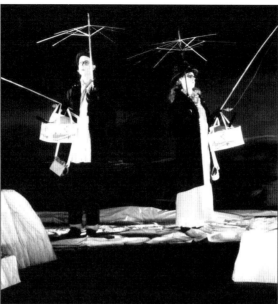 

Andrea Bettini und Anna Magdalena Fitzi in „Mirad, ein Junge aus Bosnien" von Ad de Bont, Premiere am 16. Dezember 1993 im Studio 99

Martin Skoda und Anna Polke in „Greta und Kurt" von Thomas J. Hauck und Joachim Henn, Premiere am 24. März 1994 im Studio 99

Sabine Weithöner und Neven Nöthig in „Das rote Pferd auf dem Mond über der Küche" von Wilfrid Grote, Premiere am 15. Mai 1994 im Studio 99

beachteten Schauspiel einigen. So ist besonders bei der Abstimmung von Spielplänen und Besetzungen große Kooperationsbereitschaft notwendig, und sie ist in Oberhausen gegeben gewesen. Der aufmerksame Blick der Presse und die Wertschätzung der Oberhausener Politik für „ihr" Kinder- und Jugendtheater ist ein zusätzlicher Gewinn. So kann das TiP seit 1992 vor allem die Synergieeffekte der Integration für seine künstlerische Arbeit nutzen und den Gefahren weitgehend aus dem Weg gehen.

Heute sehen einige der ehemaligen Skeptiker angesichts der nur durch Synergieeffekte möglich gewordenen Erfolge das integrierte Modell als sinnvolle Organisationsform für qualitätsvolles und ernst zu nehmendes Kinder- und Jugendtheater.

Anfang der neunziger Jahre waren Peter Seuwen als leitender Regisseur und der am Haus schon länger tätige und das „tip" prägende Dramaturg Frank Bischoff am Haus engagiert.

So waren die Jahre 1992 – 1994 stark durch Peter Seuwens Inszenierungen geprägt. Besonders in Erinnerung ist mir auch der in vielen Stücken spielende Schauspieler Mario Gremlich, so als Kindermörder Jürgen Bartsch in dem Stück *Das Tier* von Niels Höpfner, als Skinhead Mike in *A Bloody English Garden* von Nick Fisher und als Matze Schmidt in *Heißt Du wirklich Hasan Schmidt?* von -ky. Alle Inszenierungen trafen in ganz ungewöhnlicher Form das Lebensgefühl junger Menschen. Ich hatte bis dahin selten ein so aufmerksames und interessiertes jugendliches Theaterpublikum erlebt. Die subtilen Zurichtungen, die Jürgen Bartsch in seiner Familie erlebte, führten nach den Vorstellungen zu intensiven Gesprächen mit dem Publikum, und die anrührende Liebesgeschichte zwischen Matze Schmidt und dem türkischen Mädchen Shirin ließ viele Zuschauer an eine wahre Liebe nicht nur auf der Bühne glauben.

Heißt Du wirklich Hasan Schmidt? war sicher einer der Höhepunkte in der Arbeit des TiP in den frühen 90ern. Zum zweiten Mal in der Geschichte des Oberhausener Kinder- und Jugendtheaters wurde hier auf Initiative von Frank Bischoff eine Zusammenarbeit mit dem in Köln ansässigen türkischen Arkadaş-Theater realisiert. Dies führte zu einem ungemein spannenden künstlerischen Ergebnis, bei dem sich sichtbar zwei Theaterkulturen auf der Bühne begegneten. Vor allem aber gelang auch im Publikum die im deutschen Stadttheater ungewöhnliche Begegnung zwischen türkischen und deutschen Zuschauern – eine vibrierend schöne Stimmung im immer ausverkauften Großen Haus.

Nach dem Weggang von Peter Seuwen bestimmten verschiedene, heute teilweise sehr erfolgreich an unterschiedlichen Häusern arbeitenden Regisseure die künstlerische Farbe des TiP. Es war eine Phase bewussten Suchens und Experimentierens in der künstlerischen Arbeit für ein junges Publikum. Unter anderem inszenierte Johannes Lepper für das TiP 1996 Marivauxs *Der Streit* im Großen Haus und 1997 das Beatles-Event *Happiness is a warm Gun* auf der Hinterbühne.

Einige weitere Regisseure, die das Profil in dieser Zeit wesentlich mitgeprägt haben, waren Thomas Goritzki – er inszenierte 1995 Astrid Lindgrens wunderbaren Kinder-

Anna Polke, Frank Wickermann und Martin Skoda in „Der Lebkuchenmann" von David Wood, Premiere am 19. November 1994 im Großen Haus

Mario Gremlich, Frank Wickermann, René Schnoz und Albert Bork in „Klassenfeind" von Nigel Williams, Premiere am 24. Februar 1995 im Studio 99

Gisela Storck, Wolfgang Gockel, Yorck Dippe und Rudolf Schlager in „Ronja Räubertochter" nach Astrid Lindgren von Barbara Hass, Premiere am 17. November 1995 im Großen Haus

Mohammad-Ali Behboudi und Albert Bork in „Robinson & Crusoe" von Nino d'Introna und Giacomo Ravicchio, Premiere am 29. September 1996 im Studio 99

Frank Wickermann und Carolin Weber in „Sonne, Mond und Sterne" von Paula Bettina Mader, Premiere am 18. April 1996 im Studio 99

Myriam Schröder und Albert Bork in
„Ronja Räubertochter" nach Astrid Lindgren
von Barbara Hass, Premiere am
17. November 1995 im Großen Haus

Stella-Maria Adorf und Mark Weigel in
„Die Bremer Stadtmusikanten",
Märchen nach den Gebrüdern Grimm von Peter Ensikat,
Premiere am 15. November 1996 im Großen Haus

Johanna Kollet und Stella-Maria Adorf
in „Rote Schuhe" von Tiziana Lucattini,
Premiere am 23. Oktober 1997 im Studio 99

klassiker *Ronja Räubertochter* und 1997 Erich Kästners *Emil und die Detektive*, Stefan Otteni mit der Uraufführung von *Ella und El / Sid und Nancy* von Chris Ohnemus / Ben Becker 1997 und Volker Schmalöer, der 1997 die preisgekrönte Uraufführung von Roland Schimmelpfennigs *Die ewige Maria* in Szene setzte. Genannt werden muss auch der Schauspieler und Regisseur Franz Xaver Zach, der 1996 *Mutters Courage* von George Tabori in den Räumen des damals noch nicht renovierten Rheinischen Industriemuseums in Altenberg und 1998 die Uraufführung von F.K. Waechters *Die Aschenputtler* realisierte, sowie Barry Goldman, der u.a. 1996 *Sonne, Mond und Sterne* von Bettina Mader, 1997 *Rot, Blau, Schwarz, Grau* von Wolfgang Mennel und 1998 die Deutsche Erstaufführung *Gestohlenes Meer* von Lilly Axster inszenierte.

Das letztgenannte, teilweise dokumentarische Stück handelt von der Niederländerin Truus Menger, die als junges Mädchen bewaffneten Widerstand gegen die Besetzung der Niederlande durch Hitlerdeutschland leistete. Die Premiere, die gleichzeitig die Eröffnungsvorstellung des 14. Kinder- und Jugendtheatertreffen NRW im Mai 1998 war, wurde für mich zu der wohl bewegendsten meiner Oberhausener Zeit. Neben den zahlreichen Festivalgästen waren auch die heute über 70jährige Truus Menger und die Autorin gekommen. In der Begegnung der Schauspielerin Rosemarie Weber als „alte Truus" und Johanna Kollet als „junge Truus" mit der realen Truus, trafen sich drei Frauen als eine Figur der Zeitgeschichte, wurde erlebte und gespielte Geschichte, wurden reale und erfundene Geschichten gleichermaßen lebendig.

Das in der Folgewoche in allen Räumen des Theaters Oberhausen und im Ebertbad stattfindende Festival des Kinder- und Jugendtheaters zeigte die besten Inszenierungen aus NRW sowie hochklassige Gastspiele aus den Niederlanden und der Schweiz. Es war für die internationalen Festivalgäste ebenso wie für das Oberhausener Publikum eine Woche voll künstlerischer Höhepunkte und anregender Begegnungen.

Ein Schwerpunkt der künstlerischen Arbeit des TiP in dieser Zeit war der Versuch, Stücke so auszuwählen und zu inszenieren, dass sie thematisch und ästhetisch alle Altersgruppen ansprechen – Kindertheater auch für Erwachsene. Dies führte dazu, dass Inszenierungen des TiP nicht nur regelmäßig zum jährlichen Theatertreffen der nordrhein-westfälischen Kinder- und Jugendtheater eingeladen wurden – und hier mehrfach für ihre künstlerische Qualität ausgezeichnet wurden – sondern auch auf renommierten Theatertreffen des Erwachsenentheaters vertreten waren. Auch beim Publikum war und ist dieses „Allgenerationen-Theater" sehr erfolgreich. Der Besuch der Abendvorstellungen unserer Kinderstücke *Ronja Räubertochter*, *Die Aschenputtler* und *Emil und die Detektive* war für mich immer ein besonderes Erlebnis. Hier zeigte sich eine Generationen übergreifende Theaterbegeisterung bei Großeltern mit ihren Enkeln ebenso wie bei Jugendlichen mit ihren Freunden oder ihren kleinen Geschwistern, Erwachsenen mit eigenen oder „ausgeliehenen" Kindern – man geht ja schließlich ins Kindertheater –

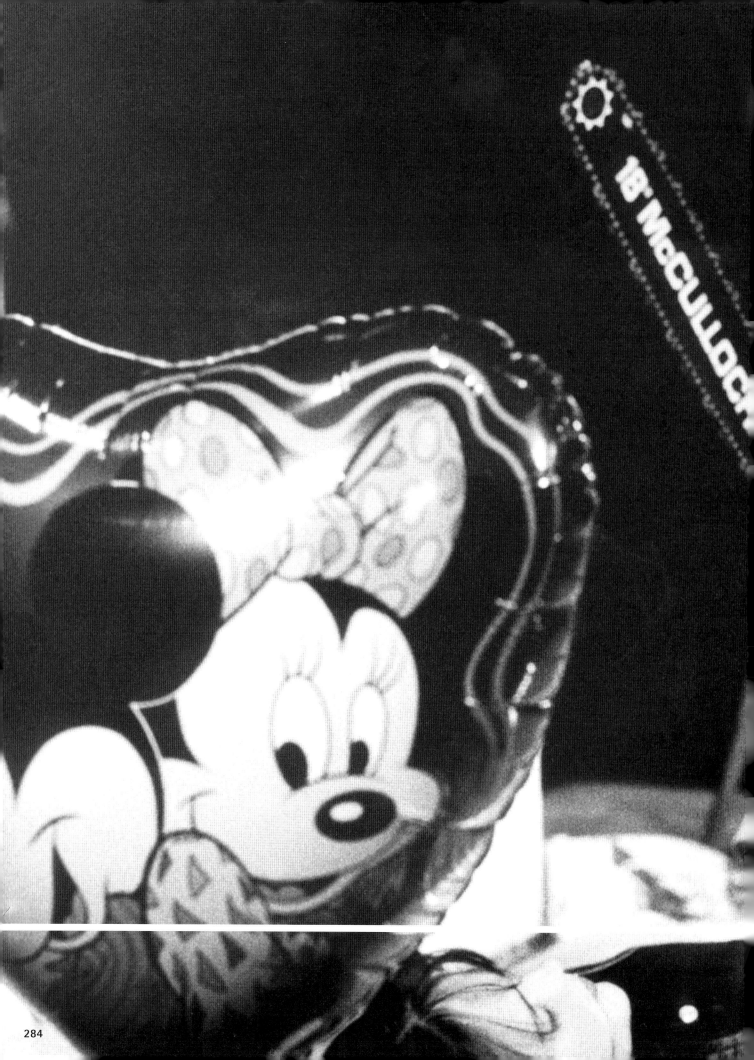

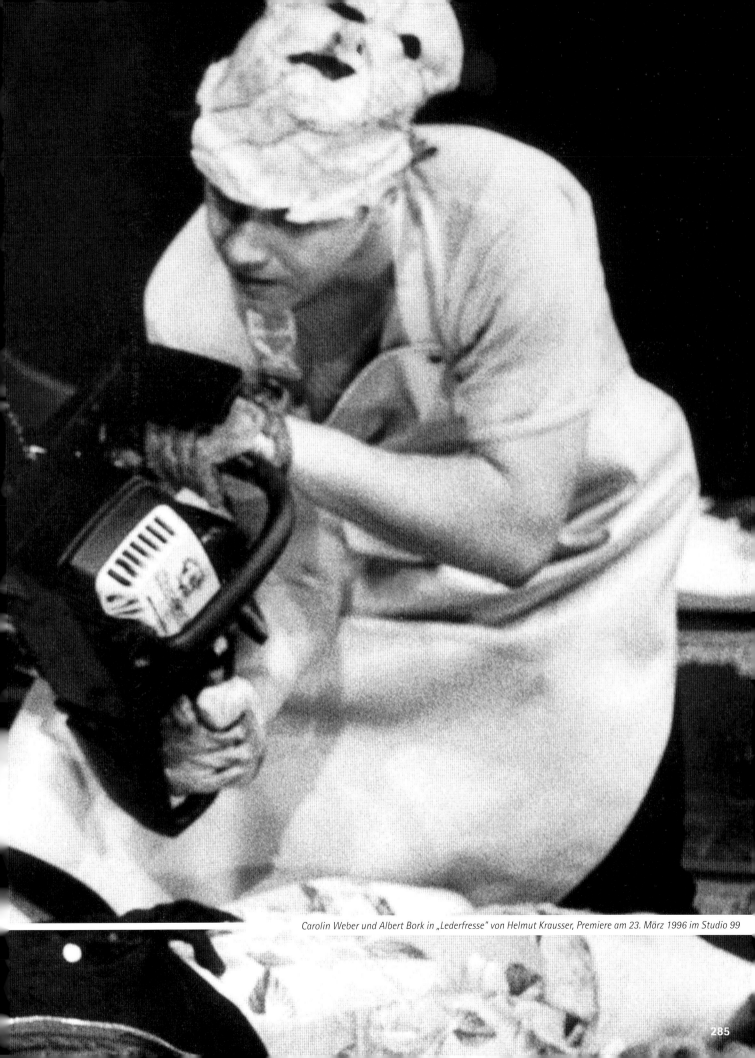

Carolin Weber und Albert Bork in „Lederfresse" von Helmut Krausser, Premiere am 23. März 1996 im Studio 99

Kornelia Lüdorff, Tomas Luamba und Johanna Kollet in „Ganze Tage – Ganze Nächte" von Xavier Durringer, Premiere am 26. Februar 1998 im Studio 99

Junges Theater Oberhausen. Theater im Pott von Michael Jezierny

Sabine Maria Reiß und Neven Nöthig
in „Die Stühle" von Eugène Ionesco,
Premiere am 21. April 1999 im Studio 99

Florian Scholz, Mark Oliver Bögel und Yorck Dippe
in „Emil und die Detektive" von Erich Kästner,
Premiere am 4. November 1999 im Großen Haus

Heike Kretschmer und Juan Manuel Torres y Soria
in „FlußPferde" von Anneli Mäkelä,
Premiere am 7. Februar 1999 im Studio 99

oder auch Paaren und Singles, die einfach nur gutes Theater sehen wollten. Für mich realisierte sich hier ein Ideal des Kinder- und Jugendtheaters, nach dem immer gestrebt wird, was sich jedoch nur selten einstellt. Erleichtert wurde dieser Erfolg des TiP beim erwachsenen Publikum sicher durch die wunderbaren Schauspieler, die dank des integrierten Modells auch für das Kinder- und Jugendtheater zur Verfügung standen.

Die dritte, und bis heute andauernde Phase des TiP unter der Intendanz Weise begann 1999 mit *FlußPferde* von Anneli Mäkelä mit Heike Kretschmer als Pferd und Juan Manuel Torres y Soria als Flußpferd. Dies war die erste Inszenierung von Kay Voges für das TiP, der seitdem als Spielleiter viele erfolgreiche Arbeiten realisierte. Seine Inszenierungen zeichnen sich durch besondere, das Studio immer wieder neu erlebbar machende Raumlösungen ebenso aus wie durch einen ästhetisch überraschenden Zugriff auf die meist aktuellen Texte. Zudem hat er gemeinsam mit dem Videospezialisten John Geiter in verschiedenen Inszenierungen eine als

beispielhaft beschriebene Videoästhetik entwickelt. Seit dem Jahr 2000 sind Kay Voges' Inszenierungen offenbar auf den jährlich vergebenen Theaterpreis für das Kinder- und Jugendtheater des Landes NRW abonniert: Er wurde vergeben 2000 an die deutsche Erstaufführung von *Cyrano* in der Bearbeitung von Jo Roets in Krefeld, 2001 in Münster an *Alles. In einer Nacht* von Falk Richter und 2002 in Bonn an *Feuergesicht* von Marius von Mayenburg. *Feuergesicht* war aber auch auf dem NRW-Theatertreffen 2002 in Neuss erfolgreich – der Darsteller des Kurt, Kaspar Markus Küppers, erhielt hier den Preis für den besten Nachwuchsschauspieler. *Feuergesicht* war des weiteren auf den Werkstatt-Tagen am Thalia-Theater in Halle an der Saale – einem der renommiertesten überregionalen Festivals im Bereich des Jungen Theaters – im Oktober 2002 zu sehen.

Aber auch viele andere Produktionen des TiP waren über die Grenzen der Stadt erfolgreich, wurden zu verschiedenen, auch internationalen, Festivals und Gastspielen eingeladen:

Eine Woche voller Samstage von Paul Maar (Regie: Peter Seuwen) war 1994 und *Emil und die Detektive* von Erich Kästner (Regie: Thomas Goritzki) im Jahr 2000 ausgewählt zum Kinder-Musik-Theater-Festival „Traumspiele".

Lederfresse von Helmut Krausser in der Inszenierung von Mohammad-Ali Behboudi hatte seine Premiere im Februar 1996 auf dem internationalen Theaterfestival in Burkina Faso und erhielt außerdem Einladungen in die Oberhausener Partnerstadt Saporoshje und nach Estland.

Robinson & Crusoe von Nino d'Introna und Giacomo Ravicchio mit Albert Bork und Mohammad-Ali Behboudi als zwei auf einer kleinen Insel abgestürzte feindliche Flieger war 1999 zusammen mit Behboudis Inszenierung *Barfuß nackt Herz in der Hand* von Ali Jalaly nach Teheran eingeladen.

Die Einladungen zu den internationalen Theatertreffen waren wesentlich initiiert durch den iranischen Schauspieler Mohammad-Ali Behboudi, der einige der genannten Arbeiten in Kooperation mit seinem frei arbeitenden „Welttheater" realisierte. Tatkräftig unterstützt wurden

Jennifer Julia Caron und Juan Manuel Torres y Soria in „Cyrano" von Jo Roets, Premiere am 23. Oktober 1999 im Studio 99

Johanna Kollet, Martin Skoda und Andreas Lewin in „Die Schneekönigin" von Christian Martin, Premiere am 6. November 1998 im Großen Haus

Raphael Rubino, Andreas Maier und Verena Bukal in „Jesus. Ein Passionsspiel" von Kay Voges, Premiere am 17. März 2000 im Studio 99

Junges Theater Oberhausen. Theater im Pott von Michael Jezierny

Kaspar Markus Küppers und Julia Wirtz in „Hänsel und Gretel" nach dem Märchen der Gebrüder Grimm, Premiere am 10. November 2000 im Ebertbad

Hanna Jürgens in „Alles. In einer Nacht." von Falk Richter, Premiere am 19. Januar 2001 im Studio 99

Heike Kretschmer und Kornelia Lüdorff in „Lisbeth ist total bekifft" von Armando Llamas, Premiere am 26. April 2001 im Studio 99

diese internationalen Gastspiele durch den bei der Stadt Oberhausen für kulturellen Jugendaustausch zuständigen Wolfgang Heitzer.

Salzwasser von Conor McPherson – Klaus Weises einzige Inszenierung fürs TiP – war eingeladen zum wichtigsten Theatertreffen für Jugendtheater im deutschsprachigen Raum, dem Kinder- und Jugendtheatertreffen 2001 in Berlin.

Das TiP steht heute über die regionalen Grenzen hinaus für gelungene Inszenierungen von Stücken, die häufig den üblichen Rahmen des Jugendtheaters sprengen. Das Bemühen, thematisch und sprachlich interessante Texte junger Autoren auf ihre Eignung für ein jugendliches Publikum zu befragen und ästhetisch adäquat auf die Bühne zu bringen, führte zu viel beachteten Arbeiten. Möglich wurde diese, für ein Kinder- und Jugendtheater im traditionellen Sinn recht anspruchsvolle Linie auch durch die Tatsache, dass in Oberhausen Jugendtheater fast ausschließlich am Abend gezeigt wird. Es bedurfte vieler Jahre kontinuierlicher Arbeit mit Lehrern und Schülern, bei diesen Zielgruppen die Akzeptanz hierfür zu erreichen. Auf reine Schulvorstellungen innerhalb der Schulzeit konnten wir so zunehmend verzichten, und unterdessen wird dies auch von Lehrern als positiv empfunden. Das angenehmere Theatererlebnis am Abend rechtfertigt das „Opfer der Freizeit".

Die Arbeit eines Kinder- und Jugendtheaters findet nicht nur auf der Bühne statt, fast ebenso wichtig ist der enge Kontakt zu Lehrern, Schülern und anderen Institutionen, in denen junge Leute zusammen kommen. Wichtiges Anliegen des TiP war und ist es immer, junge Leute aus allen sozialen Schichten anzusprechen, und so gelingt es, viele junge Menschen für das Theater zu begeistern. Ein Beispiel von vielen möchte ich hier erwähnen: Die Lehrerin der 10. Klasse einer Oberhausener Realschule fragte eigentlich nur wegen einer Theaterführung bei mir an. Ich empfahl ihr, sich vorher mit der Klasse eine Vorstellung anzusehen, und einige Tage später eine Führung durch das Theater zu machen. Trotz des mehr oder weniger ausgeprägten Unmuts bei den Schülern über den „verlorenen" Abend besuchte sie mit ihnen eine Vorstellung von *Feuergesicht*. Alle Schüler waren das erste Mal im Theater. Zwei Tage später waren wir zu der Führung verabredet. In Gesprächen äußerten nun die Schüler den Wunsch, häufiger ins Theater zu gehen, da dies ja sehr viel „cooler" sei, als sie dachten. Der größte Teil der Schüler kaufte sich daraufhin ein Schulklassenabo.

Die intensivste, aber auch exklusive Möglichkeit, sich mit Theater zu beschäftigen, haben junge Leute in den an vielen Theatern existierenden Jugendclubs. In der von mir 1992 gegründeten „TheaterSpielWerkstatt" ging die Theaterbegeisterung der Jugendlichen so weit, dass es möglich wurde, mit ihnen Inszenierungen zu erarbeiten, die sich auch im regulären Spielplan behaupten konnten.

So wurde Lilly Axsters Collage über Kinder und Jugendliche in Ghettos und Konzentrationslagern *Doch einen Schmetterling hab' ich hier nicht gesehen* 1994 in Anwesenheit der Autorin uraufgeführt und erlebte dann fast 20 meist ausverkaufte Vorstellungen in Oberhausen. Außerdem wurde diese Produktion zu verschiedenen

Hanna Jürgens und Andreas Maier in „Pettersson und Findus" von Sven Nordqvist, Premiere am 28. Januar 2000 im Studio 99

Junges Theater Oberhausen. Theater im Pott von Michael Jezierny

Juan Manuel Torres y Soria, Mirco Reseg, Regina Gisbertz und Hendrik Richter in „Der Zauberer von Oz" von Thomas Birkmeir, Premiere am 16. November 2001 im Großen Haus

Katharina Brenner und Hanna Jürgens in „Windsturmreiter" von Anna Siegrot, Premiere am 15. Dezember 2001 im Studio 99

Julia Torres y Soria und Martin Skoda in „Oh, wie schön ist Panama" von Janosch, Premiere am 6. Oktober 2002 im Studio 99

Gastspielen eingeladen und zum Berliner Theatertreffen der Jugend 1995 ausgewählt. Diese Auszeichnung wurde auch der Produktion *Ursel* von Guy Krneta im Jahr 2000 zu Teil. Der bisher letzte Gastspielerfolg einer SpielWerkstatt-Produktion war die gefeierte Aufführung von *Supreme* auf den JugendClubTagen 2002 in Münster. Insgesamt sind von 1992 – 2002 neun größere und kleinere Produktionen entstanden, darunter zwei Uraufführungen.

Ich bin mir bewusst, dass ich viele wichtige, prägende und engagierte Künstler nicht erwähnen konnte. Ich möchte jedoch am Ende vor allem auch einigen Kolleginnen und Kollegen danken, die „mit freundlichem Ersuchen" oder einfach nur aus Lust am Spiel für Kinder wunderschöne kleine Arbeiten außerhalb des Spielplans realisierten. Simone Kabst und Kornelia Lüdorff brachten 1997 *Pu der Bär* als mobile Produktion heraus und begeisterten hiermit nicht nur die Kinder, sondern auch das internationale Fachpublikum auf der Abschlussveranstaltung des 14. Kinder- und Jugendtheatertreffens NRW 1998. Die Regisseurin Christina Böckler – damals noch Regieassistentin – dramatisierte eine Episode von *Pettersson und Findus* und brachte diese Geschichte im Januar 2000 mit Hanna Jürgens als Findus und Andreas Maier als Pettersson heraus. Eine Produktion, nach der die Nachfrage nicht abriss. Ich bin sicher, dass die Arbeit des TiP in den vergangenen 10 Jahren wesentlich dazu beigetragen hat, die noch recht junge Pflanze „Kinder- und Jugendtheater" – selbst das Grips-Theater in Berlin existiert erst seit 36 Jahren – als auch künstlerisch ernst zu nehmende Theaterform zu etablieren. Es wurde gezeigt, dass sich Jugendliche vom Theater faszinieren lassen – wenn denn hervorragende Schauspieler, von den richtigen Regisseuren in einem adäquaten Raum inszeniert, ihre Zuschauer ernst nehmen und nicht versuchen, simples Theater für ein vermeintlich ignorantes Publikum möglichst schnell zu Ende zu bringen.

So empfinde ich es als Ausdruck des Erfolgs der Arbeit für und mit jungen Zuschauern in Oberhausen, dass an diesem Haus in dieser Stadt die an vielen Häusern gefürchteten Vorstellungen im Rahmen des Jugendabos von den Schauspielern geliebt werden. Als Beispiel sei die Jugendabo-Vorstellung von Sarah Kanes *Gesäubert* im Februar 2002 genannt, in welcher der Funke zwischen Publikum und Bühne als ganz ungewöhnliche Energie spürbar wurde. Ähnliches ist auch in vielen Vorstellungen des „Weihnachtsmärchens" zu beobachten: 428 Grundschulkinder verfolgen zwei Stunden lang gebannt das Geschehen auf der Bühne. Dies gilt im Kindertheater allgemein als unmöglich: Vorstellungen mit mehr als 200 Kindern sollen nur Zuschauerzahlen schönen und seien für kleine Zuschauer ungeeignet, nach spätestens 90 Minuten sei die Konzentration der Kinder auf dem Nullpunkt, und im „Weihnachtsmärchen" wäre sowieso immer Randale. Das Theater in Oberhausen ist offenbar ebenso besonders wie die (jungen) Zuschauer dieser Stadt.

Juan Carlos Lopez, Regina Gisbertz und Juan Manuel Torres y Soria in „Werther in New York" von Tim Staffel, Premiere am 19. April 2002 im Großen Haus

Hanna Jürgens und Daniel Wiemer in „The Glory of Living" von Rebecca Gilman, Premiere am 23. Mai 2001 im Studio 99

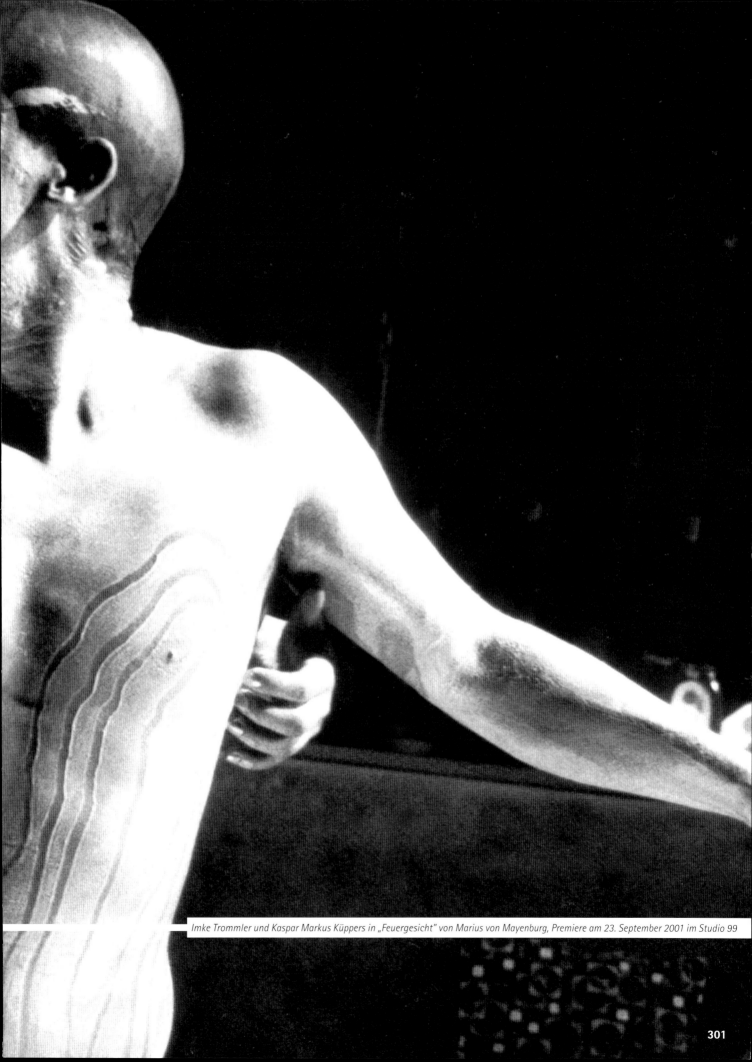
Imke Trommler und Kaspar Markus Küppers in „Feuergesicht" von Marius von Mayenburg, Premiere am 23. September 2001 im Studio 99

Dirk Fenselau, Tina Seydel, Juan Manuel Torres y Soria und Erol Ünsalan in „Pippi Langstrumpf" von Astrid Lindgren, Premiere am 15. November 2002 im Großen Haus

Kornelia Lüdorff, Felix Vörtler, Andrea Bettini, Frank Wickermann, Günter Alt, Tobias Randel und Arved Birnbaum in „Waidmannsheil und Sugarbaby"

von Michael Barfuß, Helmut Postel und Klaus Weise, Premiere am 3. Oktober 1996 im Großen Haus

Herzen, Huren, Halbtonschritte.
Die musikalischen Abende
von Michael Barfuß

Yorck Dippe und Stella-Maria Adorf in „Die Laufmasche" von Andrea Bettini, Rolf Rüth und Peter Seuwen, Premiere am 15. September 1995 im Großen Haus

Herzen, Huren, Halbtonschritte. Die musikalischen Abende von Michael Barfuß

Stephanie Lang, Martin Skoda, Andrea Bettini, Anke Schubert und Christiana Krüger in „Wilde Herzen" von Andrea Bettini und Michael Barfuß, Premiere am 19. Mai 1994 im Großen Haus

Sabine Weithöner in „Nachtschwarzes Locken" von Michael Barfuß, Premiere am 21. März 1995 im Falstaff-Foyer

10 Jahre Musik am Theater Oberhausen, nachdem das Musiktheater, für viele Oberhausener damals ein schmerzhafter Vorgang, zugunsten des Schauspiels aufgelöst wurde. Neun Jahre habe ich davon als Musikalischer Leiter die Musik betreut, sowohl viele der Schauspielmusiken als auch die großen musikalischen Produktionen und Revuen.

Die erste musikalische Produktion war die *Dreigroschenoper*, noch von meiner Vorgängerin Christine Weghoff einstudiert. Dieses scheinbar unverwüstliche Brecht/Weillsche Urmusical war dann aber auch fast das einzige Stück seiner Art in diesen 10 Jahren. Die Ausnahme blieb die Operette (also sozusagen ein Vorläufer des Musicals) *Das Weisse Rössl* in der Spielzeit 2000/01.

Etwas anderes wollten wir versuchen. Und so setzten wir bei der Urform des musikalischen Abends an, dem Bastard des Dramatischen schlechthin, dessen Vorläufer schon Ende des 19. Jahrhunderts auftauchte: bei der Revue. Was ist eine Revue? Zunächst nur eine bunte Zusammenstellung von Vielerlei. Darunter natürlich Musik, Tanz, Gesang, Texte. Das Ganze irgendwie gemischt und sortiert. Und dem Publikum in der Hoffnung auf einen Erfolg zum Genuss angeboten.

Unser erster Versuch in dieser Richtung wurde wohl gleichzeitig auch der legendärste: Die *Wilden Herzen* (Untertitel: „Schlaflos in Oberhausen"). Zweiter Untertitel: „Die Revue am Rande des Jahrtausends")

Und mehr als die Untertitel hatten wir auch nicht, als der Schauspieler Andrea Bettini und ich einen Monat vor Probenbeginn (neun Schauspieler waren mehr oder weniger frei für diese Revue) mit der Planung dieses Abends begannen.

Wir fingen damit an, Lieder zu suchen, die wir geeignet für eine große Revue hielten – allerdings hatten wir noch kein Thema für diesen Abend ... aber das würde schon irgendwann, so hofften wir, wie ein Puzzlespiel zusammengehen, wenn wir denn erst einmal eine Geschichte entwickelt hätten. Nun, diese Idee ließ leider auf sich warten, der Probenbeginn rückte näher, und wir hatten noch nichts , was wir den Schauspielern als Inhalt vorstellen konnten. Wir sahen dementsprechend reichlich nervös der Leseprobe entgegen, denn zu lesen oder gar eine Konzeption gab es noch nicht. Andrea Bettini hatte dann im letzten Moment die rettende Idee, als er auf einem Flohmarkt einen fürchterlichen Ölschinken, ein Bild der MS-Amsterdam, sah und es auch gleich kaufte: Eine Gruppe von Sangeskünstlern, so war seine Idee, veranstaltet auf einem Vergnügungsschiff eine Unterhaltungsshow und kentert vor New York, doch Passagiere, Besatzung und Künstler können sich retten, so dass der zweite Teil der Geschichte die einzelnen Sänger auf ihrem Weg durch New York zeigte, bis die *Wilden Herzen*, so der Name der Gruppe, in Oberhausen wieder vereint zusammentrafen.

Immerhin konnten wir jetzt unsere schon gefundenen Lieder um diesen Kern herum ranken lassen und, diesmal mit einem Thema bewaffnet, weiter auf die Suche

Günter Alt in „Die Laufmasche" von Andrea Bettini, Rolf Rüth und Peter Seuwen, Premiere am 15. September 1995 im Großen Haus

Herzen, Huren, Halbtonschritte. Die musikalischen Abende von Michael Barfuß

*Elenor Holder und Sabine Weithöner in
„Nachtschwarzes Locken" von Michael Barfuß,
Premiere am 21. März 1995 im Falstaff-Foyer*

*Jeffrey R. Zach, Andrea Bettini und Günter Alt in
„Die Laufmasche" von Andrea Bettini, Rolf Rüth und Peter Seuwen,
Premiere am 15. September 1995 im Großen Haus*

nach weiteren Eingebungen gehen. Trotzdem gab es noch ausgesprochen viele blinde Stellen in der Geschichte, so dass kurz vor der Premiere die Nerven bis zum Zerreißen gespannt waren, da uns selbst bewusst war, wie dünn der dramaturgische Faden war, an dem dies alles hing. Aber schon der Premierenapplaus zeigte, dass da etwas passiert war, was wir uns allenfalls in unseren kühnsten Träumen erhofft hatten: Das Publikum schien diese krude Mischung aus Phantasie und Musik zu lieben.

Die *Wilden Herzen* entwickelten sich zu einem Kultstück. Und dies hat, glaube ich, mit etwas ganz anderem zu tun: Schauspieler begeben sich beim Singen auf ein für sie fremdes Feld. Es ist nicht ihr angestammtes Metier, aber es ist oft ihre Sehnsucht. Und die Zuschauer können diese Sehnsucht spüren. Es ist ein Moment der Nähe zum Schauspieler, den das normale Sprechtheater nicht bietet. Ich glaube, Zuschauer wollen die Schauspieler lieben. Und hier ist eine Möglichkeit dazu gegeben. Nicht, dass Schauspieler nicht singen könnten – ganz im Gegenteil. Aber es ist nicht ihr Hauptmetier. Schauspieler singen, weil es ihre Lust ist, ihre Leidenschaft. Und das ist auf der Bühne zu spüren – egal, wie kraus die Story ist. Dabei halte ich die Story, den dramaturgischen Rahmen für keinesfalls unwichtig. Im Gegenteil, unsere weiteren Produktionen und Gehversuche im Genre Revue sollten zeigen, wie wichtig und zentral eine gut gebaute Story ist – und wie eine schlechte Story auch die perfekteste Musik nur mittelmäßig erscheinen lässt.

Die Dramaturgie der Revue: Wenn sie gelingt, auch wenn sie mit so leichter Hand geschrieben wurde wie bei den *Wilden Herzen*, dann ist sie etwas Federleichtes, wie Dahingeworfenes, und lässt vergessen, wie viel Monate Arbeit dahinter stecken, wie viele durchwachte Nächte (entweder in Diskussionen oder in schlafloser Verzweiflung), wie viele Ideen in ihr stecken, wie viele Kämpfe um sie ausgefochten wurden.

Und dies ist auch ein Charakteristikum der Revuen, so wie wir sie in Oberhausen probiert haben. Sie sind zumeist ein Gemeinschaftsprodukt gewesen, offen für den Erfindungsreichtum des beteiligten Ensembles. Dies ist eine ihrer Stärken – erfordert aber auch starke Nerven und vor allem einen integrationsfähigen Regisseur, der all diese oft kontroversen Einfälle und Meinungen letztlich wieder zu einem Ganzen bündelt. Denn das Ensemble macht in so einem Moment nichts anderes, als ein Theaterstück zu schreiben. Und wer weiß, wie wenig gute Theaterdichter und -stücke es gibt, merkt, welche Chuzpe hinter diesem Vorhaben steckt.

Der nächste Versuch im Genre Revue war *Die Laufmasche*. Sie versuchte, im Stil an die *Herzen* anzuknüpfen, erschien mir aber trotz aller aufgebotenen Mittel und der Brillanz der Musik als nicht ganz geglückt. Vielleicht wollte sie thematisch zu viel – Theater und Filmgeschichte gleichzeitig zeigen. Aber auch *Die Laufmasche* fand ihr Publikum.

Dies vielleicht zu einem Kuriosum dieser Veranstaltungen: Ob ein musikalischer

Anna Polke in „Laut und Luise". Ein Klangspiel nach Ernst Jandl, Premiere am 29. September 1995 im Gasometer Oberhausen

Jeffrey R. Zach, Felix Vörtler, Frank Wickermann und Yorck Dippe in „Polizeirevier OB-Mitte" von Felix Vörtler, Premiere am 6. Januar 1996 im Großen Haus

Kornelia Lüdorff, Stella-Maria Adorf und Sabine Maria Reiß in „Waidmannsheil und Sugarbaby" von Michael Barfuß, Helmut Postel und Klaus Weise,

Premiere am 3. Oktober 1996 im Großen Haus

Herzen, Huren, Halbtonschritte. Die musikalischen Abende von Michael Barfuß

*Günter Alt und Stella-Maria Adorf in
„Die Laufmasche" von Andrea Bettini, Rolf Rüth und Peter Seuwen,
Premiere am 15. September 1995 im Großen Haus*

*Felix Vörtler und Matthias Dornhege in
„Laut und Luise". Ein Klangspiel nach Ernst Jandl,
Premiere am 29. September 1995 im Gasometer Oberhausen*

Abend etwas wird, worauf wir im Nachhinein stolz sein können, zeigt sich immer erst nach den ersten Vorstellungen, wenn man spüren kann, wie das Publikum auf all die Ideen reagiert, die man in monatelanger Tüftelei entwickelt hat. Es scheint aber auch das Medium Musik eine Hure zu sein: Auch wenn man davon überzeugt ist, einen Misserfolg produziert zu haben, ist manchmal die Kraft der Musik doch ausreichend, das Publikum in das Theater zu locken.

Ich glaube, dass Schauspielregisseure auch deshalb oft so neidisch und misstrauisch in das Reich der Musik hinüberäugen: Diese Kraft, diese emotionalen Reaktionen, diese Verführung hat kaum eine Schauspielinszenierung – vielleicht hat sie auch nicht einmal die Oper, sondern nur – in seltenen Augenblicken, zugegeben – die Schauspielmusik...
(Abmahnung des Intendanten, Verleumdungsklagen der Regisseure, Protest des Bühnenvereins, Unterlassungsklage der Opernhäuser...)

Trotz des glücklichen Starts der *Wilden Herzen*: In mir blieb ein seltsames Gefühl des Ungenügens: Dies also sollte der Beitrag der Musik zum Spielplan des Theaters Oberhausen bleiben? Ich begann, mit kleineren Formen zu experimentieren, mit No- bis Low-Budget-Produktionen, an anderen Orten als der Großen Bühne. Mich beschäftigte die Frage, was wir denn mit musikalischen Mitteln erzählen können. In der großen Revue herrschte bei uns die Circensik, das starke Mittel, die Ironie, die Massenwirksamkeit. Mir schwebte für die alternativen Abende etwas Leiseres, Feingesponneneres vor. Der erste Versuch in dieser Richtung war der Wedekind-Abend *Nachtschwarzes Locken*. Wedekind als großer Erotomane hatte wunderbare Gedichte und Lieder geschrieben. Seine Welt der Fin-de-Siecle-Bohemiens, der sinnlichen, erotischen, hedonistischen, aber auch tief verzweifelten Töne erschien mir ein lohnenswertes Pendant zu unserer bunten Revuewelt zu sein, insbesondere, da die großen Antagonisten Lust und Schmerz, Hoffen und Verzweifeln, Begehren und Entsagen hier eng verknüpft waren. Hier gab es die Möglichkeit, mit Hilfe dieser Lieder und Gedichte Charaktere zu zeichnen, die jeweils eine Facette des Wedekindschen Kosmos darstellten.

Als dramaturgische Klammer fiel mir irgendwann in den Vorarbeiten zu diesem Abend ein fünfgängiges Menu ein vom Hors d'oeuvre der Hoffnung bis zum Dessert des „Na und wenn schon" mit Austern, Geflügel, Wein, Obst und soviel Krabben, dass die Akteure für den Rest ihres Lebens wohl eine Krabbenallergie zu beklagen haben.

Der nächste musikalische Abend dieser kleinen Formen thematisierte noch extremer die Gegenwelten der Erotik und der Verlockung: *Lala – ein Hurenabend*. Die Idee dazu kam mir, als ich Brechts „Gedichte über die Liebe" las und begeistert war von dem Humor und der Sinnlichkeit, mit der Brecht – ohne Frage ein intimer Kenner der Materie – aus dieser Gegenwelt berichtete. Ich gastierte damals in Zürich

Herzen, Huren, Halbtonschritte. Die musikalischen Abende von Michael Barfuß

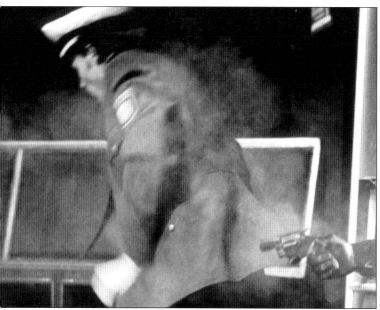

Yorck Dippe in „Polizeirevier OB-Mitte" von Felix Vörtler,
Premiere am 6. Januar 1996 im Großen Haus

Carolin Weber, Sabine Maria Reiß, Kornelia Lüdorff,
Stella-Maria Adorf und Susanne Bredehöft in
„Lala – Ein Hurenabend" mit Liedern von Weill und Gedichten von Brecht,
Premiere am 25. Februar 1996 im Falstaff-Foyer

und wohnte in einer Studenten-WG direkt im Rotlichtmilieus Zürich im Quartier 4. Gegenüber meinem Zimmer befand sich ein Stripteaselokal, und wenn ich zur Abendprobe ging, konnte ich Lola (oder Lulu oder Lala) sich bereits für die erste Abendshow im gegenüberliegenden Fenster an- bzw. auskleiden sehen. Abends, wenn ich nach Hause ging, grüßten mich die Damen von der Zunft, die gemeinsam mit den wohlbehüteten Bürgern Zürichs sich die Abende in den Cafés dieses Viertels vertrieben – wenn sie denn mal nicht auf Schicht waren. Diese beiden Seiten zu beleuchten, das Glamourhafte, aber auch das Alltägliche und insbesondere die Seite des Elends zu zeigen, interessierte mich. Beim Forschen nach musikalischem Material für einen solchen Abend stieß ich auf die Lieder Kurt Weills, der in seiner Zusammenarbeit mit Brecht ja etliche Lieder zu diesem Milieu geschrieben hatte. Aber auch beim sogenannten ‚amerikanischen' Weill wurde ich fündig. Hier war ein Material, das vielleicht stärker noch als bei Wedekind Glanz und Schatten einer Gegenwelt zeichnete, mithin Stoff und Fallhöhe genug für einen interessanten Theaterabend versprach – und das vor allem musikalisch seinesgleichen suchte. Ich glaube, für das Theater ist selten genauer und wirksamer komponiert worden. Hier fand man die Stärken des Songs und des Musicals, ohne dessen Klischees und manchmal kitschige Genrehaftigkeit.

Das Publikum, nicht nur die Herren, sondern auch ihre weibliche Begleitung, fand sich plötzlich auf einer imaginären Bühne wieder, einer Mischung aus Salon und Puff, wurde vom betrachtenden Subjekt zum entlarvten Objekt, die Huren traten aus dem Zustand der begehrten Ware heraus in die Rolle der Spötter und Analytiker des gesellschaftlichen Seins und Scheins, ließen aber auch einen Blick in ihre – gar nicht glamourösen – Innenwelten zu, um zuletzt aber sich bewusst zu ihrer Rolle zu bekennen.

Im großen Haus entwickelten wir zur gleichen Zeit einen ganz anderen Abend: *Waidmannsheil und Sugarbaby*. Er war ein Nebenprodukt zu Klaus Weises Inszenierung von Molnàrs *Liliom*, der aus den Jahren der Jahrhundertwende in die 50er Jahre des beginnenden Wirtschaftwunders verlegt wurde. Eigentlich hatten wir diesen Abend im Spielplan (wie so oft bei unseren musikalischen Produktionen) zunächst gar nicht eingeplant. Morgens probierten wir *Liliom*, abends hatten die Schauspieler musikalische Proben zu *Sugarbaby*.

Die Idee war, mit den Liedern der 50er Jahre und Texten aus diesem Jahrzehnt (Alltagstexte, Werbetexte, Erinnerungen, Gedichte) sozusagen die Innenwelt dieser Zeit darzustellen.

Zwar auch „nebenbei", aber im Herzen als Hauptsache produziert war eine ganz andere musikalische Arbeit: *Die Polizeirevue*. Sie erzählte von gar nichts als von Spaß und war eine unglaubliche und, wie ich finde, gelungene Mischung aus Rock, Comedy und Show. Ihre Schöpfer waren die Schauspieler Felix Vörtler (als Hauptkommissar Willi), Yorck Dippe, Frank Wickermann und Jeffrey R. Zach. Vorläufer

Carolin Weber, Stella-Maria Adorf und Kornelia Lüdorff in „Lala – Ein Hurenabend" mit Liedern von Weill und Gedichten von Brecht, Premiere am 25. Februar 1996 im Falstaff-Foyer

Sabine Maria Reiß, Tobias Randel, Albert Bork und Sabine Wegmann in „Happiness is a warm Gun" von Johannes Lepper, Premiere am 29. Mai 1997 auf der Hinterbühne

Herzen, Huren, Halbtonschritte. Die musikalischen Abende von Michael Barfuß

Frank Wickermann, Kornelia Lüdorff, Sabine Maria Reiß, Felix Vörtler und Stella-Maria Adorf in „Waidmannsheil und Sugarbaby" von Michael Barfuß, Helmut Postel und Klaus Weise, Premiere am 3. Oktober 1996 im Großen Haus

Sabine Wegmann, Frank Wickermann und Sabine Maria Reiß in „Happiness is a warm Gun" von Johannes Lepper, Premiere am 29. Mai 1997 auf der Hinterbühne

der *Polizeirevue* war das *Polizeirevier OB-Mitte*, eine Serie improvisierter Theaterabende, die als Nachtfoyer entstanden. Die vier Schauspieler brachten jeden Monat eine neue Folge auf die Bühne, mit ebenso genialen wie auch (Verzeihung, Kollegen) wunderbar abgrundtief peinlichen Episoden ... Aber wenn man das Vergnügen haben wollte – und das war es, bei Gott!, dann musste man auch bereit sein, mitzuleiden, wenn's mal schief ging. Das Theater war jedesmal bis auf den letzten Platz ausverkauft, und Klaus Weise erklärte vor seinen erstaunten Dramaturgen und Verwaltungsleitern, dass er so eine Ästhetik sich auch in anderen Stücken wünsche.

Ein musikalischer Abend fiel für mich sehr aus der Reihe und bleibt bei mir in besonderer Erinnerung: der Hanns-Eisler-Abend *Rosen auf den Weg gestreut*. Er stellte etwas dar, was wir bis jetzt noch nicht gemacht hatten: Eine musikalische Biographie an Hand der Musik und der Texte Hanns Eislers zu erzählen, der gleichzeitig auch ein begnadeter wie amüsanter Musiktheoretiker und Schriftsteller war. Hanns Eisler war als Schönbergschüler und Brechtkomponist, als Hollywoodfilmmusikkomponist und McCarthy-Opfer, später als Schöpfer der DDR-Nationalhymne einer der widerspruchsvollsten musikalischen Geister des Jahrhunderts. Gleichzeitig umfasste sein Oeuvre vom Kunstlied zum Massengesang, von der Bühnenmusik zum 12-Ton-Stück, vom Kampflied bis zu den intimen Elegien der Exilzeit, ein überaus breites musikalisches Spektrum.

Rosen auf den Weg gestreut erzählte von den Kämpfen dieses Jahrhunderts auf sehr unterschiedliche Art und Weise, humorvoll, reflektierend, mit Trauer und Zorn und bitterer Ironie, erzählte also auch von Vertreibung und Krieg. Und da passierte auf der Premiere etwas sehr Merkwürdiges: Sie fiel in die Zeit des Kosovokrieges – und plötzlich wurde aus einem musikalischen Abend, der eigentlich – lediglich – die Biographie eines verstorbenen Komponisten erzählen sollte, der aktuellste Kommentar zum Zeitgeschehen, den das Theater liefern konnte.

Klaus Weise kam beim Schlussapplaus des Premierenabends überraschend auf die Bühne, um seinen Empfindungen Ausdruck zu verleihen – und im Raucherfoyer standen als ‚Klassengegner' die CDU in Gestalt von Frau Matthäus und die Oberhausener ‚Linksradikalen' in Gestalt der ehemaligen Hausbesetzer der Gustavstraße Seite an Seite, um das Ensemble noch mal mit Standing Ovations zu ehren. (Provinz? Ja. Aber was für eine!)
Für mich war es sicherlich der wichtigste musikalische Abend in meiner Zeit am Theater Oberhausen.

Vielleicht neben einem einzigen anderen Projekt, dem ästhetisch anspruchsvollsten und umstrittensten meiner Zeit: das Theaterprojekt *Der Goldne Topf* nach E.T.A. Hoffmann. Bei diesem Stück zeichnete ich nicht nur als Musikalischer Leiter, sondern auch als Komponist. Das Projekt war eine Antwort auf die eingangs erwähnte Frage,

Herzen, Huren, Halbtonschritte. Die musikalischen Abende von Michael Barfuß

Frank Wickermann, Simone Kabst, Sabine Maria Reiß, Albert Bork, Jeffrey R. Zach und Tobias Randel in „Happiness is a warm gun" von Johannes Lepper, Premiere am 29. Mai 1997 auf der Hinterbühne

Sabine Maria Reiß in „Heute Abend: Lola Blau" von Georg Kreisler, Premiere am 21. Januar 1998 im Studio 99

welche Art von Musiktheater denn am Schauspiel überhaupt wünschenswert, überhaupt spielbar war. Musicals hatten wir verworfen. Wenn überhaupt, wollten wir ein eigenes Musiktheater erproben. Dabei war das Sujet von E. T. A. Hoffmann alles andere als theaterfreundlich. Es war ein hochromantisches Epos, das unter anderem nichts weniger wollte, als eine eigenständige, wenn auch ironisch gebrochene Kunsttheorie zu vermitteln. Alles andere also als ein Theaterstück. Dem Regisseur Johannes Lepper gelang es, ein Libretto, einen Theatertext aus diesem Roman zu destillieren.

Das Ganze war kein Musical, es war nicht Jazz, es hatte auch nichts mit Popmusik zu tun, und auch die neue Klassik war kein Thema, und doch standen natürlich all diese und auch andere Stilformen Pate. Es war eine aufregende und spannende Reise in ein ironisch gebrochenes romantisches Universum, fern jeglicher Aktualität. Es gibt immer noch Zuschauer und auch Theaterangehörige, die gerade den *Goldnen Topf* als den mit Abstand spannendsten Theater- und nicht zuletzt musikalischen Abend in Erinnerung haben.

Eine Arbeit möchte ich hier noch erwähnen, die für mich als Komponisten wichtig war und die im Theater Oberhausen ihre Uraufführung erlebte: *Das Tagebuch der Anne Frank*, eine Auftragskomposition für das Jugendorchester der Musikschule Oberhausen.
Stilistisch war dies die Grenzüberschreitung hin zur Polystilistik, vom Bachschen Kontrapunkt bis zur Harmonischen Aleatorik und zur 12-Ton-Musik, abgelöst und konterkariert durch Tango, die Stilistik der jiddischen Melodik, rhapsodische Gitarrenmusik und andere scheinbar kontrastierende Musikformen.

Fly-Tanic, die Revue zur Jahrtausendwende, war unser nächstes großes Projekt. Das Millenium (Unwort des Jahres) nahte, es war Mai 1999 und Ensembleversammlung, und das Ensemble und sein Intendant hatten eine tolle Idee: Wir machen eine Jahrtausendrevue: Premiere 31.12.1999. Um möglichst viel Publikum das Zuschauen zu ermöglichen und möglichst viele Karten zu verkaufen, sollte auch auf der Bühne eine Podesterie aufgebaut werden.

Wir hatten also: eine Besetzung (nämlich das ganze Ensemble), einen Zeitpunkt, Silvester, einen Raum, nämlich das Große Haus, ich hatte Musiker, doch eines hatten wir nicht: eine Geschichte, die wir erzählen wollten, und Probezeit. Nun also, auf in den Kampf. Der Beschluss war ja gefasst, die Produktion angekündigt, Karten wurden schon verkauft.

Zeitgleich wurde in einigen Köpfen eine Idee geboren: Den inhaltlichen Rahmen sollte ein Überseeflug abgeben, der damals als Pressemeldung durch die Zeitungen ging, ein Flug, der durch mehrere Zeitzonen flog, so dass man Silvester einige Male erleben konnte. So hatten wir einen, wenn auch äußerlichen Rahmen und eine Reihe von Figuren, zunächst Flugkapitän, Copiloten, Sicherheitstechniker, Stewardessen und eine Schar von Fluggästen, deren Rollen sich das Ensemble selbst

Sabine Maria Reiß in „Heute Abend: Lola Blau" von Georg Kreisler, Premiere am 21. Januar 1998 im Studio 99

Stella Maria Adorf, Dieter Oberholz, Tobias Randel und Neven Nöthig in „Der goldene Topf", von E.T.A. Hoffmann, Premiere am 27. März 1998 im Großen Haus

Anke Zillich und Mohammad-Ali Behboudi in „Fly-Tanic" von Günter Alt, Michael Barfuß, Yorck Dippe, Andreas Maier, Juan Manuel Torres y Soria und Kay Voges, Premiere am 31. Dezember 1999 im Großen Haus

Herzen, Huren, Halbtonschritte. Die musikalischen Abende von Michael Barfuß

Stella Maria Adorf und Tobias Randel in „Der goldne Topf" von E.T.A. Hoffmann, Premiere am 27. März 1998 im Großen Haus

Anke Zillich, Günter Alt und Sabine Maria Reiß in „Rosen auf den Weg gestreut". Ein Hanns-Eisler-Abend, Premiere am 28. April 1999 im Großen Haus

erdenken konnte. Immerhin: zwar noch keinen Inhalt, aber zumindest einen Rahmen.

Fred Fenner schuf dazu das Bühnenbild, das zu unser aller Erstaunen von vorn wie ein Schiff aussah. Stimmt, Fred hatte immer von einem Schiff geredet, was uns alle bei unseren Luftträumen immer wieder in Erstaunen setzte. Aber immerhin, wir hatten ein Bühnenbild, und es hieß ja auch Luftschifffahrt...

Sehr positiv erinnere ich mich an die Zusammenarbeit, auch wenn wir, wie bei der geringen Probenzeit abzusehen, am Premierentag am Ende unserer Kräfte waren. Und auch hier war es die Kollektivarbeit, die bisher jede Revue ausgezeichnet hatte und die meiner Ansicht nach auch vom Publikum gespürt wurde – dass es allein die Phantasie der Schauspieler war, die diese Abende auszeichnete. Ich glaube, dass sich das Ensemble mit gemischten Gefühlen daran erinnert – jeder Schauspieler will glänzen, und bei einem Ensemble von 20 Schauspielern blieb da naturgemäß wenig Raum für jeden einzelnen. Doch jeder hatte nachher sein Solo. Wieder Mai, wieder Ensembleversammlung, zwei Jahre später. Klaus Weise sprach etwas an, was auch mir schon durch den Kopf gegangen war: Es gab in dieser Zeit keinen musikalischen Abend, der das Haus wie früher zum Leben brachte. Allerdings hatte die Dramaturgie bei der Erstellung eines neuen Spielplans diese Position ausgelassen, das heißt, es gab weder Zeit noch Geld für so einen Abend. Aber das Bedürfnis war da. Es war die andere Seite des Schauspiels, das Vergnügliche, das Dionysische, das unserem Spielplan fehlte. Nur waren diesmal die Bedingungen noch schlechter als bei der Fly-Tanic-Zeit. Und die Fehler der Vergangenheit wollte ich um keinen Preis wiederholen. Entweder keine – oder eine ideale Produktion!

Ich dachte also daran, dem Haus eine große Produktion vorzuschlagen: Mit sechswöchiger Probenzeit, dreimonatiger Vorbereitungszeit, Wunschregisseur und Wunschchoreographen und vor allem einem stimmgewaltigen Ensemble. Und da wir an einem Theater arbeiteten, bei dem das Wünschen noch half – und ein kluger Intendant natürlich auch ein volles Haus und volle Kassen witterte – bekamen wir, was wir brauchten. Wir fingen an, mit einer kleinen Gruppe von Schauspielern das Thema einzukreisen: Eine Ruhrrevue war als Thema vorgeschlagen worden, nur – wir kamen ja alle nicht aus dem Ruhrpott, wie konnten wir also wirklich etwas über das Ruhrgebiet erzählen? Juan Manuel Torres y Soria war es, der das Dach des Gasometers als (fiktiven) Spielort vorschlug, so dass der Ruhrpott buchstäblich uns zu Füßen lag: *Kommsse rauf, kannze kucken* war geboren, Juan Manuel Torres y Soria legte kurz darauf auch noch den Titelsong vor. Uns schwebte eine Geschichte von Menschen vor, die sich auf der Aussichtsplattform des Gasometers zufällig treffen und dort in einer Art Traumsequenz mit ihren Sehnsüchten konfrontiert werden. Das Ganze mit

Anke Zillich, Günter Alt, Sabine Maria Reiß und Michael Barfuß in „Rosen auf den Weg gestreut", ein Hanns Eisler-Abend von Michael Barfuß,

Premiere am 28. April 1999 im Großen Haus

Herzen, Huren, Halbtonschritte. Die musikalischen Abende von Michael Barfuß

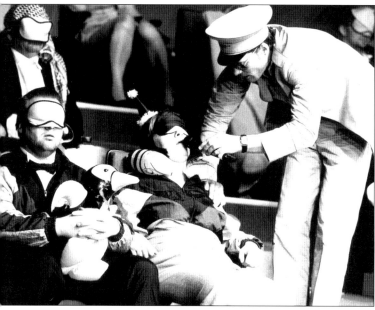

Felix Vörtler, Mohammad-Ali Behboudi, Anke Zillich und Yorck Dippe in „Fly-Tanic" von Günter Alt, Michael Barfuß, Yorck Dippe, Andreas Maier, Juan Manuel Torres y Soria und Kay Voges, Premiere am 31. Dezember 1999 im Großen Haus

Anke Zillich und Günter Alt in „Kommsse rauf, kannze kucken". Eine musikalische Revue des Ensembles, Premiere am 31. Dezember 2001 im Großen Haus

einem dicken Schuss Ironie, ohne aber die Figuren zu verraten. Im Gegenteil: In der Katerstimmung nach dem Traum, in dem die eigene Welt plötzlich brüchig und verwandelt wurde, gab es wunderbar anrührende Momente: Etwa wenn Günter Alt und Anke Zillich als älteres Ruhrpottpärchen in Neil Diamonds und Barbara Streisands „You don't bring me flowers" wieder zueinander fanden, wenn Regina Gisbertz und Hendrik Richter sich, durch einen Gazeschleier getrennt, eingestehen mussten „Wir haben uns im Traum verpasst", oder wenn Juan Manuel Torres y Soria und unser Gast Juliane Price (die später mit Franziska Dannheim alternierte) die Barcarole von Jacques Offenbach sangen, Juliane mit ihrer wunderbaren Sopranstimme und Juan Manuel Torres y Soria, (der vorher als Superman vom Bühnenhimmel gestürzt war) in breitestem Kölsch …

Das Gegenelement bildete der Gigolo von Yorck Dippe, dessen Umtextung von Shaggys „Angel" den Strukturwandel des Ruhrgebiets in einem einzigen Song abhandelte – womit wir das Thema „Wie macht man eigentlich eine Ruhrrevue?" ad acta und unser Augenmerk auf die Geschichte und die Entwicklungen der Figuren legen konnten. Und last but not least bezauberte in, *Kommsse rauf…* die wunderbare Stimme von Jennifer Julia Caron, die von Produktion zu Produktion mehr an Leuchtkraft gewann.

Überhaupt die Stimmen dieses Ensembles. Wir waren in diesen 10 Jahren wirklich mit vielen Gesangsbegabungen gesegnet. Zwar achtete der Intendant beim Vorsprechen neuer Schauspieler immer auch auf deren gesangliche Fähigkeiten, gleichzeitig war dies natürlich kein wirkliches Kriterium für ein Engagement an einem Schauspielhaus.

Nun haben Schauspieler ja auch die Fähigkeit, mangelndes Sangestalent mit Hilfe ihrer Spiellust mehr als auszugleichen – und die Lust und das Begehren zu singen brachte auch noch der unmusikalischste Schauspieler mit. Ich war da oft, so muss ich gestehen, in der Zwickmühle, zum einen, was die (allerdings seltene) falsche Selbsteinschätzung betraf, viel öfter, wen ich denn in das Boot der Revuen und der musikalischen Abende einlud. Denn wir hatten viel mehr gute Sänger, als es Gelegenheiten zum Singen gab …

Es sind übrigens noch eine ganze Reihe Musicals in meiner Zeit entstanden: Denn für die meisten Kindermärchen habe ich die Musik neu geschrieben, für *Ronja Räubertochter, Emil und die Detektive,* den *Zauberer von Oz,* für die *Bremer Stadtmusikanten, Hänsel und Gretel, Pippi Langstrumpf* und viele mehr. Dies war insofern auch ein großes Vergnügen, als dass die Kindermärchen an unserem Hause einen wichtigen Platz einnahmen, nicht nur für die Statistik mit jeweils 50 ausverkauften Vorstellungen und den für ein Theater nicht unwichtigen Einnahmen, sondern auch im ästhetischen Bewusstsein. Und ich kann mich an Spielzeiten erinnern, in denen das Weihnachtsmärchen wie ein Stern aus einem Dschungel von äußerst umstrittenen Inszenierungen hervorstach.

Yorck Dippe, Regina Gisbertz und Jennifer Julia Caron in „Kommsse rauf, kannze kucken". Eine musikalische Revue des Ensembles, Premiere am 31. Dezember 2001 im Großen Haus

Hendrik Richter und Juan Manuel Torres y Soria in „Der Kinderwahn geht weiter". Vatergeschichten von Hendrik Richter und Juan Manuel Torres y Soria, Premiere am 23. Mai 2002 im Falstaff-Foyer

Wildwuchs am Theater.
Die Nachtfoyers des Ensembles

von Stephanie Gräve

Wildwuchs am Theater. Die Nachtfoyers des Ensembles von Stephanie Gräve

Jeffrey R. Zach und Anna Polke in „Meine trotzige Kunst".
Ein Dylan-Thomas Abend,
Premiere am 14. Dezember 1993 im Falstaff-Foyer

Jeffrey R. Zach in „Meine trotzige Kunst".
Ein Dylan-Thomas -Abend,
Premiere am 14. Dezember 1993 im Falstaff-Foyer

Die Nacht ist nicht allein zum Schlafen da, die Nacht ist da, dass was geschieht...
Die Bezeichnung ‚Nachtfoyer' könnte durchaus irreführend sein: denn diese Programme fanden meist nicht zu später, gar nächtlicher Stunde statt, manchmal zwar um neun, ganz selten um elf, oft aber zur regulären Spielzeit, um 19.30 Uhr. Auch war das Foyer nicht zwangsläufig der Spielort dieser geheimnisvollen Gebilde – was war also das Nächtliche, und was das ‚Foyerartige'?
Da hilft nun die zweite Zeile des eingangs zitierten Songs auf die Sprünge: Da geschah was, etwas, das immer ungewöhnlich war. Und spannend war. Bei Nacht ist eben alles ein bisschen anders, manchmal experimenteller und wagemutiger, manchmal beschaulicher und ruhiger, und im Schutze der Nacht, selbst wenn die nur im Titel erscheint, wagt sich allerhand Gelichter hervor, mit kreativen Flausen im Kopf. Und damit geht's dann ins Foyer, ins Offene, noch nicht so ganz Bestimmte, wo die Gäste gerne empfangen werden, wo man neugierig umher schaut und noch nicht genau weiß, was geschehen wird. Eben nur weiß, dass etwas geschehen wird.

Aber was denn nun eigentlich, was waren sie wirklich, die Nachtfoyers in den zehn Jahren der Intendanz von Klaus Weise? Vor allem ein Freiraum und ganz besonderer Spielraum, in dem sich ausprobieren konnte, wer inspiriert war und Ideen hatte – das konnten Schauspieler sein, Dramaturgen und Öffentlichkeitsdramaturgen, Regisseure und Ausstatter, oder genauer: angehende Regisseure und Ausstatter, das war die musikalische Leitung und auch mal der Chefmaskenbildner, und manchmal waren es auch Gäste, Oberhausener Künstler zum Beispiel.
Die Nachtfoyers waren Ausdruck der Lebendigkeit dieses Theaters, das immer die Wege jenseits der ausgetretenen zu erforschen suchte, waren Ausdruck der Eigeninitiative und ungezügelten kreativen Energie aller dort tätigen Künstler, die sich gern auch mal Luft verschaffen in der kleinen oder ganz kleinen, in der ungewöhnlichen Form.
Und diese zusätzliche Aktivität war keine klammheimliche, sondern im Gegenteil eine gewollte und vom Haus unterstützte, auch wenn es manchmal die Abteilungen an die Grenze der Leistungsfähigkeit und fast um den Verstand brachte. Man traf sich in den Pausen zwischen den ‚normalen'

Proben, konzipierte und redete sich die Köpfe heiß, probte in jeder freien Minute und überzeugte mit Charme, Begeisterungsfähigkeit und List Technik und Abteilungen, auch dieses Projekt mal wieder zu unterstützen – und in diesem kreativen Chaos entstand manche ganz besondere Veranstaltung, mit dem Herzblut der Akteure, vom Publikum bejubelt und geliebt gerade wegen dieser gewissen Spontanität, wegen des Nicht-Ganz-Perfekten.

Aus diesem etwas anarchischen Geist der Nachtfoyers entstanden übrigens auch die ersten musikalischen Produktionen, entstanden die *Wilden Herzen* und das *Polizeirevier OB-Mitte*, die in diesem Buch gesondert behandelt werden; aus diesem Geist ist auch das Festival achtung! gegenwart! geboren – Werkstattinszenierungen neuer Stücke im ganzen Haus, näheres dazu in dem Kapitel zur neuen Dramatik – an dieser Stelle soll nur gesagt sein, dass es der kreativ-wuchernden Freiräume der Nachtfoyer-Kultur bedurfte, die das Theater immer wieder zu schaffen verstand, damit dergleichen möglich wurde.

Andrea Bettini in „Caffe Poetico" mit Texten von Tonino Guerra, Premiere am 14. November 1996 im K 14

Mohammad-Ali Behboudi in „Barfuß nackt Herz in der Hand" von Ali Jalaly, Premiere am 29. Dezember 1996 im Falstaff-Foyer

Simone Kabst in „Die Eisprinzessin", von F.K. Waechter, Premiere am 6. September 1997 im Falstaff-Foyer

Wildwuchs am Theater. Die Nachtfoyers des Ensembles von Stephanie Gräve

Mohammad-Ali Behboudi in „Barfuß nackt Herz in der Hand" von Ali Jalaly, Premiere am 29. Dezember 1996 im Falstaff-Foyer

Simone Kabst in „Die Eisprinzessin", von F.K. Waechter, Premiere am 6. September 1997 im Falstaff-Foyer

Natürlich ist es ganz und gar unmöglich, hier jedes einzelne Nachtfoyer vorkommen zu lassen, so traurig das ist – allerhand wird nur in der chronologischen Auflistung am Ende dieses Bandes zu lesen sein, und manche spannende Veranstaltung nicht ausdrücklich erwähnt werden können – dafür waren es einfach viel zu viele in diesen zehn überaus produktiven Jahren. Und die Auswahl kann natürlich auch nur subjektiv sein: Ich bitte schon im voraus all die kreativen Kräfte des letzten Jahrzehnts um Verzeihung, denn leider war eine mehrbändige Dokumentation nicht zu realisieren...

Wo also beginnen? Vielleicht am Anfang... Soll heißen: bei der scheinbar kleinsten, scheinbar am wenigsten aufwendigen Form der kleinen Formen, bei der ‚einfachen' Lesung. Ich schreibe: die scheinbar kleinste, weil das, was so schlicht daherkommt, einiges erfordert an inhaltlicher Konzeption und an Textarbeit der Schauspieler. Und das literarische Spektrum war sehr breit gefächert in diesen zehn Jahren – von Tabori zu Bernhard, von Shakespeare zu Čechov, von Axster zu Frisch, von Brecht zu Müller, von Guerra zu Horváth, von Voigt zu Conrad, von Heine zu Jandl, von Kästner zu Bachmann, von Sauter zu LaBute, von Dylan Thomas zu Goethe und und und – die Liste ist endlos. Und natürlich blieb es nicht bei der ‚einfachen' Lesung – es entwickelte sich bald diese ganz spezielle Form der szenischen Lesung, der ‚kleinen' Inszenierung, eben die typische Oberhausener Nachtfoyer-Form.

Manchmal waren es übrigens auch die Autoren selber, die aus ihren Texten lasen; Gerhard Köpf zum Beispiel war zu Gast und Arnon Grünberg und Gerd Ruge und Martin Walser.

Aber es waren nicht nur die Lieblingsautoren, die zu Programmen inspirierten, oder jene, die gerade auf dem Spielplan standen. Oft waren die Nachtfoyers Gelegenheit, künstlerisch Stellung zu nehmen, zu einem tagespolitischen Anlass, zu einem historischen Datum. Da waren die Lesungen zum 9. November, immer wieder verantwortet von Helmut Postel, der zum Teil eigene Texte beisteuerte – fast in keinem Jahr blieben sie aus, um die Erinnerung wach zuhalten an die leider in mancher Beziehung noch nicht wirklich vergangene, entsetzliche deutsche Vergangenheit. Im Jahr 2000 erst wurde die Lesung eingebunden in die Antifaschistischen Aktionstage: traurige Wirklichkeit, dass sie wieder nötig geworden sind in unserer Gesellschaft. Auch Mohammad-Ali Behboudis dialogische Koran/Bibel-Lesung war ein Beitrag zu diesem Thema, ebenso wie zahlreiche anderen Programme – zu Hitlers Machtergreifung, zum Ende des zweiten Weltkriegs...

Ebenfalls schon fast zur Institution geworden sind die Veranstaltungen zum Welt-Aids-Tag, die allerdings eher den musikalischen Produktionen zuzurechnen sind.

Und sonst? Welcher Anlass regte sonst noch an zum Nachtfoyer? Zum Beispiel Ausstellungen: Mythos Mercedes im Schloss Oberhausen – das Nachtfoyer *Car Men* wurde eingerichtet von Erinnya Wolf und Fred Fenner; eine Ausstellung des Kunstvereins Oberhausen in Altenberg, wozu Helmut Postel Jandls *Humanisten* in Szene setzte. Und damit ist bereits die Überleitung geschaffen zum nächsten Abschnitt: das Nachtfoyer unterwegs! (Ach so, auch etwas ganz ‚Banales' wie

Wildwuchs am Theater. Die Nachtfoyers des Ensembles von Stephanie Gräve

*Nina V. Vodop'yanova in „Wie ein Theaterstück entsteht"
von Karel Čapek, Premiere
am 17. Januar 2001 im Falstaff-Foyer*

*Hendrik Richter und Juan Manuel Torres y Soria in „Der Kinderwahn geht weiter".
Vatergeschichten von Hendrik Richter und Juan Manuel Torres y Soria,
Premiere am 23. Mai 2002 im Falstaff-Foyer*

das in schöner Regelmäßigkeit wiederkehrende Weihnachtsfest musste natürlich selten ohne Nachtfoyer-Begleitung ins Land ziehen!)

Nachtfoyer unterwegs: das begann schon 1994, als Johannes Lepper für seinen Andy Warhol-Abend *Nothing Special*, ganz auf den Spuren seines Sujets, den Malersaal als Spielstätte entdeckte. Sonja Weber zog mit Boris Vians *Herzausreißer* in den Paternoster des Rathauses, Hans Matthias Fuchs mit Wolfgang Maria Bauers *In den Augen eines Fremden* ins Zentrum Altenberg, die Reihe underworld ganz folgerichtig in den Keller, zur Unterbühne. Irvine Welshs *Trainspotting* fand hier übrigens die erste szenische Aufführung in Deutschland, unter der Drehbühne, die sich mal ausnahmsweise über den Köpfen der Zuschauer drehen durfte.

Das *Caffe Poetico* wurde von Andrea Bettini im K14 eingerichtet, eine *Ringelnatz-Lesung* von Helmut Postel im Kaisergarten und ein Brecht-Abend *Du hast kein Herz, und ich liebe dich* so von Erinnya Wolf in der Ludwig-Galerie. Selbst vor dem Ahorn auf dem Ebertplatz machte das grassierende Nachtfoyer-Fieber nicht halt: Die *Schöpfung auf Schwäbisch* war hier ebenso zu vernehmen wie der Österreich-Abend *Felix Austria*.

Nachtfoyers und Gäste – auch das ist ein interessanter Aspekt der Nachtfoyer-Kultur, denn nicht nur die Oberhausener Schauspieler wirkten mit. Neben lesenden Dramaturgen war auch mal ein singender Chefmaskenbildner zu erleben, und auch von auswärts fanden sich Teilnehmer, vor und hinter den Kulissen. Da gab es im Malersaal einen deutsch-ukrainischen Abend mit der Theatergruppe aus Saporoshje, die gerade zu Gast war; da war die Missfits-Hälfte Stephanie Überall als Mrs. Boyle in Anna Polkes szenischer Lesung des Krimi-Klassikers *Die Mausefalle* von Agatha Christie erstmals an einer Produktion des Theater Oberhausen beteiligt; da inszenierte die Oberhausener Künstlergruppe Agentenkollektiv Schrooten/Bosshard für das Falstaff-Foyer *Bewußt Reisen*.

Manchmal waren die Grenzen zwischen Nachtfoyer und ‚richtiger' Inszenierung fließend. Einige der Veranstaltungen, die unter dem Nachtfoyer-Logo firmierten, wurden in den regulären Spielplan aufgenommen: Solo-Stücke zum Beispiel wie *Der Herr Karl*, *Unser Dorf soll schöner werden* und *Die Eisprinzessin*. Mit dem Monolog *Barfuss nackt Herz in der Hand* ging Mohammad-Ali Behboudi auf zahlreiche Gastspielreisen.

Was sonst ist noch zu erwähnen, eingedenk, dass doch die Hälfte fehlt? Vielleicht, dass noch ein Nachtfoyer auf Reisen gegangen ist: der *Daniil-Charms-Abend* von Imke Baumann nämlich, der als Gastspiel zum Praterspektakel der Volksbühne Berlin eingeladen war.
Dann gab es noch jene Kurzprogramme, die 2001 im Container auf dem Ebertplatz stattfanden – und, last but not least, die *Kinderwahn-Geschichten* der beiden glück- wie leidgeprüften Väter Juan Manuel Torres y Soria und Hendrik Richter, mittlerweile schon in der zweiten Folge. Und die werden auch in der letzten Spielzeit der Intendanz Klaus Weise noch zu sehen sein – neben anderen Nachtfoyers, darauf kann man wetten!

Juan Manuel Torres y Soria, Eva Wirtz und Hendrik Richter in „Der Kinderwahn geht weiter". Vatergeschichten von Hendrik Richter und Juan Manuel Torres y Soria,

Premiere am 23. Mai 2002 im Falstaff-Foyer

Nina V. Vodop'yanova in „Wie ein Theaterstück entsteht" von Karel Čapek, Premiere am 17. Januar 2001 im Falstaff-Foyer

Foto: Rudolf Holtappel

Der Falstaff hinter der Theke: der Theaterwirt Walter Schwill

von Helmut Postel

Der Falstaff hinter der Theke: der Theaterwirt Walter Schwill von Helmut Postel

Das „Falstaff", das war Walter Schwill in den überwiegenden letzten Jahren. Oder umgekehrt: Walter Schwill war „Falstaff"! Leider wahr, dass dies – im einen wie im andern Fall - auch einmal „war". Aber lange war dies auch wie ein double bind: das Falstaff bezog seine Aura durch Walter Schwill und er machte das Falstaff zu seinem, also unserem Lokal. Zeit zum Trinken, Reden, Tresenlesen, Spielpläne „herbeiweinen", Geburtstage feiern, meist runde: 30er 40er 50er 60er (letztere auf schwäbisch und einen schwill-isch).

Aus Anlass von Walter Schwills Abschied am 4. Juli 2002 entstanden folgende Ungereimtheiten:

Unbemerkt deutlich und mitten im Tresen
Liest Walter Leviten ohne viel Müh':
Wann oder ob Du nach Oberhausen kommst
Als durstiger Denker oder Trinker -
Es ist allemal Dein Bier!

Hier lass Dich ruhig nieder
Oder steh kommod
Unausweichlich wird Dir
Hymne, Witz und Alkohol zuteil

Selten schilt er der Walter
Dann aber schwillt sein Gemüt
Wenn säumige Zahler zu dreist
Zechen im Falstaff -
unserer fast allabendlichen
Shakespeare-Schänke

Denn: nix isch omesonscht
Ausserem Dood
Und der koschts Lääbe.

Schnell zurück in die ruhrigen Räume des „FALSTAFF". Shakespeareartig sind die Zusammenkünfte, die Mischung der Gäste. Lehrerinnen und Lehrer, Gewerkschafter, Anwälte, Politiker, Einzelhändler, Fotografen, Dramaturgen, Kriminaler. Alle im Requisiten geschmückten Ess- und Trink-Fundus von Schwills Theatergastronomie. Der Fan-Club in der Ecke, all die netten Leute friedlich und prostend vereint. Klaus Weises laut geäußerter Wunsch müsste in Erfüllung gehen: dass der ganze Tresen samt Gästen nach Bonn fliegt, um dort am Rhein an passabler Stelle sich nieder zu lassen - für die früheren und gegenwärtigen Oberhausener und die Neu-Bonner und alle, die es beim Schwill lange und gern ausgehalten haben. Für das junge Wirts-Paar Braun senkt sich dann ein Ersatz-Tresen in ihre – für sie neue – Behausung. Dem Walter sei an dieser Stelle einmal noch herzlich zugeprostet: Glück auf!

Walter Schwill vor der Theke, Foto: Rudolf Holtappel

Werbung als Bühne oder geht's auch leiser?

von Martin Benning

Werbung als Bühne oder geht's auch leiser? von Martin Benning

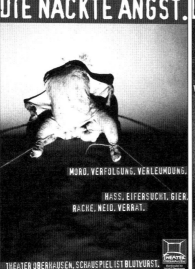

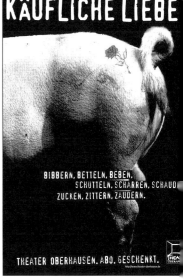

„Kafkaesk" lautete der Kommentar des Intendanten zum ersten Plakatentwurf, den unsere Agentur für das Theater Oberhausen präsentierte. „...Kafkaesk, aber interessant." Auf dem Tisch lag der Entwurf für Die Weihnachtsgeschichte von Charles Dickens. Ein farbenfroher Entwurf, der das Gesicht von Scrooge zeigte, wie es sich in Pixel auflöste und zwischen Bäumen hervorlugte.

Normalerweise kommentieren Kunden Einwände gegen einen Entwurf mit Aussagen wie „zu frisch, zu grell, genau richtig, aber irgendwie fehlt noch was, Logo zu klein, ganz nett – aber die Typo, warum nehmen wir anstelle der Ente nicht einen Adler – der vermittelt doch Stärke oder Ähnliches. „Kafkaesk" hatte ich bis dato noch nie gehört, aber wie sich sehr schnell herausstellte, war das Theater Oberhausen alles andere als ein normaler Kunde. Eigentlich noch nicht einmal Kunde.

Bei Kafka dachte ich immer an Tunnel, ungewollte Metamorphosen, kurz Unwohlsein. Der Entwurf vermittelte weder das eine noch das andere. Ich verstand den Einwand nicht einmal im Ansatz. Es folgte ein langes Gespräch über das Plakat, über das Stück im Speziellen und Gestaltung im Allgemeinen. Sieh mal an, dachte ich, da nimmt sich ein Intendant die Zeit, um einen einzelnen Plakatentwurf zu besprechen, als wäre es das Natürlichste der Welt. Er nimmt sich sogar soviel Zeit, wie es eben braucht. Plakatentwurf – Chefsache quasi.
Das war der Anfang einer langen Zusammenarbeit zwischen dem Theater Oberhausen und der Agentur.
Wir bekamen die Aufgabe über ein neues Erscheinungsbild nachzudenken. Die ersten Programmhefte folgten. Nach dem ersten Logo folgte das zweite, während das Logo für das Tip-Theater immer noch dasselbe ist. Dann die erste Kampagne für die neue Spielzeit und das Theater im Allgemeinen. Das Ziel: Neugierig machen,

Interesse wecken, Besucherfrequenz erhöhen, Leute von zu Hause ins Theater holen.

Neue Spielzeit neues Glück – Als Antek Krönung (Text) und Julia Kusenberg (Art Direktion) mir die Idee zu der Kampagne mit dem Arbeitstitel „Ich bin ein Schwein" erläuterten, dachte ich „Geht es nicht ein bisschen leiser? Warum stehen immer alle auf Provokation?" Ich glaubte, die Bühne des Theaters am Ebertplatz sei gewachsen, vorbei am Rathaus, durch die Innenstadt geradewegs in die Hermann-Albertz-Straße, durch die Türen der Agentur über den Flur bis ins Besprechungszimmer. Auf der Bühne vier Akteure: ein eloquenter Texter, eine Art Direktorin (sehr entschlossen), ein Bedenken tragender Chef und eine Idee. Im Verlauf des ersten Aktes erläutern der Texter und die Art Direktorin dem Bedenkenträger die Idee. Von gefesselten Tiefkühlhühnchen ist die Rede, von Plakatmotiven, die einen bekennenden Zuschauer

ICH BIN EIN SCHWEIN.

JUBELN,
WENN ES ANDEREN DRECKIG GEHT.

APPLAUDIEREN,
WENN JEMAND INS VERDERBEN LÄUFT.

FEIERN,
WENN ALLES AUS IST.

THEATER OBERHAUSEN. KUNST AM STÜCK.

Ebert[straße] 82
[46045] Oberhausen
[fon] 0208/8578-0

Werbung als Bühne oder geht's auch leiser? von Martin Benning

zeigen, durch einen schwarzen Balken über den Augen anonymisiert unter der Headline: Ich bin ein Schwein. Darunter die Copy: Jubeln wenn es anderen dreckig geht, applaudieren wenn jemand ins Verderben läuft, feiern wenn alles aus ist. Headlines wie „Dumm wie Brot," „Nackte Angst" wurden erörtert. Motive wie Handschellen, ein menschliches Gehirn auf einem Servierteller und dergleichen mehr. Alles in einem freundlichen Schwarz gehalten, dunkel, verstörend, die Typografie ausgerissen in einem Layout mit dem Charme eines Fahndungsplakates. Der Bedenkenträger glaubt zuerst an einen Scherz, versteckte Kamera quasi... weit gefehlt; die beiden Mitarbeiter meinen es ernst. Pause.

Die flammende Begeisterung in den Augen des Texters erlischt nun ein wenig. Auch die Art Direktorin spürt die Zweifel hinter den Augenbrauen des Bedenkenträgers und somit eine ernsthafte Gefahr für die Umsetzung ihrer Ideen. Die Diskussion gewinnt an Entschlossenheit, Trotz und Lautstärke.

Neben der Werbung für die neue Spielzeit folgt nun die für das Abo gleiche Tonalität, gleiches Auftreten: ein-und zwei-Wort-Headlines, irritierende Wort-Bildscheren, z.B. das Hinterteil einer Sau (Foto: Ulf Philipowski), tätowiert mit einer Rose, darüber die Headline: Käufliche Liebe. (Keine Angst liebe Tierschützer, kein Schwein wurde für dieses Motiv gequält, es handelt sich natürlich um eine Montage). Oder Eheringe über denen das lebensbejahende Motto: „Lebenslänglich" zu lesen ist. Subtil verlangt der Abbinder: „Abo, sag ich will!"

Übrigens stammt auch der Titel dieses Buches „Kunst am Stück" aus dieser ersten Kampagne.

Wieder Pause – durchatmen – jetzt genau überlegen!

Diverse Für und Wider werden aufgestellt. Meinungen und Ansichten werden zur Kenntnis genommen. Zielgruppen werden vom Bedenkenträger bemüht und vom Texter als Mittelmaß abgetan. Die Art Direktorin nennt das grafische Konzept puristisch, auf den Punkt, schnörkellos, während ihr Gegenüber von Beklemmung redet. Wirkliche Argumente gibt es keine. Ein irritiertes „Das kann man doch so nicht machen" steht einem verzweifelten „eben deswegen ja!" gegenüber. Es scheint, als stünde viel mehr als eine Idee für eine Kampagne zur Diskussion. Hier geht es nicht um Leben oder Tod, die Sache ist viel wichtiger. Die Beteiligten wissen: einen Kompromiss kann es hier nicht geben, eine Einigung auf den Mittelweg ist ganz und gar ausgeschlossen. Hier gibt es nur ein klares Ja oder Nein, Schwarz oder Weiß, ein bisschen schwanger geht schließlich auch nicht.

Zweiter Akt: Der Bedenkenträger möchte nun die zahlenmäßige Überlegenheit der Gegenseite ausgleichen und zieht als Unterstützung weitere Mitarbeiter hinzu.

Werbung als Bühne oder geht's auch leiser? von Martin Benning

Diese sind jedoch von den Entwürfen überzeugt, beugen sich staunend darüber und murmeln anerkennend Kommentare wie originell, absolut eigenständig, cool, aufmerksamkeitsstark, funkioniert in jedem Format etc. Lautlos formt der Bedenkenträger das Wort „Eigentor" mit den schmalen Lippen. Eins zu null für die Gegenseite. Na und? Nur weil sich eine Mehrheit irrt, wird die Idee nicht besser. Der Bedenken tragende Chef sieht sich verpflichtet, den drohenden Schaden vom Theater wie von der Agentur abzuwenden und fährt nun das letzte Geschütz auf: „Das werden euch die Abonnenten um die Ohren hauen, reihenweise werden sie kündigen und das noch ehe das zweite Motiv der Kampagne hängt. Das war's dann mit Kampagnen für das Theater."
Texter und Art Direktorin faseln vom Gegenteil. Man dürfe die Öffentlichkeit doch nicht für spießig halten, als Kreativer hätte man außerdem die Verpflichtung zum großen Wurf, zur eigenständigen radikalen und besonderen Lösung, selbst auf die Gefahr hin, dass man scheitert. „Amen" kommentiert der Bedenkenträger, spürt aber ernste Zweifel: a) an der geistigen Verfassung seiner Mitarbeiter b) an seinen eigenen Zweifeln: Warum sind nur alle so überzeugt?

Dritter aber keinesfalls letzter Akt:
Der Bedenkenträger kapituliert vor der Entschlossenheit und Überzeugung der Mitarbeiter. Wünscht aufrichtig viel Glück für die Präsentation und denkt bei sich: Das werden sie auch brauchen. Die Art Direktorin und der Texter verlassen siegesgewiss die Agenturräume und kehren mit dem entsprechenden Lächeln nach der Präsentation zurück. Alle warten gespannt auf die Schilderung, wie ist es denn nun gelaufen? Wie war es?
Antwort: Gut war's. Sie sind uns in allen Punkten gefolgt, mehr noch: Sie waren nicht nur überzeugt, sondern begeistert. Standing Ovations quasi. Eine erste Erleichterung macht sich in der Brust des Bedenkenträgers breit.

Als es daran geht das Startmotiv „Ich bin ein Schwein" umzusetzen, gibt es von einer ganz anderen Seite unerwarteten Widerstand.
Felix Vörtler, dessen Kopf von der Art Direktorin für das Plakat gewünscht wird (besser gefordert, denn auch hier scheint es keine Alternative zu geben), sträubt sich, zaudert, ist nicht sicher, ob die Plakatidee die richtige ist, und ob er der Richtige für diese Idee ist. Mit einfachen Worten: Er traut sich nicht, den Kopf hinzuhalten. Erst als er seiner Mutter davon erzählt und diese ihm dazu rät, das klinge doch schließlich total überzeugend, willigt er ein.

Als die Plakatmotive dann endlich hängen und von der Öffentlichkeit und den gefürchteten Abonnenten angenommen, ja sogar geschätzt werden, verschwinden die letzten Bedenken und weichen der

Überraschung!
Freude schenken mit dem Weihnachtsabo vom Theater Oberhausen.

Jennifer Julia Caron,
Schauspielerin

KUNST AM STÜCK. **THEATER OBERHAUSEN**
Kartentelefon: 0208/8578-184
http://www.theater-oberhausen.de

Ultimo
Magazine des Glücks

Theaterprojekt
in der Fußgängerzone
Beekstraße Duisburg

04. – 29. September 2002

Infos und Karten
Tel. 0208/8 578-184

www.theater-oberhausen.de

oder WAZ-Ticketshop
Kuhstr. 14, Duisburg
Tel. 0203/26464

In Kooperation mit: THEATER DER STADT DUISBURG

Gefördert durch:

Werbung als Bühne oder geht's auch leiser? von Martin Benning

5 x Liebe, 12 verlassene Ehefrauen, 4 Nervenzusammenbrüche, 19 x Sinnlichkeit, 4 Ehebrüche, 78 Zärtlichkeiten, 1 Intrigen, 5 x Sprachlosigkeit, 4 Lustmorde, 2 gebrochene Herzen, 17 verirrte Gefühle, 34 Versöhnungen, 1174 Küsse, 15 Scheidungen 1 ungewollte Schwangerschaften, 169 x Sex. 000 Versuchungen, eine Spielzeit.

44 x Angst, 12 x Glück, 35 x Wut, 12 x Stolz, 17 x Hass, 100 x Leidenschaft, 5 x Einsamkeit, 64 x Liebe, 9 x Verlangen, 14 x Hysterie, 54 x Herzklopfen, 15 x Panik, 26 x Lust, 11 x Liebesgeflüster, 78 x Neid, 7 x Gier, 45 x Eifersucht, 71 x Rausch, 14 Nervenzusammenbrüche. 1000 Gefühle, eine Spielzeit.

Gewissheit, dass eine gute Idee auch dann gut ist, wenn sie nicht von jedem sofort erkannt wird.

Das war nicht die einzige, aber die heftigste Auseinandersetzung während der Arbeit für das Theater. Plakate folgten, Programmhefte, Fahnen, Spielzeitplakate, Abo-Werbungen, tausende von Postkarten die überall dort auslagen, wo das Leben spielt: in Kneipen, Restaurants, Bussen, Bahnen und sonstwo.

Dann der Kino-Spot, auf der ehemaligen Probenbühne hinter dem Transatlantik gedreht. Hajo Sommers, weiß geschminkt, nahezu unbekleidet bei niedrigen Temperaturen, als Kamerawagen (heißen die nicht Dolly?) ein ausgedienter Rollstuhl (ein Reifen platt), eine 16 Millimeter-Kamera mit Handaufzug. Jutta Doberstein und Volker Köster als Kameraleute, Beleuchter, Regisseure und Best Boy in einem.

Nur 13 Sekunden kurz wegen des begrenzten Mediaetats. 13 Sekunden, viel weniger hat ein Plakat auch nicht, um zu wirken. Geplant war ein Spot, der die Ästhetik der Plakate ins Bewegtbild transportiert. Um Bewegung und Ton erweiterte Printwerbung. Die Plakatvorlage zeigte einen Mann mit nacktem Oberkörper, auf dem Kopf eine Schweinsmaske, die Arme ängstlich und hilflos verschränkt. Kein Motiv, das Spaß macht. Wie die Plakate, sollte der Spot ebenfalls zweifarbig sein. Hajo Sommers wurde kurzerhand weiß geschminkt. Die rote Typografie auf einem Farbdrucker ausgedruckt, anschließend abgefilmt und später einkopiert. Erst beim Schnitt wurde ersichtlich, ob die Aufnahmen die richtigen waren. Der Film zeigt den Mann mit der Schweinsmaske, unruhige Bilder, größtenteils aus der Hand gefilmt, die Kamera umrundet die Person, fährt nahe heran und endet im nervösen Augenschlag der Lider.

Der Ton: schweres Atmen, in einen Sampler gehechelt. Dann die Frequenz runter, tiefer, tiefer, dazu massive Herztöne, eine dunkle Klanglandschaft, die Typo in Rot flackernd, wie in einem uralten Film, Kratzer und Striche, die über das schwarze Celluloid flimmern. 13 Sekunden Beklemmung zwischen Kinowerbung, wie man sie sonst so kennt: Chinarestaurant Mykonos, in einem ansprechenden Ambiente warten orientalische Speisen auf Sie ... gleich neben dem Kino. Wir sehen uns nach der Vorstellung usw. Mir hat es immer großen Spaß gemacht in der Lichtburg zu sitzen und den Spot zu sehen. Die Fragezeichen über den Köpfen, schienen im Dunkeln des Kinosaals zu leuchten. Für einen kurzen Moment Totenstille. Ein sehr kurzer Moment, aber vorhanden. Bevor man es richtig mitbekam war es schon vorbei und es kam der nächste Spot: Zigarettenwerbung.

Zu jeder Spielzeit eine neue Kampagne, mindestens aber eine Überarbeitung aufgrund geänderter Etatlage. Formate und

Werbung als Bühne oder geht's auch leiser? von Martin Benning

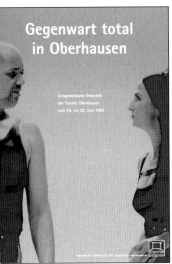   

Auflagen wurden geändert. Briefings gab es auch mal, aber das letzte liegt mehr als acht Jahre zurück. Die Zuammenarbeit wurde professioneller, Routine stellte sich trotzdem nicht ein. Stattdessen immer wieder die Frage: Was können wir noch machen? Wie kommen wir auf Brötchentüten? Warum nicht die Konkurrenz angehen? Wie wäre es mit Werbung auf Kinokarten? Gesagt, getan. T-Shirts griffen die Headlines auf: Verlangen, Gier, Verrat stand auf der Brust unbescholtener Bürger. Die Bühnenarbeiter machten ihre ganz eigene T-Shirt-Version indem sie Gier zu Bier abwandelten. Kondome wurden bedruckt, Streichhölzer und Bonbons. Es gab Stopperanzeigen, und die Website. Das Ensemble strahlte von unzähligen Computern inform von Bildschirmschonern auf den Schreibtischen.
Stückeplakate gab es auch: die Außenprojekte z.B. *Jedermann*, *an der schönen blauen Emscher*, *Forster - Orte der Sehnsucht* wurden mit Großflächen beworben.

Für *Forster* wurde in der Zeche Zollverein, dem späteren Spielort, die Typografie auf Säulen und Decken projiziert und fotografiert (Foto Niehlinger) und so zum Plakatmotiv.

Wenn ich eingangs erwähne, dass das Theater nicht wirklich als Kunde wahrgenommen wird, hat das mit der persönlichen Auseinandersetzung auf beiden Seiten zu tun. In der Sache wie mit den Menschen. Auch wenn man einige Schauspieler nie persönlich kennen gelernt hat, kannte man doch alle mit Namen. Das war auf Premierenfeiern oft lustig: Kennen wir uns? Nein, Frau Stella Maria Adorf, aber ich hab sie heute früh noch eingescannt, für den neuen Spielplan.

Zu jeder Zeit hatte die Agentur den größtmöglichen, denkbaren Freiraum. Wir waren stets aufgefordert, Ideen zu entwickeln und zu vertreten. Das klingt banal, gerade zwischen Auftraggeber und Werbeagentur.

In der Praxis ist es ausgesprochen selten. Normalerweise verlangen Kunden immer das Andere.
Ganz anders soll es sein. Mal etwas anderes, eingetretene Pfade verlassen. Gemeint ist damit aber in den meisten Fällen ein kosmetischer Eingriff, maximal eine Runderneuerung. In den seltensten Fällen ist wirklich etwas „anderes" gemeint. Oft erschrecken Kunden vor dem eigenen Mut, ziehen die Variation des Bestehenden, einem Ersatz durch das Neue, dem wirklich Anderen, vor. Als Agentur kann man immer nur so überzeugende Sachen machen, wie es der Kunde zulässt. Wie bereits erwähnt, war das Theater nicht wirklich ein Kunde.

Es hat uns viel Spaß gemacht, für das Theater Oberhausen zu arbeiten. Und Spaß macht Erfolg, nicht umgekehrt. Danke für die Freiräume und das Vertrauen.

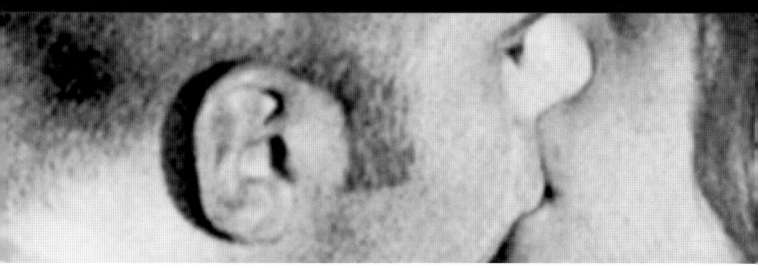

Dem Mimen flicht die Nachwelt keine Kränze. Der Oberhausener Theaterpreis

von Gerd Lepges

Dem Mimen flicht die Nachwelt keine Kränze. Der Oberhausener Theaterpreis von Gerd Lepges

Elenor Holder | Günter Alt | Tanja von Oertzen | Michael Barfuß | Andrea Bettini

„Dem Mimen flicht die Nachwelt keine Kränze". Ein klassischer Satz, dem entgegenzuwirken zum 75jährigen Bestehen des Oberhausener Stadttheaters im Jahr 1995 der „Oberhausener Theaterpreis" gestiftet wurde. Seither wurde er achtmal verliehen, dabei wurden insgesamt rund 100.000 DM oder 50.000 Euro an Preisgeldern ausgeschüttet.

Träger des „Oberhausener Theaterpreises" ist der Förderverein „Theater für Oberhausen", der 1992 parallel zur Gründung des neuen Schauspielensembles entstanden ist. Er hatte sich die ideelle und materielle Unterstützung der am Theater Oberhausen wiederentstandenen Sparte des Sprechtheaters auf seine Fahnen geschrieben. Daneben umfasst der Satzungszweck dieses gemeinnützigen Vereins auch die Förderung von Musiktheater und klassischem Konzert in Oberhausen, was insbesondere in der Unterstützung der Konzerte des Orchester Oberhausen e.V. zum Ausdruck kommt.

Wie viele gute Ideen in Oberhausen, kam auch die Idee zum „Oberhausener Theaterpreis" an einem Kneipentresen zur Welt. Vom „Falstaff" aus wurde sie an den Förderverein herangetragen und in kürzester Zeit ausgearbeitet. Für die ausgelobten 10.000 DM Preisgeld fand sich eine Reihe von Sponsoren, die jeweils 500 DM oder ein mehrfaches davon aufbrachten. Und so konnte am 27. Oktober 1995 erstmals der „Oberhausener Theaterpreis" an vier Preisträger verliehen werden.

Drei Preisträger wurden durch eine vierköpfige Kritikerjury ausgewählt, der Redaktionsmitglieder der beiden ortsansässigen Zeitungen WAZ und NRZ ebenso angehören wie Vertreter überregionaler Medien. Fünftes stimmberechtigtes Mitglied der Jury ist der Vorsitzende des Fördervereins. Die Jurymitglieder arbeiten sämtlich ehrenamtlich. Sie haben die Verpflichtung übernommen, möglichst viele Produktionen einer Spielzeit anzuschauen, was insbesondere für die auswärtigen Kritiker eine große zeitliche Belastung darstellt. Die einzige Entschädigung liegt in der hervorragenden gastronomischen Betreuung der jährlichen Jurysitzung durch den Oberhausener „Maitre" Hermann Frintrop.

In dieser Sitzung werden die künstlerischen Leistungen der jeweiligen Spielzeit bewertet und die drei Preisträger benannt. Ausgehend von den gesammelten Besetzungszetteln werden Namen hin und her diskutiert, bis eine für alle Juroren tragbare Entscheidung erreicht ist. Dies kann unterschiedlich lange dauern. Einmal gab es ein Patt zwischen zwei Lagern in der Jury,

Dem Mimen flicht die Nachwelt keine Kränze. Der Oberhausener Theaterpreis von Gerd Lepges

Heide Simon   Mohammad Ali Behboudi   Felix Vörtler   Kornelia Lüdorff   Albert Bork

das nach stundenlanger Diskussion dadurch aufgelöst wurde, dass es zwei erste Preise und keinen zweiten Preis gab. Ein anderes Mal warteten die Juroren noch auf einen lokalen Kollegen, der bei einem anderen Termin festsaß. Aus den lockeren Vorgesprächen während des Studiums der Speisekarte kristallisierten sich sich ruckzuck die Preisträger heraus, die dem verspäteten Juroren bei seinem Eintreffen zur Kenntnis gegeben wurden. „Einverstanden", rief dieser und die eigentliche Jury-Sitzung war beendet, bevor sie richtig begonnen hatte.

Der vierte Preisträger, der Träger des Publikumspreises, wird vom Theaterpublikum gewählt. Hierzu sind zum Ende einer jeden Spielzeit im Theaterfoyer Urnen plaziert, in denen die Besucher ihre Stimmkarten einwerfen können, auf der sie den beliebtesten Schauspieler bzw. die beliebteste Schauspielerin benennen können. Dieser Publikumspreis, mit 2.500 DM oder jetzt 1.400 Euro dotiert, wird inzwischen schon traditionell von der Stadtsparkasse Oberhausen unterstützt.

Auch die Preisgelder für die Jury-Preise wurden und werden von Oberhausener Unternehmen und Institutionen zur Verfügung gestellt. Waren es in den ersten beiden Jahren noch eine Vielzahl von Firmen, die den Gesamtbetrag der Jury-Preise finanzierten, so kristallisierte sich ab 1997 die heute noch praktizierte Form heraus, daß das Preisgeld jedes einzelnen Preises von einem einzigen Unternehmen stammt. Bei Preisgeldern in Höhe von 5.000, 3.000 und 2.000 DM bzw. jetzt 3.000, 2.000 und 1.000 Euro ist es ein sehr großzügiges Handeln und ein Zeichen großer Wertschätzung der Oberhausener Theaterarbeit, die für diese Unternehmen mehr ist als ein sogenannter „weicher Standortfaktor". So konnten auch bei der Euro-Umstellung die ersten beiden Preise großzügig auf volle Tausender erhöht werden.

Ein Unternehmen, das BMW-Autohaus Kruft, ging sogar noch einen Schritt weiter. Nachdem es vier Jahre lang den Oberhausener „Theaterpreis" mitfinanziert hatte, wollte das Inhaber-Ehepaar Lohrengel einen eigenen Akzent setzen. So lobte es den „Kruft-Theaterpreis" aus, der mit einer Geldzahlung von 10.000 DM bzw. jetzt 5.000 Euro verbunden ist. Mit diesem Preis sollen in erster Linie innovative Leistungen und außergewöhnliche Initiativen von Mitarbeitern des Theater Oberhausen gefördert werden. Der Preis ging bisher an den Verwaltungsdirektor Jürgen Hennemann, den Chefmaskenbildner Thomas Müller, die Schauspielerin Nina V. Vodop'yanova, den Inspizienten Stefan Müller und an die Hausinspektorin Kirsten Gäbler.

Dem Mimen flicht die Nachwelt keine Kränze. Der Oberhausener Theaterpreis von Gerd Lepges

Simone Kabst　　　Sabine Maria Reiß　　　Frank Wickermann　　　Heike Kretschmer　　　Hartmut Stanke

Oberhausener Theaterpreis 1995
Verleihung am 27. Oktober 1995

Die Jury:

Thomas Finkemeier	NRZ
Lutz Hennrich	Theater pur
Gerhard Preußer	Theater heute
Michael Schmitz	WAZ
Gerd Lepges	Moderator

Die Sponsoren:

BMW-Kruft / Hüte Bircks / Restaurant Falstaff / Malerbetrieb Ludwig / Hotelberatung Vogel / CDU-Fraktion im Rat der Stadt OB / SPD-Fraktion im Rat der Stadt OB / Purmetall / Antenne Ruhr / Stadtsparkasse Oberhausen

Die Preisträger:

Reinhard Göber	Regisseur
Rosee Riggs	Regisseurin
Elenor Holder	Schauspielerin
Günter Alt	Publikumspreis

Oberhausener Theaterpreis 1996
Verleihung am 14. Juni 1996

Die Jury:

Johannes K. Glauber	NRZ
Stefan Keim	WDR
Michael Schmitz	WAZ
Andreas Wilink	Westdt. Zeitung
Gerd Lepges	Moderator

Die Sponsoren:

BMW-Kruft / Assmacher-Moden / Hüte-Bircks / Malerbetrieb Ludwig / Büro Gentsch / Lohmar + Meller / Hotelberatung Vogel / Gaststätte Uerige-Treff / Fisch Schmitz / Stadtsparkasse Oberhausen

Die Preisträger:

Tanja von Oertzen	Schauspielerin
Michael Barfuß	Bühnenmusiker
Martin Kukulies	Bühnenbildner
Andrea Bettini	Publikumspreis

Oberhausener Theaterpreis 1997
Verleihung am 6. September 1997

Die Jury:

Ulrich Deuter	Theater der Zeit/ Tagesspiegel
Johannes K. Glauber	NRZ
Christian Peiseler	Rheinische Post
Michael Schmitz	WAZ
Gerd Lepges	Moderator

Die Sponsoren:

BMW-Kruft / City-O. - Marktstraße & Co. / Malerbetrieb Ludwig / Stadtsparkasse Oberhausen

Die Preisträger:

Johannes Lepper	Regisseur
Heide Simon	Schauspielerin
Mohammad-Ali Behboudi	Schauspieler
Felix Vörtler	Publikumspreis

Oberhausener Theaterpreis 1998
Verleihung am 22. August 1998

Die Jury:

Dietmar W. Clausing	marabo
Johannes K. Glauber	NRZ
Eva Pfister	Westdt. Zeitung
Michael Schmitz	WAZ
Gerd Lepges	Moderator

Die Sponsoren:

BMW-Kruft / Bero-Einkaufszentrum / Meißner & Nockmann / Stadtsparkasse Oberhausen

Die Preisträger:

Felix Vörtler	Schauspieler
Kornelia Lüdorff	Schauspielerin
Albert Bork	Schauspieler
Simone Kabst	Schauspielerin
Sabine Maria Reiß	Publikumspreis

Dem Mimen flicht die Nachwelt keine Kränze. Der Oberhausener Theaterpreis von Gerd Lepges

Klaus Weise   Verena Bukal   Yorck Dippe   Hendrik Richter   Anke Zillich

Oberhausener Theaterpreis 1999
Verleihung am 29. August 1999

Die Jury:
Rolf Hemke	freier Journalist
Johannes K. Glauber	NRZ
Stefan Keim	WDR
Michael Schmitz	WAZ
Gerd Lepges	Moderator

Die Sponsoren:
Mercedes-Benz Niederlassung Duisburg / Bero-Einkaufszentrum / Meißner & Nockmann / Stadtsparkasse Oberhausen

Die Preisträger:
Ariane Salzbrunn	Bühnenbildnerin
Frank Wickermann	Schauspieler
Volker Schmalöer	Regisseur
Frank Wickermann	Publikumspreis

Oberhausener Theaterpreis 2000
Verleihung am 26. August 2000

Die Jury:
Johannes K. Glauber	NRZ
Stefan Keim	WDR/marabo
Christian Peiseler	Rheinische Post
Michael Schmitz	WAZ
Gerd Lepges	Moderator

Die Sponsoren:
Mercedes-Benz Niederlassung Duisburg / Bero-Einkaufszentrum / Meißner & Nockmann / Stadtsparkasse Oberhausen

Die Preisträger:
Heike Kretschmer	Schauspielerin
Thomas Goritzki	Regisseur
Hartmut Stanke	Schauspieler
Günter Alt	Publikumspreis

Oberhausener Theaterpreis 2001
Verleihung am 1. September 2001

Die Jury:
Johannes K. Glauber	NRZ
Arnold Hohmann	Westf. Rundschau
Stefan Keim	WDR / FR
Michael Schmitz	WAZ
Gerd Lepges	Moderator

Die Sponsoren:
EVO AG / StOAG / WBO GmbH / Nockmann & Gerstberger / Stadtsparkasse Oberhausen

Die Preisträger:
Klaus Weise	Regisseur
Astrid Horst	Dramaturgin
Verena Bukal	Schauspielerin
Yorck Dippe	Publikumspreis

Oberhausener Theaterpreis 2002
Verleihung am 7. September 2002

Die Jury:
Johannes K. Glauber	NRZ
Arnold Hohmann	Westf. Rundschau
Stefan Keim	FR / WDR
Michael Schmitz	WAZ
Andreas Wilink	Südt. Zeitung
Gerd Lepges	Moderator

Die Sponsoren:
CBB-Holding AG / WBO GmbH / Nockmann & Gerstberger / Stadtsparkasse Oberhausen

Die Preisträger:
Verena Bukal	Schauspielerin
Stefan Otteni	Regisseur
Hendrik Richter	Schauspieler
Anke Zillich	Publikumspreis

Ulrich Haß, Hartmut Stanke und Juan Manuel Torres y Soria in „Kunst" von Yasmina Reza, Premiere am 26. März 1999 im Großen Haus

Zuguterletzt: Das, was bleibt!

Die Chronik aller Inszenierungen der Intendanz Klaus Weise
zusammengestellt von Gerd Lepges, Saskia Schwarz und Jochen Zulauf

Zuguterletzt: Das, was bleibt!

*Martin Skoda in „Jeda, der Schneemann"
von Mark Wetter und Paul Steinmann,
Premiere am 14. Oktober 1992 im Studio 99*

*Stefan Hufschmidt und Susanne Bredehöft in
„Glaube, Liebe, Hoffnung" von Ödön von Horváth,
Premiere am 30. Oktober 1992 im Großen Haus*

*Felix Vörtler, Dieter Oberholz, Hans Matthias Fuchs,
Mario Gremlich und Sabine Weithöner in
„Ameley, der Biber und der König auf dem Dach"
von Tankred Dorst, Premiere am 25. November 1992
im Großen Haus*

*René Schnoz, Rolf Mautz, Anna Polke und
Anke Schubert in „Wer hat Angst vor
Virginia Woolf?" von Edward Albee,
Premiere am 15. Januar 1993 im Großen Haus*

1992/93

Prinz Friedrich von Homburg
Schauspiel von Heinrich von Kleist

Inszenierung: Klaus Weise | Bühne: Robert Ebeling | Kostüme: Dorothea Wimmer | Musikalische Einrichtung: Christine Weghoff | Dramaturgie: Helmut Postel

Friedrich Wilhelm, Kurfürst von Brandenburg: Hartmut Stanke | Die Kurfürstin: Anke Schubert | Prinzessin Natalie von Oranien, seine Nichte: Sabine Weithöner | Feldmarschall Dörfling: Eckhard Rühl | Prinz Friedrich von Homburg, Chef der Reuterei (General): Matthias Kniesbeck | Obrist Kottwitz, vom Regiment der Prinzessin von Oranien: Dieter Oberholz | Hennings, Oberst der Infanterie: Felix Vörtler | Graf Truchss, Oberst der Infanterie: Andrea Bettini | Graf Hohenzollern, von der Suite des Kurfürsten: Rolf Mautz | Rittmeister von der Goltz: René Schnoz | Graf Georg von Sparren: Felix Vörtler | Siegfried von Mörner, Rittmeister: Andrea Bettini

Einstudierung der Chöre: Volker Buchloh | Trompeter: E. Impelmann

Premiere: 09. Oktober 1992, Großes Haus
Foto: Dorothea Wimmer

Extremities – Bis zum Äußersten
von William Mastrosimone

Inszenierung und Bühnenbild: Friederike Vielstich | Kostüme: Annette Wolters | Dramaturgie: Gabriele Otto

Marjorie: Anna Magdalena Fitzi | Raul: Mario Gremlich | Terry: Anna Polke | Patricia: Stephanie Lang

Premiere: 11. Oktober 1992, Ebertbad
Fotos: Doris Riedelsheimer

Jeda, der Schneemann
Ein Stück für Kinder von Mark Wetter und Paul Steinmann

Inszenierung: Paul Adler | Ausstattung: Antje Buurman-Buchloh | Musik: Volker Buchloh | Dramaturgie: Frank Bischoff

Jeda, der Schneemann: Martin Skoda

Premiere: 14. Oktober 1992, Studio 99 und mobil
Fotos: Harald Reusmann

Glaube, Liebe, Hoffnung
von Ödön von Horváth

Inszenierung: Reinhard Göber | Bühne: Martin Kukulies | Kostüme: Elisabeth-Anna-Maria Strauß | Musikalische Einrichtung: Alfons Nowacki | Dramaturgie: Helmut Postel

Elisabeth: Susanne Bredehöft | Irene Prantl: Julia Janzen | Frau Amtsgerichtsrat: Gabriele Marti | Maria / Kellnerin: Jacqueline Roussety | Ein Schupo (Alfons Klostermeyer): Germain Wagner | Joachim Prantl: Stefan Hufschmidt | Er selbst, der Herr Amtsgerichtsrat: Klaus-Peter Wilhelm | Der Präparator: Günter Alt | Der Tierpfleger: Gerd Braese | Der Baron mit dem Trauerflor / Kamerad: Lorenz Schirren / Jeffrey R. Zach | Der Oberpräparator / Ein Invalider: Michael Reimann | Ein Buchhalter / Kriminaler: Hans Matthias Fuchs | Ein hochgewachsener Herr / Oberinspektor: Rudolf Cornelius

**Premiere: 15. Oktober 1992 in Essen / Grillo-Theater
und am 30. Oktober 1992 im Großen Haus**
Fotos: Doris Riedelsheimer

Ameley, der Biber und der König auf dem Dach
Ein Stück für Kinder von Tankred Dorst, Mitarbeit Ursula Ehler

Regie: Peter Seuwen | Bühne: Manfred Breitenfellner | Kostüme: Karoline Markwart-Homola | Musik: Christine Weghoff | Dramaturgie: Frank Bischoff

Amsel: Claudia Schätzle | Ameley: Sabine Weithöner | Frau Wirx / Pilz / Brennesselbusch: Susanne Bredehöft | Murxa: Maryam El-Ghussein | Fee Lureley: Claudia Schätzle | Reife Birne: Elfriede Müller | Kürbis: Felix Vörtler | Biber: Mario Gremlich | Hündchen Schino Taleander: Hans Matthias Fuchs | Verwirrter König: Dieter Oberholz | Geheimer Rat: Claudia Schätzle | Stimme des Birnbaums: Rolf Mautz | Stimme der Eule: Anke Schubert

Premiere: 25. November 1992, Großes Haus

Wer hat Angst vor Virginia Woolf?
Ein Stück in drei Akten von Edward Albee
Übersetzt von Pinkas Braun

Inszenierung: Reinhard Göber | Bühnenbild, Kostüme: Robert Ebeling | Choreographie: René Pierre Chiata

Martha: Anke Schubert | George: Rolf Mautz | Putzi: Anna Polke | Nick: René Schnoz

Premiere: 15. Januar 1993, Großes Haus
Fotos: Michael Strauss

Tätowierung
von Dea Loher

Inszenierung: Friederike Vielstich | Bühnenbild und Kostüme: Annette Wolters | Dramaturgie: Gabriele Otto

Juliane Wucht, genannt Hunde-Jule, arbeitet in einem Hundesalon: Heide Simon | Wolfgang Wucht, genannt Ofen-Wolf, Bäcker: Andrea Bettini | Anita Wucht, die ältere Tochter: Jacqueline Roussety | Lulu Wucht, die jüngere Tochter: Christiana Krüger | Paul Würde, genannt Flower-Paul, Florist: Markus Dietz

Premiere: 16. Januar 1993, Studio 99
Fotos: Marion Masuch

Max
Ein Stück für Kinder von Beat Fäh

Regie: Titus Selge | Bühne und Kostüme: Antje Buurman-Buchloh

Max: Martin Skoda | Cocacola: Anna Magdalena Fitzi | Musikerin: Christine Weghoff | Ex Kretor: Michael Elbers

Premiere: 27. Januar 1993, Studio 99
Fotos: Marion Masuch

Heute – 60 Jahre danach
Lesung mit Ensemblemitgliedern

Leitung: Gabriele Otto

Premiere: 30. Januar 1993, Falstaff-Foyer

Zuguterletzt: Das, was bleibt!

Stephanie Lang und Matthias Kniesbeck
in „Othello. Der Mohr von Venedig"
von William Shakespeare,
Premiere am 5. Februar 1993 im Großen Haus

René Schnoz und Neven Nöthig in
„Kiebich und Dutz" von Friedrich Karl Waechter,
Premiere am 18. März 1993 im Studio 99

Franz Xaver Zach in „Die Dreigroschenoper"
von Bertolt Brecht,
Premiere am 2. April 1993 im Großen Haus

Neven Nöthig in „A Bloody English Garden"
von Nick Fisher,
Premiere am 15. April 1993 im Studio 99

Othello, der Mohr von Venedig
Tragödie in fünf Akten von William Shakespeare
Deutsch von Horst Laube

Inszenierung: Klaus Weise | Bühne: Klaus Baumeister | Kostüme: Dorothea Wimmer | Toncollage: Michael Erhard | Dramaturgie: Helmut Postel

Othello, der Mohr: Matthias Kniesbeck | Brabantio, Desdemonas Vater: Hartmut Stanke | Cassio, ein ehrenwerter Leutnant: Jeffrey R. Zach | Jago, ein Schurke: Germain Wagner | Roderigo, ein betrogener Ehrenmann: Günter Alt | Montano I, Gouverneur auf Cypern: Dieter Oberholz | Montano II, Gouverneur auf Zypern: Johannes Lepper | Lodovico, ein venezianischer Adeliger: Franz Xaver Zach | Gratiano, ein venezianischer Adeliger: Dieter Oberholz | Desdemona, Othellos Frau: Stephanie Lang | Emilia, Jagos Frau: Elenor Holder | Bianca, eine Kurtisane: Susanne Bredehöft

Premiere: 05. Februar 1993, Großes Haus
Fotos: Marion Masuch

Das Tier
Die Lebensgeschichte des Jürgen Bartsch
von Niels Höpfner

Inszenierung: Peter Seuwen | Ausstattung: Pia Maria Mackert | Dramaturgie: Frank Bischoff

Es spielt: Mario Gremlich

Premiere: 13. Februar 1993, Studio 99
Fotos: Marion Masuch

Kiebich und Dutz
von Friedrich Karl Waechter

Inszenierung: Paul Adler | Bühne und Kostüme: Pia Maria Mackert | Musik: Volker Buchloh | Dramaturgie: Gabriele Otto

Kiebich: René Schnoz | Dutz: Neven Nöthig

Premiere: 18. März 1993, Studio 99
Fotos: Marion Masuch

Die Dreigroschenoper
von Bertolt Brecht - Musik von Kurt Weill
(Nach John Gays „The Beggar's Opera")

Inszenierung: Klaus Weise | Bühne: Regine Freise | Kostüme: Annette Wolters | Musikalische Leitung: Christine Weghoff | Dramaturgie: Helmut Postel | Choreographie: Olympia Scardi

Macheath, genannt Mackie Messer: Franz Xaver Zach | J.J. Peachum, Besitzer der Firma Bettlers Freund: Helmfried von Lüttichau | Celia Peachum, seine Gattin: Susanne Bredehöft | Polly Peachum, seine Tochter: Stephanie Lang | Braun, oberster Polizeichef von London: Rolf Mautz | Lucy, seine Tochter: Jacqueline Roussety | Die Spelunken-Jenny: Christiana Krüger | Smith: Jeffrey R. Zach | Pastor Kimball: Andrea Bettini | Filch: Markus Dietz | Ein Moritatensänger: Andrea Bettini
Die Platte:
Münz-Matthias: Günter Alt | Hakenfinger-Jakob: Dieter Oberholz | Säge-Robert: Felix Vörtler | Jimmy: Jeffrey R. Zach | Trauerweiden-Walter: Hans Matthias Fuchs | Ede: Martin Skoda | Die Huren: Sabine Weithöner, Anna Magdalena Fitzi, Anna Polke

Premiere: 02. April 1993, Großes Haus
Fotos: Marion Masuch

A Bloody English Garden
von Nick Fisher
Werkstattübersetzung von Susanne Bustorf, Karina Keller-Mowat, Bernd-Peter Lange, Jantje Rümenapf, Carola Schwennsen und Antje Sünnemann

Inszenierung: Peter Seuwen | Bühnenbild und Kostüme: Sandra Meurer | Dramaturgie: Frank Bischoff | Tanzeinstudierung: René Pierre Chiata

Mike: Mario Gremlich | Jimbo: Neven Nöthig | Killer: René Schnoz | Maisie Knight: Heide Simon

Premiere: 15. April 1993, Studio 99
Fotos: Marion Masuch

Brecht Plakat-IV - Die Liebe dauert oder dauert nicht
Texte und Lieder

Leitung: Gabriele Otto, Christine Weghoff und Otto Schnelling

Mit Elenor Holder, Anna Polke, Sabine Weithöner, Andrea Bettini, Markus Dietz, Hans Matthias Fuchs, Mario Gremlich, René Schnoz, Felix Vörtler, Franz Xaver Zach, Ralf Günther Krolkiewicz

Premiere: 19. April 1993, Falstaff-Foyer

Die Gehaltserhöhung
von Georges Perec
Szenische Lesung

Leitung: Gabriele Otto und Otto Schnelling

Mit Anna Polke, Jacqueline Roussety, Neven Nöthig, Martin Skoda, Jeffrey R. Zach

Premiere: 04. Mai 1993, Falstaff-Foyer

Der Tod und das Mädchen
Stück in drei Akten von Ariel Dorfman
Deutsch von Ulli Stephan und Uwe B. Carstensen

Inszenierung: Andreas Weißert | Bühne und Kostüme: Manfred Blößer, Vibeke Andersen | Dramaturgie: Helmut Postel
Paulina Salas: Elenor Holder | Gerardo Escobar, ihr Mann: Germain Wagner | Roberto Miranda, ein Arzt: Hartmut Stanke

Premiere: 28. Mai 1993, Großes Haus
Fotos: Rudolf Holtappel

Die schnellste Uhr im Universum
von Philip Ridley
Deutsch von Andreas Pegler

Inszenierung: Titus Selge | Bühne: Kai Anthony | Kostüme: Antje Buurman-Buchloh | Dramaturgie: Helmut Postel | Toncollage: Christine Weghoff

Cougar Glass: Jeffrey R. Zach | Capitain Tick: Andrea Bettini | Foxtrott Darling: Martin Skoda | Sherbet Gravel: Jacqueline Roussety | Chettah Bee: Susanne Bredehöft

Premiere: 08. Juni 1993, Großes Haus
Fotos: Rudolf Holtappel

Zuguterletzt: Das, was bleibt!

Hans Matthias Fuchs, Brigitte Hoermann, Dieter Oberholz und Felix Vörtler in „Archeologia" von Alexej Schipenko, Premiere am 19. Juni 1993 im Ebertbad

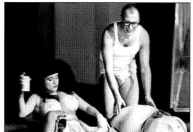

Jacqueline Roussety und Andrea Bettini in „Die Kriegstreiberin" von Lisa Wilczok, Premiere am 26. September 1993 im Ebertbad

René Schnoz, Hans Matthias Fuchs und Felix Vörtler in „Sladek oder Die schwarze Armee" von Ödön von Horváth, Premiere am 1. Oktober 1993 im Großen Haus

Gerhard Fehn, Heide Simon, Albert Bork, Anna Polke, Susanne Bredehöft und Anke Schubert in „Die Stützen der Gesellschaft" von Henrik Ibsen, Premiere am 22. Oktober 1993 im Großen Haus

Archeologia
Stück in siebzehn Episoden von Alexej Schipenko
Aus dem Russischen von Barbara Lehmann

Inszenierung: Ralf Günther Krolkiewicz | Bühnenbild, Kostüme: Robert Ebeling | Dramaturgie: Gabriele Otto | Musik: Christine Weghoff

Ljoscha: Helmfried von Lüttichau | Der Freund: Felix Vörtler | Ljoschas Frau: Christiana Krüger | Polina: Sabine Weithöner | Krischna: Hans Matthias Fuchs | Die Alte: Brigitte Hoerrmann | Ljodka: Dieter Oberholz

Premiere: 19. Juni 1993, Ebertbad
Fotos: Rudolf Holtappel

Thomas-Bernhard-Lesung „Zum Klaviersommer"
Leitung: Helmut Postel

Mit Elenor Holder, Stephanie Lang, Markus Dietz, Helmut Postel, Hartmut Stanke

Premiere: 29. Juni 1993, Falstaff-Foyer

1993/94

Die Kriegstreiberin
Lustspiel von Lisa Wilczok
Uraufführung

Inszenierung: Ulrike Maak | Bühne und Kostüme: Lars Peter | Dramaturgie: Erinnya Wolf | Musik: Christine Weghoff

Katharina: Stephanie Lang | Marlies: Nicole A. Spiekermann | Therese: Anna Polke | Peggy: Jacqueline Roussety | Nicole: Stephanie Lang | Ulrike: Nicole A. Spiekermann | Cora: Jacqueline Roussety | Entertainer A: Andrea Bettini | Entertainer B: Jeffrey R. Zach | Entertainer C: Neven Nöthig | Astronaut A: Jeffrey R. Zach | Astronaut B: Andrea Bettini | Richter A: Neven Nöthig | Richter B: Jeffrey R. Zach | Richter C: Andrea Bettini | Arzt A: Jeffrey R. Zach | Arzt B: Andrea Bettini | Arzt C: Neven Nöthig | Ein Dokumentarfilmer: Neven Nöthig | Ein Spitzenpolitiker: Andrea Bettini | Ein Berggeist: Dieter Oberholz

Premiere: 26. September 1993, Ebertbad
Fotos: Rudolf Holtappel

Sladek oder Die schwarze Armee
Historie in vier Bildern von Ödön von Horváth

Inszenierung: Friederike Vielstich | Bühne: Annette Wolters, Friederike Vielstich | Kostüme: Annette Wolters | Dramaturgie: Rolf Rüth | Musik: Ennio Morricone

Sladek: Mario Gremlich | Anna / Handleserin: Christiana Krüger | Bundesschwester / Fräulein / Verteidigerin / Lotte: Anna Magdalena Fitzi | Franz Schminke: Günter Alt | Hauptmann: Hartmut Stanke | Knorke: Volkert Matzen | Rübezahl / Hakenkreuzler: Hans Matthias Fuchs | Salm / Hakenkreuzler: Felix Vörtler | Horst / Hakenkreuzler / Staatsanwalt: Martin Skoda | Halef / Hakenkreuzler: René Schnoz | Bundessekretär / Untersuchungsrichter / Kriminalkommissar / Richter / Polizist: Rainer Suter | Mädchen: Hanne Wolharn

Premiere: 01. Oktober 1993, Großes Haus
Fotos: Marion Masuch

Die Stützen der Gesellschaft
von Henrik Ibsen
Deutsche Bearbeitung von Klaus Weise auf Grundlage der Übersetzung von Georg Schulte-Frohlinde

Inszenierung: Klaus Weise | Bühne: Robert Ebeling | Kostüme: Dorothea Wimmer | Musikalische Einrichtung: Christine Weghoff | Dramaturgie: Helmut Postel

Karsten Bernik, Konsul: Christoph Quest | Betty Bernick, seine Frau: Anke Schubert | Olaf, ihr Sohn: Albert Bork | Fräulein Martha Bernick, Schwester des Konsuls: Heide Simon | Johann Toennesen, Frau Bernicks jüngerer Bruder: Germain Wagner | Lona Hessel, ihre ältere Halbschwester: Elenor Holder | Hilmar Toennesen, ein Vetter von Frau Bernick: Gerhard Fehn | Roerlund, Lehrer an der Oberschule: Rolf Mautz | Rummel, Kaufmann: Franz Xaver Zach | Vigeland, Kaufmann: Axel Gottschick | Dina Dorf, Haustochter bei Konsul Bernick: Sabine Weithöner | Krap, Prokurist der Firma Bernick: Helmfried von Lüttichau | Aune, Schiffbaumeister: Dieter Oberholz | Frau Rummel: Susanne Bredehöft | Frau Lynge, Arztgattin: Anna Polke | Eine Dienerin: Silke Slavik / Ulrike Kutschera

Premiere: 22. Oktober 1993, Großes Haus
Fotos: Rudolf Holtappel

Gespenster
Ein Familiendrama in drei Akten von Henrik Ibsen

Inszenierung: Peter Carp | Bühnenbild: Reinhard von der Thannen / Andreas Walkows | Kostüme: Irmgard Kersting | Dramaturgie: Gabriele Otto

Frau Helene Alving, Witwe des Hauptmanns und Kammerherrn Alving: Elenor Holder | Osvald Alving, ihr Sohn, Maler: Markus Dietz | Pastor Manders: Franz Xaver Zach | Tischler Engstrand: Helmfried von Lüttichau | Regine Engstrand, im Hause bei Frau Alving: Christiana Krüger

Premiere: 23. Oktober 1993, Großes Haus
Fotos: Doris Riedelsheimer

Schenkelrose und Schamgehölz
Erotische Literatur aus mehreren Jahrhunderten

Leitung: Rolf Rüth | Am Klavier: Michael Barfuß

Mit Anna Polke, Heide Simon, Hans Matthias Fuchs, Dieter Oberholz

Premiere: 22. November 1993, Falstaff-Foyer

Eine Woche voller Samstage
Ein Stück für Kinder von Paul Maar

Inszenierung: Peter Seuwen | Bühne: Pia Maria Mackert | Kostüme: Karoline Markwart | Musik: Peter Friemer | Dramaturgie: Frank Bischoff

Das Sams: Anna Polke | Herr Taschenbier: Günter Alt | Der Erzähler: Mario Gremlich | Frau Rotkohl: Stephanie Lang | Verkäufer / Herr Groll: Hans Matthias Fuchs | Verkäuferin / Schülerin / Frau in der Menge: Sabine Weithöner | Kunde im Kaufhaus / Schüler / Eisbär / Mann 1: Albert Bork | Herr Oberstein / Abteilungsleiter / Schulrektor / Mann 2: Neven Nöthig | Schaufensterpuppe: Dagmar Fabisch

Premiere: 24. November 1993, Großes Haus
Fotos: Rudolf Holtappel

Zuguterletzt: Das, was bleibt!

Andrea Bettini und Anna Magdalena Fitzi in „Mirad, ein Junge aus Bosnien" von Ad de Bont, Premiere am 16. Dezember 1993 im Studio 99

Frank Wickermann, Stefan Hufschmidt, Hans Matthias Fuchs, Neven Nöthig und Volkert Matzen in „Die Minderleister" von Peter Turrini, Premiere am 25. Februar 1994 im Großen Haus

Helmfried von Lüttichau, Sabine Weithöner und Christoph Quest in „Der Sturm" von William Shakespeare, Premiere am 18. März 1994 im Großen Haus

Anna Polke und Günter Alt in „Eine Woche voller Samstage" von Paul Maar, Premiere am 24. November 1993 im Großen Haus

Meine trotzige Kunst
Ein Dylan-Thomas-Abend

Leitung: Hans Matthias Fuchs
Mit Anna Polke, Heide Simon, Wolfgang Gockel, Mario Gremlich, Felix Vörtler, Jeffrey R. Zach

Am 14. Dezember 1993, Falstaff-Foyer

Mirad, ein Junge aus Bosnien
von Ad de Bont
Aus dem Niederländischen von Jochen Neuhaus

Inszenierung: Norbert Schnell, Peter Seuwen | Ausstattung: Ulrike Kutschera, Pia Maria Mackert | Dramaturgie: Erinnya Wolf, Frank Bischoff
Kaya Balic: Anna Magdalena Fitzi | Djuka Bajic: Andrea Bettini

Premiere: 16. Dezember 1993, Studio 99
Fotos: Rudolf Holtappel

Amphitryon
Ein Lustspiel nach Molière von Heinrich von Kleist

Inszenierung: Friederike Vielstich | Bühne: Annette Wolters | Kostüme: Kathrin-Susann Brose | Dramaturgie: Helmut Postel

Jupiter, in der Gestalt des Amphitryon: Franz Xaver Zach | Merkur, in der Gestalt des Sosias: Hartmut Stanke | Amphitryon, Feldherr der Thebaner: Martin Skoda | Sosias, sein Diener: Rolf Mautz | Alkmene, Gemahlin des Amphitryon: Anke Schubert | Charis, Gemahlin des Sosias: Jacqueline Roussety | Feldherr: Gerhard Fehn

Premiere: 15. Januar 1994, Großes Haus
Fotos: Marion Masuch

Wie Mohn und Gedächtnis

Leitung: Erinnya Wolf, Michael Barfuß

Mit Christiana Krüger, Stephanie Lang, Anke Schubert, Günter Alt, Andrea Bettini, Albert Bork, Rolf Mautz, Franz Xaver Zach

Premiere: 01. Februar 1994, Falstaff-Foyer

Dreck
Ein Monolog von Robert Schneider

Inszenierung: Peter Seuwen | Ausstattung: Pia Maria Mackert | Dramaturgie: Frank Bischoff
Gespielt von: Mario Gremlich

Premiere: 05. Februar 1994, Studio 99
Fotos: Marion Masuch

Die Minderleister
von Peter Turrini

Inszenierung: Reinhard Göber | Bühne: Robert Ebeling | Kostüme: Elisabeth-Maria Strauß | Dramaturgie: Rolf Rüth

Shakespeare: Dieter Oberholz | Hans: Felix Vörtler | Anna: Anna Magdalena Fitzi | Schmelzer: Volkert Matzen | Der Italiener: Frank Wickermann | Ringo: Stefan Hufschmidt | Ursus: Neven Nöthig | Ordner: Hans Matthias Fuchs | Personalchefin: Elenor Holder | Personalchef: Germain Wagner | Die amerikanische Sängerin: Stephanie Lang | Der Minister für Arbeit und Wirtschaft: Rolf Mautz | Die Frau des Ministers: Anna Polke | Der Arbeiter: Mario Gremlich | Der Jugoslawe: Jeffrey R. Zach

Premiere: 25. Februar 1994, Großes Haus
Fotos: Rudolf Holtappel

Dada Cordial
Ein Abend von und mit Cécile Kott und Gerhard Fehn

Am: 08. März 1994, Falstaff-Foyer

Der Sturm
von William Shakespeare
Übersetzung nach Christoph Martin Wieland
von Klaus Weise unter Mitarbeit von Erinnya Wolf und Helmut Postel

Inszenierung: Klaus Weise | Bühne: Martin Kukulies | Kostüme: Dorothea Wimmer | Musik: Michael Barfuß | Dramaturgie: Erinnya Wolf, Helmut Postel

Alonso, König von Neapel: Rolf Mautz | Sebastian, sein Bruder: Gerhard Fehn | Prospero, rechtmäßiger Herzog von Mailand: Christoph Quest | Antonio, sein Bruder, unrechtmäßiger Herzog von Mailand: Andrea Bettini | Ferdinand, Sohn des Königs von Neapel: Albert Bork | Gonzalo, ein ehrlicher alter Rat des Königs: Elenor Holder | Caliban, ein wilder und mißgestalteter Sklave: Helmfried von Lüttichau | Trinculo, ein Spaßmacher: Franz Xaver Zach | Stephano, ein betrunkener Kellner: Günter Alt | Miranda, Tochter des Prospero: Sabine Weithöner | Ariel, ein Luftgeist: Christiana Krüger

Premiere: 18. März 1994, Großes Haus / Gasometer Oberhausen
Fotos: Sonja Rothweiler

Greta und Kurt
Ein Stück für Kinder ab 4 Jahren
von Thomas J. Hauck und Joachim Henn

Regie: Johannes Lepper | Bühne: Ariane Salzbrunn | Kostüme: Dagmar Fabisch | Musik: Michael Barfuß | Dramaturgie: Frank Bischoff

Greta: Anna Polke | Kurt: Martin Skoda

Premiere: 24. März 1994, Studio 99
Fotos: Marion Masuch

Zuguterletzt: Das, was bleibt!

Dieter Oberholz, Hans Matthias Fuchs und Stephanie Lang in „Heißt du wirklich Hasan Schmidt?" von -ky, Premiere am 16. April 1994 im Großen Haus

Franz Xaver Zach in „Loch im Kopf" von Wolfgang Deichsel, Premiere am 6. Mai 1994 im Großen Haus

Albert Bork und Sabine Weithöner in „Das rote Pferd auf dem Mond über der Küche" von Wilfrid Grote, Premiere am 15. Mai 1994 im Studio 99

Stephanie Lang, Martin Skoda, Andrea Bettini, Anke Schubert und Christiana Krüger in „Wilde Herzen" von Andrea Bettini und Michael Barfuß, Premiere am 19. Mai 1994 im Großen Haus

Heißt Du wirklich Hasan Schmidt?
Ein Musical nach dem Roman von -ky
Mitarbeit: Silvia Stutzmann und Silvia Rachor
Musik: Andi Bauer
Songtexte: Stefan Viering

Regie: Peter Seuwen | Musikalische Leitung: Peter Friemer | Bühne: Manfred Breitenfellner | Kostüme: Karoline Markwart-Homola | Choreographie: Andreas Paesler | Dramaturgie: Frank Bischoff

Matze: Mario Gremlich | Shirin: Taies Farzan | Kalle: Neven Nöthig | Jerry: Jeffrey R. Zach | Babsie: Anna Magdalena Fitzi | Herr Kücükoglu / Gefangener: Mete Ejder | Özcan / Gefangener: Kemalettin Celik | Frau Kücükoglu: Figen Canatalay / Yilmaz / Gangmitglied / Gefangener: Faysal Ilhan | Frau Jonas / Matzes Mutter: Heide Simon | Opa Liebenhagen / Rektor / Polizist: Dieter Oberholz | Gangmitglied / Kuhn / Pfannenverkäufer: Hans Matthias Fuchs | Mrs. Buttom: Stephanie Lang | Seref / Bräutigam / Gefangener: Hakan Korkut | Ayse / Gefangene: Seyhan Tezcanli | Gangmitglied / Henker / Hochzeitsgast: Serdar Deniz | Gangmitglied / Gefangener / Hochzeitsmusiker: Tahir Göktürk | Gefangene / Hochzeitsgast: Mensure Öz | Gefangener / Hochzeitsmusiker: Bülent Tezcanli

Premiere: 16. April 1994, Großes Haus
Fotos: Marion Masuch

Am Ufer der Vernunft
Ein Karl-Valentin-Abend
von und mit Helmfried von Lüttichau

Premiere: 19. April 1994, Studio 99

Loch im Kopf
Komödie von Wolfgang Deichsel
nach Motiven von Labiche
Oberhausener Fassung '94
Musik: Heinrich Huber

Inszenierung: Franz Xaver Zach | Bühne und Kostüme: Manfred Blößer, Vibeke Andersen | Musikalische Einstudierung: Philip Engel, Heinrich Huber | Musikalische Leitung und Klavierimprovisation: Philip Engel | Dramaturgie: Rolf Rüth

Naube: Gerhard Fehn | Julia, seine Frau: Elenor Holder | Margarete, seine Tochter: Jacqueline Roussety | Petzolt, sein Neffe: René Schnoz | Jean Baptist Schroh, sein Diener: Franz Xaver Zach | Fuchs-Perdrigo: Germain Wagner

Premiere: 06. Mai 1994, Großes Haus
Fotos: Rudolf Holtappel

Das rote Pferd auf dem Mond über der Küche
Ein Stück für Kinder von Wilfrid Grote
Uraufführung

Regie: Katrin Hahnemann | Ausstattung: Robert Ebeling | Dramaturgie: Frank Bischoff

Schubert: Neven Nöthig | Olli: Sabine Weithöner | Oskar: Albert Bork

Premiere: 15. Mai 1994, Studio 99
Fotos: Marion Masuch

Wilde Herzen
Schlaflos in Oberhausen
Die Revue am Rande des Jahrhunderts

Leitung: Andrea Bettini und Michael Barfuß | Musikalische Leitung: Michael Barfuß | Choreographie: Andreas Paesler | Bühne: Ariane Salzbrunn | Kostüme: Dagmar Fabisch

Die Singenden Seemöwen:
Pat: Anna Magdalena Fitzi | Peggy: Christiana Krüger | Piti: Stephanie Lang | Susi: Anke Schubert | Pit: Günter Alt | Jonny: Andrea Bettini | Robi: Mario Gremlich | Mark: Martin Skoda | Bert: Felix Vörtler
Die Swingenden Seebären mit ihrem Leiter „Macky":
Michael „Macky" Barfuß: Klavier | Ralf Bazzanella: Sax | Manfred Miketta: Baß | Rüdiger Nass: Gitarre | Jörg Seyffarth: Percussions

Premiere: 19. Mai 1994, Großes Haus
Fotos: Dominique Ecken

Ausgerechnet der Mensch ist unmenschlich
Leitung: Helmut Postel
Mit Anna Polke, Anke Schubert, Rolf Mautz, Helmut Postel, Germain Wagner

Premiere 07. Juni 1994, Falstaff-Foyer

Roberto Zucco
von Bernard-Marie Koltès
Aus dem Französischen von Simon Werle

Inszenierung: Stephan Kimmig | Bühne und Lichtgestaltung: Johan Vonk | Mitarbeit: Cary Gaysler | Kostüme: Stephanie Geiger | Musik: FM Einheit | Dramaturgie: Helmut Postel

Roberto Zucco: Jeffrey R. Zach | Seine Mutter / Die Patronne: Anna Polke | Das Mädchen: Stephanie Lang | Ihre Schwester: Susanne Bredehöft | Ihr Bruder: Hans Matthias Fuchs | Ihr Vater / Der schwermütige Inspektor / Mann 2: Dieter Oberholz | Ihre Mutter / Frau 2: Gisela Storck | Der Herr / Mann 1: Andrea Bettini | Die elegante Dame: Anna Magdalena Fitzi | Der Hüne / Der ungeduldige Zuhälter: Mario Gremlich | Die panische Nutte / Frau 1: Jacqueline Roussety | Junge Frau: Sabine Weithöner | Erster Aufseher / Erster Polizist / Ein Kommissar: Martin Skoda | Zweiter Aufseher / Zweiter Polizist / Ein Inspektor: Felix Vörtler

Premiere: 16. Juni 1994, Großes Haus
Fotos: Marion Masuch

Zuguterletzt: Das, was bleibt!

Stephanie Lang und Susanne Bredehöft in „Roberto Zucco" von Bernard-Marie Koltès, Premiere am 16. Juni 1994 im Großen Haus

Heide Simon, Gerhard Fehn, Kornelia Lüdorff, Rolf Mautz, Germain Wagner, Franz Xaver Zach und Anke Schubert in „Die Möwe" von Anton Čechov, Premiere am 2. September 1994 im Großen Haus

Andrea Bettini, Stephanie Lang und Elenor Holder in „Kalldewey, Farce" von Botho Strauß, Premiere am 30. September 1994 im Großen Haus

Jacqueline Roussety und Martin Skoda in „Die Maske im Fleisch. Stadt der Krieger" von Tim Staffel, Premiere am 1. Oktober 1994 im Ebertbad

Doch einen Schmetterling hab´ ich hier nicht gesehen
von Lilly Axster

Leitung: Michael Jezierny

Die Kleine (Ghetto), Mutter (Mißverständnis), Kind (Kinderspiel): Dominika Szymanska | Junge B (Ghetto): André Faberski | Sprecherin (Ghetto/Versuch), Mädchen A (Ghetto), Kleines Mädchen (Mißverständnis), Kind (Freie Wahl/ Schneewittchen/ Widerstand/ Kinderspiel), Mädchen (Modenschau): Rebecca Janssen | Sprecherin (Brief/Märchen/Epilog/ "Der Schmetterling"), Kind (Freie Wahl): Nihan Köroglu | Mädchen (Täuschung/Ghetto), Kind (Versuch/ Kinderspiel)anderes Kind (Kinderspiel): Nadia Riggio | Frau (Täuschung/ Kinderspiel), anderes Mädchen (Modenschau), Spiegel/Stimme (Schneewittchen), Kind (Kinderspiel): Simone Meinert | älteres Mädchen (Ghetto), Erzählerin (Schneewittchen), Kind (Kinderspiel), Sprecherin (Epilog): Sandra Schuld | Junge C (Ghetto), Kind (Kinderspiel/Schneewittchen): Peter Derks | Mann (Ghetto), Kind (Kinderspiel): Klaus Oostenryck | Kind (Kinderspiel), wischendes Mädchen (Meßlatte), Schneewittchen, Mädchen (Modenschau), Sprecherin (Epilog): Irinula Droßa | Kind (Kinderspiel/Versuch/freie Wahl), Freundin (Täuschung), eine von den Vielen (Täuschung): Katrin Bosshard | Kind (Kinderspiel), Stiefmutter (Schneewittchen), Mutter (Widerstand/Freie Wahl), Mädchen (Modenschau): Inga Schramm | Junge (Zeitvertreib), Prinz (Schneewittchen), Sprecher (Epilog): Malte Georgi | einer von den Vielen A (Zeitvertreib/freie Wahl): Christoph Maaß | einer von den Vielen B (Meßlatte): Stefan Becks | Chorführerin A, Kind (Kinderspiel), Lehrerin (Schneewittchen), Pfeiferin (Kinderspiel), Frau B (zwei Frauen), Sprecherin (Epilog): Nikoletta Droßa | Kind (Kinderspiel), Mutter (freie Wahl): Janine Kühr | Chorführerin B, Kind (Schneewittchen/Kinderspiel), Frau A (zwei Frauen), Kind (Kinderspiel): Annette Pade

Premiere (Uraufführung): 19. Juni 1994, Studio 99
Fotos: Michael Jezierny

Nothing Special
Ein Andy-Warhol-Abend

Leitung: Johannes Lepper
Mit Stephanie Lang, Anna Polke, Jacqueline Roussety, Günter Alt, Thomas Müller, Martin Skoda

Premiere: 20. Juni 1994, Malersaal

1994/95

Die Möwe
Komödie in vier Akten von Anton Čechov
Deutsch von Peter Urban

Inszenierung: Klaus Weise | Bühne: Klaus Baumeister | Kostüme: Ariane Salzbrunn | Musik: Michael Barfuß | Dramaturgie: Erinnya Wolf

Irina Nikoaevna Arkadina, verwitwete Trepleva, Schauspielerin: Anke Schubert | Konstantin Gavrilovic Treplev, ihr Sohn: Günter Alt | Peter Nikolaevic Sorin, ihr Bruder: Hartmut Stanke | Nina Michajlovna Zarecnaja, Tochter eines reichen Gutsbesitzers: Christiana Krüger | Ilja Afanasjevic Samraev, Gutsverwalter bei Sorin: Gerhard Fehn | Polina Andreevna, seine Frau: Heide Simon | Masa, ihre Tochter: Kornelia Lüdorff | Evgenij Sergeevic Dorn, Arzt: Rolf Mautz | Semen Semnovic Medvedenko, Lehrer: Germain Wagner | Jakov, ein Arbeiter: Wolfgang Gockel

Premiere: 02. September 1994, Großes Haus
Fotos: Rudolf Holtappel

Unter Aufsicht
Tragödie von Jean Genet
Deutsch von Gerhard Hock

Inszenierung: Peter Seuwen | Bühne und Kostüme: Sandra Meurer | Dramaturgie: Rolf Rüth

Grünauge: Neven Nöthig | Maurice: René Schnoz | Lefranc Jules: Albert Bork | Der Aufseher: Hans Matthias Fuchs

Premiere: 04. September 1994, Studio 99
Fotos: Dominique Ecken

Kalldewey, Farce
von Botho Strauß

Inszenierung: Johannes Lepper | Bühne: Martin Kukulies | Kostüme: Judith Holste | Dramaturgie: Helmut Postel

Der Mann: Andrea Bettini | Die Frau: Elenor Holder | M: Stephanie Lang | K: Anna Polke | Kalldewey / Chef / Kellner: Felix Vörtler | Frau in der Kneipe: Silke Slavik | Mann mit Alphorn: Hubert Lüngen | Junge mit Fahrrad: Benjamin Djedovic | Zwei Feen: Kirsten Hönold, Silke Slavik | Der Mann am Klavier: Michael Barfuß

Premiere: 30. September 1994, Großes Haus
Fotos: Rudolf Holtappel

Die Maske im Fleisch
„Hamlet" von Wolfgang Hildesheimer
„Keine Heimat" von Michael Wildenhain
„Stadt der Krieger" von Tim Sta
Uraufführung

Inszenierung: Friederike Vielstich | Ausstattung: Annette Wolters | Filme: Jutta Doberstein / Volker Koester | Dramaturgie: Helmut Postel

1. Hamlet
Hamlet: Mario Gremlich | Hexen: Sabine Weithöner, Ute Zehlen, Volkert Matzen

2. Keine Heimat
Schüler: Martin Skoda | Frau Leise: Ute Zehlen | Mitschüler: Jeffrey R. Zach | Lehrerin: Susanne Bredehöft | Verkäufer: Hans Matthias Fuchs | Richter: Volkert Matzen

3. Stadt der Krieger
Miko: Martin Skoda | Marlon: Hans Matthias Fuchs | Anton: Jeffrey R. Zach | Anna Kirsten: Ute Zehlen | Karl Zehlen: Augustin Kramann | Tanja Kirsten: Jacqueline Roussety | Anja: Sabine Weithöner | Maria: Susanne Bredehöft | Ricky / Rocky (Zwillinge): Volkert Matzen / Mario Gremlich | Reporterin / Nachrichtensprecherin: Susanne Bredehöft | Mann: Augustin Kramann | Polizist: Volkert Matzen | Kind: Jacqueline Roussety

Premiere: 01. Oktober 1994, Ebertbad
Fotos: Rudolf Holtappel

Zuguterletzt: Das, was bleibt!

Frank Wickermann, Gisela Storck, Albert Bork, Anna Polke und Martin Skoda in „Der Lebkuchenmann" von David Wood, Premiere am 19. November 1994 im Großen Haus

Hartmut Stanke in „Unser Dorf soll schöner werden" von Klaus Chatten, Premiere am 26. November 1994 im Studio 99

Gerhard Fehn, Felix Vörtler, Jacqueline Roussety, Elenor Holder und Hartmut Stanke in „Die Wildente" von Henrik Ibsen, Premiere am 27. Januar 1995 im Großen Haus

Mario Gremlich und Frank Wickermann in „Klassenfeind" von Nigel Williams, Premiere am 24. Februar 1995 im Studio 99

Leonce und Lena
Lustspiel von Georg Büchner

Inszenierung: Reinhard Göber | Bühne und Kostüme: Robert Ebeling | Dramaturgie: Erinnya Wolf

König Peter vom Reiche Popo: Rolf Mautz | Prinz Leonce, sein Sohn: René Schnoz | Prinzessin Lena vom Reiche Pipi: Christiana Krüger | Valerio: Neven Nöthig | Die Gouvernante: Anna Magdalena Fitzi | Rosetta: Jacqueline Roussety

Premiere: 28. Oktober 1994, Großes Haus
Fotos: Dominique Ecken

Der Lebkuchenmann
Ein musikalisches Kinderstück von David Wood
Deutsch von Angela Kingsford Röhl
Deutsche Songtexte von Heidi Zernig

Regie: Rosee Riggs | Bühnenbild und Kostüme: Moritz M. Schröder | Musikalische Leitung: Michael Barfuß | Choreographie: René Pierre Chiata | Lichtdesign: Andy Phillips | Dramaturgie: Rolf Rüth

Herr von Kuckuck: Martin Skoda | Fräulein Pfeffer: Anna Polke | Herr Salz: Frank Wickermann | Der Lebkuchenmann: Albert Bork | Der alte Teebeutel: Gisela Storck | Flitsch, die Maus: Jeffrey R. Zach | Die Stimmen der Großen: Elenor Holder, Gerhard Fehn

Premiere: 19. November 1994, Großes Haus
Fotos: Rudolf Holtappel

Unser Dorf soll schöner werden
Monodrama von Klaus Chatten

Inszenierung: Guido Huonder | Ausstattung: Manfred Blößer
Hubert Fängewisch: Hartmut Stanke

Premiere: 26. November 1994, Studio 99
Fotos: Edda Treuberg

Burn Time/Brennzeit
Inszenierung: Erinnya Wolf
Mit Albert Bork, Thomas Müller

Premiere: 13. Dezember 1994, Studio 99

Otello darf nicht platzen
Farce von Ken Ludwig
Deutsch von Ursula Lyn

Inszenierung: Franz Xaver Zach | Ausstattung: Manfred Blößer | Musikalische Leitung: Michael Barfuß | Dramaturgie: Helmut Postel

Max, die rechte Hand des Operndirektors: Andrea Bettini | Maggie, Freundin von Max, Tochter des Operndirektors: Christiana Krüger | Saunders, Direktor der Städtischen Oper Cleveland: Rolf Mautz | Tito Merelli, ein weltberühmter Tenor, von seinen Fans auch „Lo Stupendo" genannt: Günter Alt | Maria, Titos Frau: Stephanie Lang | Page: Mario Gremlich | Diana, eine Opernsängerin: Anke Schubert | Julia, Vorsitzende der Operngilde: Susanne Bredehöft | Zimmermädchen: Silke Slavik / Uta Matten

Premiere: 30. Dezember 1994, Großes Haus
Fotos: Sonja Rothweiler

Die Schöpfung auf Schwäbisch
von Sebastian Sailer

Leitung: Helmut Postel

Mit Elenor Holder, Christiana Krüger, Albert Bork, Helmut Postel, Mario Gremlich

Premiere: 17. Januar 1995, Falstaff-Foyer

Die Wildente
Schauspiel von Henrik Ibsen
Deutsch von Heiner Gimmler

Inszenierung: Carsten Bodinus | Bühne: Robert Ebeling | Kostüme: Ariane Salzbrunn | Musikalische Einrichtung: Michael Barfuß | Dramaturgie: Rolf Rüth

Direktor Werle, Grubenbesitzer: Hartmut Stanke | Gregers Werle, sein Sohn: Germain Wagner | Der alte Ekdal: Dieter Oberholz | Hjalmar Ekdal, der Sohn des Alten, Photograph: Gerhard Fehn | Gina Ekdal, Hjalmars Frau: Elenor Holder | Hedvig Ekdal, ihre Tochter, 14 J.: Jacqueline Roussety | Frau Soerby, Hausdame des Direktors: Susanne Bredehöft | Relling, Arzt: Felix Vörtler | Molvik, ehemaliger Theologe: Neven Nöthig

Premiere: 27. Januar 1995, Großes Haus
Fotos: Dominique Ecken

Klassenfeind
(Class Enemy)
von Nigel Williams

Inszenierung: Peter Seuwen | Bühne und Kostüme: Manfred Breitenfellner | Dramaturgie: Erinnya Wolf

Fetzer: Mario Gremlich | Vollmond: Albert Bork | Angel: René Schnoz | Koloss: Hans Matthias Fuchs | Pickel: Frank Wickermann | Kebab: Jeffrey R. Zach | Lehrer: Günter Alt

Premiere: 24. Februar 1995, Studio 99
Fotos: Dominique Ecken

Schauspieler lesen Anton Cechov
Leitung: Erinnya Wolf
Mit Günter Alt, Rolf Mautz, Hartmut Stanke, Franz Xaver Zach

Premiere: 14. März 1995, Falstaff-Foyer

Nachtschwarzes Locken
Leitung: Michael Barfuß
Mit Sabine Weithöner, Elenor Holder, Günter Alt, Michael Barfuß, René Schnoz

Premiere: 21. März 1995, Falstaff-Foyer
Fotos: Rudolf Holtappel

Zuguterletzt: Das, was bleibt!

Andrea Bettini und Christiana Krüger in „Jakes Frauen" von Neil Simon, Premiere am 31. März 1995 im Großen Haus

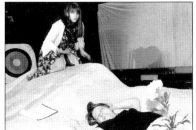

Nicole Marischka und Albert Bork in „Rose und Regen, Schwert und Wunde" von Beat Fäh nach William Shakespeare, Premiere am 28. April 1995 im Großen Haus

Dieter Oberholz und Gisela Storck in „Trüffel" von Jens Roselt, Premiere am 20. Mai 1995 im Ebertbad

Günter Alt, Elenor Holder, Hartmut Stanke und Stephanie Lang in „Der Tartuffe" von Molière, Premiere am 2. Juni 1995 im Großen Haus

Jakes Frauen
von Neil Simon
Deutsch von Helge Seidel
Deutschsprachige Erstaufführung

Regie: Klaus Weise | Bühne: Martin Kukulies | Kostüme: Dorothea Wimmer | Musikalische Leitung: Michael Barfuß | Dramaturgie: Helmut Postel

Jake: Andrea Bettini | Maggie, seine Frau: Anke Schubert | Julie, seine verstorbene Frau: Christiana Krüger | Molly, seine Tochter im Alter von 12 Jahren: Rebecca Janssen | Molly, im Alter von 20 Jahren: Sabine Weithöner | Karen, seine Schwester: Elenor Holder | Sheila, seine Geliebte: Kornelia Lüdorff

Premiere: 10. März 1995 in Luxemburg, 31. März 1995 in Oberhausen, Großes Haus
Fotos: Rudolf Holtappel, Dorothea Wimmer

Der Herr Karl
von Helmut Qualtinger und Carl Merz

Inszenierung: Franz Xaver Zach
Herr Karl: Franz Xaver Zach

Premiere: 06. April 1995, Falstaff-Foyer

Rose und Regen, Schwert und Wunde
Ein Sommernachtstraum von William Shakespeare, deutsch von Erich Fried
Eine Strichfassung für das Theater der Jugend, München, von Beat Fäh

Inszenierung: Rosee Riggs | Ausstattung: Moritz Schröder | Musik: Michael Barfuß | Dramaturgie: Helmut Postel

Lysander, ein junger Herr: Albert Bork | Demetrius, ein junger Herr: Martin Skoda | Hermia, verliebt in Lysander / Elfe: Jacqueline Roussety | Helena, verliebt in Demetrius / Egeus: Nicole Marischka | Puck, ein Gnom / Theseus: Jeffrey R. Zach

Premiere: 28. April 1995, Großes Haus
Fotos: Edda Treuberg

Der 8. Mai 1945/1995

Leitung: Helmut Postel / Michael Jezierny

Mit Kornelia Lüdorff, Anke Schubert, Rolf Mautz, Rolf Rüth, Helmut Postel von der TheaterSpielWerkstatt: Rebecca Janssen, Nadia Riggio, Dominika Szymanska, André Faberski, Christoph Maaß

Premiere: 08. Mai 1995, Falstaff-Foyer

Trüffel
von Jens Roselt
Uraufführung

Inszenierung: Peter Seuwen | Bühne: Pia Maria Mackert | Kostüme: Karoline Markwart-Homola | Choreographie: Andreas Paesler | Dramaturgie: Rolf Rüth

Stefan: René Schnoz | Petra: Sabine Weithöner | Ihr Freund: Neven Nöthig | Andreas: Hans Matthias Fuchs | Holger: Yorck Dippe | Joachim: Frank Wickermann | Anke: Monika Praxmarer | Cordula: Kornelia Lüdorff | Mutter: Gisela Storck | Vater: Dieter Oberholz | Ein Mann: Yorck Dippe | Türke: Reinhard Bartneck | Stimme des DJ: Jeffrey R. Zach

Premiere: 20. Mai 1995, Ebertbad
Fotos: Rudolf Holtappel

Der Tartuffe
Komödie von Molière
Deutsch von Simon Werle

Inszenierung: Johannes Lepper | Bühne: Robert Ebeling | Kostüme: Ariane Salzbrunn | Dramaturgie: Erinnya Wolf

Madame Pernelle, Mutter des Orogon: Susanne Bredehöft | Orgon, Ehemann der Elmire: Hartmut Stanke | Elmire, Ehefrau des Orgon: Stephanie Lang | Damis, Sohn des Orgon: Albert Bork | Marianne, Tochter des Orgon: Anna Polke | Valère, in Marianne verliebt: Felix Vörtler | Cléante, Schwager des Orgon: Günter Alt | Tartuffe: Rolf Mautz | Dorine, Zofe der Marianne: Elenor Holder | Monsieur Loyal, Gerichtsvollzieher: Andrea Bettini | Ludwig XIV.: Andrea Bettini | Babette, Dienstmädchen: Sabrina Kristina Matziesz | Der kleine Papst: Holger Matziesz

Premiere: 02. Juni 1995, Großes Haus
Fotos: Rudolf Holtappel

Aber reden wir nicht über das Wetter

Leitung: Imke Baumann

Mit Albert Bork, Felix Vörtler, Jeffrey R. Zach

Premiere: 20. Juni 1995, Falstaff-Foyer

Der Herzausreißer
Eine theatrale Aktion im Paternoster

Inszenierung: Sonja Weber | Musikalische Leitung: Michael Barfuß | Ausstattung: Stefanie Stuhldreier | Kostüme: Dagmar Fabisch

Gesungen und gesprochen von: Susanne Bredehöft, Anna Polke, Mohammad-Ali Behboudi, Rolf Mautz, Andrea Bettini, Thomas Müller, Germain Wagner, Felix Vörtler, Gast aus Paris: Alain Ouvrieu

Premiere: 22. Juni 1995, Rathaus Oberhausen

In den Augen eines Fremden
12 Szenen von Wolfgang Maria Bauer
Szenische Lesung

Leitung: Hans Matthias Fuchs | Musik: Ralf Bazzanella | Kostüme: Dagmar Fabisch | Bühne: Heinz Rolofs | Licht: Gunter Elsasser | Dramaturgie: Stephanie Gräve / Helmut Postel

Gespielt und gelesen von: Gratia: Susanne Bredehöft | Vera: Sabine Weithöner | Daniel: Hans Matthias Fuchs | Sebastian: Neven Nöthig | Portier: Gerhard Fehn | Pinon: Klaus Peter Wilhelm

Premiere: 04. Juli 1995, Zentrum Altenberg

Zuguterletzt: Das, was bleibt!

Sabine Maria Reiß in „Die Laufmasche",
von Andrea Bettini u.a.,
Premiere am15. September 1995 im Großen Haus

Das Ensemble in „Der Berg ruft.
Eine Reise ins Herz des Reviers" von Ulrich Greb,
Premiere am 16. September 1995
auf der Halde Haniel in Bottrop

Anna Polke in „Laut und Luise",
ein Klangspiel nach Ernst Jandl,
Premiere am 29. September 1995 im
Gasometer Oberhausen

Carolin Weber, Anna Polke und Kornelia Lüdorff
in „Der jüngste Tag" von Ödön von Horváth,
Premiere am 27. Oktober 1995 im Großen Haus

1995/96

Die Laufmasche
Wehe, wenn sie losgelassen...
Eine theatralische Filmrevue zum 75jährigen Jubiläum des Theaters Oberhausen von Andrea Bettini, Rolf Rüth und Peter Seuwen

Inszenierung: Peter Seuwen | Musikalische Leitung: Peter Friemer | Choreographie: Andreas Paesler | Bühne: Manfred Breitenfellner | Kostüme: Karoline Markwart-Homola | Dramaturgie: Rolf Rüth

Horst Gamp: Andrea Bettini | Showgirl / Des Monsters Opfer / Audrey / Ingrid Bergmann / "Bastrock" / Kaktus-Indianer / Gisela / Hippie / Lt. Uhura: Stella-Maria Adorf | Showgirl / Bäuerin / Die Marilyn / Heidi / Jane / Bond-Girl / Hippie / Mrs. Chapel: Sabine Maria Reiß | Frankensteins Monster / Mutter Bates / 3. Elvis / Der Marilyn / "Bastrock" / Cowboy / Hippie / Batman : Günter Alt | Chaplin / Bauer / 1.Elvis / Geißenpeter / Tarzan / Kaktus-Indianer / Hippie / Peter Fonda / Scottie: Albert Bork | Mafioso / Bauer / Der Marilyn / Bogart / „Bastrock" / Bond / Hippie / Hopper / Superman: Yorck Dippe | Bates / 2.Elvis / Der Marilyn / Cheatah / Cowboy / Hippie / Spock: Jeffrey R. Zach
Musiker: Klavier und Keybords: Peter Friemer | Saxes, Harp, Akk., Perc.: Ralf Bazzanella | E-Gitarre, A-Gitarre, Perc.: Rüdiger Nass | Bass: Manfred Miketta | Schlagzeug: Stefan Lammert

Premiere: 15. September 1995, Großes Haus
Fotos: Dominique Ecken

Der Berg ruft
Eine Reise ins Herz des Reviers

Textfassung und Inszenierung: Ulrich Greb | Bühne: Renato Uz | Kostüme: Elisabeth-Maria Strauß | Dramaturgie: Rolf Rüth und Stephanie Gräve

Karl Rossmann 1: Matthias Brandt | Karl Rossmann 2: Lutz Zeidler | Hostess 1 (Fanny) / Königin 1 / Eine Dame: Barbara Wachendorff | Hostess 2 / Königin 2 / Krankenschwester 1: Karin Klein | Hostess 3 / Königin 3 / Krankenschwester 2: Theresa Berlage | Führer der 10ten Werbetruppe: Thomas Marx | Torbern: Volkert Matzen | Märchenerzählerin, Amor, Chirurg: Susanne Bredehöft

Akkordeonorchester Beckmann
unter der Leitung von Herrn Beckmann
Knappenchor Oberhausen-Osterfeld
unter der Leitung von Herrn Eichholz

Premiere: 16. September 1995, Halde Haniel Bottrop
Fotos: Rudolf Holtappel, Christian Nielinger

Was ihr wollt oder Zwölfte Nacht
von William Shakespeare
Deutsch von Reinhard Palm

Inszenierung: Klaus Weise | Bühnenbild: Martin Kukulies | Kostüme: Dorothea Wimmer | Musik: Michael Barfuß | Dramaturgie: Reinhard Palm | Lichtgestaltung: Kurt Janser

Orsino, Herzog von Illyrien: Lorenz Claussen | Sebastian, Zwillingsbruder Violas: Karl Spoerri | Curio, im Dienste Orsinos: D.W. Riefenstein | Sir Toby Rülp, ein Verwandter Olivias: Mathias Gnädinger | Sir Andrew Bleichenwang: Ludwig Boettger | Malvolio, Haushofmeister Olivias: Germain Wagner | Feste, ein Narr: Oswald Fuchs | Olivia, eine reiche Gräfin: Katharina von Bock | Viola, Zwillingsschwester Sebastians: Christiana Krüger | Maria, Kammerfrau Olivias: Anke Schubert

Schauspielhaus Zürich zu Gast am Theater Oberhausen

Premiere: 21. September 1995, Großes Haus

Laut und Luise
Ein Klangspiel nach Ernst Jandl

Regie und Konzept: Sonja Weber & Erinnya Wolf | Bühne: Heinz Rolofs | Kostüme: Sigrid Trebing | Musik: Ralf Bazzanella (sax) | Matthias Dornhege (tub)

Mit Stella-Maria Adorf, Anna Polke, Gerhard Fehn, Felix Vörtler, Jeffrey R. Zach

Premiere: 29. September 1995, Gasometer Oberhausen
Fotos: Sonja Rothweiler

Der jüngste Tag
Schauspiel in sieben Bildern
von Ödön von Horváth

Inszenierung: Lore Stefanek | Bühne: Martin Kukulies | Kostüme: Stephanie Geiger | Musik: Michael Barfuß | Dramaturgie: Helmut Postel

Thomas Hudetz, Stationsvorstand: Franz Xaver Zach | Frau Hudetz: Tanja von Oertzen | Alfons, ihr Bruder, Drogeriebesitzer: Rolf Mautz | Der Wirt zum „Wilden Mann": Gerhard Fehn | Anna, seine Tochter: Carolin Weber | Ferdinand, deren Bräutigam, ein Fleischhauer von auswärts: Tobias Randel | Leni, Kellnerin beim „Wilden Mann": Kornelia Lüdorff | Frau Leimgruber: Anna Polke | Waldarbeiter / Gendarm: Felix Vörtler | Kohut, ein Heizer / Pokorny ein seliger Lokomotivführer / Gast: Nikol Voigtländer | Vertreter / Staatsanwalt: Hartmut Stanke | Kommissar / Streckengeher: Dieter Oberholz | Kriminaler: Frank Wickermann | ein Kind: Joanna Scheh | Polizist: Giorgio Usai | Akkordeonspieler: André Faberski | Der Schäferhund Mek trainiert von: Giorgio Usai

Premiere: 27. Oktober 1995, Großes Haus
Fotos: Rudolf Holtappel

Die Welt steht auf kein' Fall mehr lang
Lieder und Lesungen zu „Der jüngste Tag"

Inszenierung: Helmut Postel

Mit Kornelia Lüdorff, Anna Polke, Gerhard Fehn, Rolf Mautz, Dieter Oberholz, Tobias Randel, Hartmut Stanke, Franz Xaver Zach

Premiere: 31. Oktober 1995, Falstaff-Foyer

Zuguterletzt: Das, was bleibt!

Das Ensemble in „Ronja Räubertochter" nach Astrid Lindgren von Barbara Hass, Premiere am 17. November 1995 im Großen Haus

Rolf Mautz und Günter Alt in „Endspiel" von Samuel Beckett, Premiere am 16. Dezember 1995 im Gasometer Oberhausen

Frank Wickermann und Carolin Weber in „Der Streit" von Pierre Carlet de Marivaux, Premiere am 30. Dezember 1995 im Großen Haus

Sabine Maria Reiß, Frank Büssing, Susanne Bredehöft und Franz Xaver Zach in „Die ewige Maria" von Roland Schimmelpfennig, Premiere am 27. Januar 1996 im Studio 99

Karussell, Karussell
von Lisa Wilczok
Uraufführung

Regie: Erinnya Wolf | Musik: Ralf Bazzanella | Bühne: Heinz Rolofs | Kostüme: Stephanie Stuhldreier | Digital Operator: Many Miketta | Off-Stimmen: Gisela Storck

Schauspielerin / Alkestis: Gisela Storck

Premiere: 07. November 1995, Studio 99

Ronja Räubertochter
nach dem Buch von Astrid Lindgren
von Barbara Hass

Inszenierung: Thomas Goritzki | Ausstattung: Cornelia Adis | Musik: Michael Barfuß, Christian Poffo (Keyboard) | Dramaturgie: Helmut Postel

Ronja Räubertochter: Myriam Schröder | Mattis, Ronjas Vater: Jeffrey R. Zach | Lovis, Ronjas Mutter: Sabine Maria Reiß | Birk, Räubersohn: Albert Bork | Borka, Birks Vater: Yorck Dippe | Undis, Birks Mutter: Gisela Storck | Pelle: Rudolf Schlager | Malle: Hans-Jörg Hatje | Kleinklipp: Kay Bohlen | Glatzenper: Frank Smilgies | Rumpelwichte: Kay Bohlen, Hans-Jörg Hatje, Rudolf Schlager, Graugnomen: Kay Bohlen, Yorck Dippe, Hans-Jörg Hatje, Rudolf Schlager, Frank Smilgies | Wilddruden: Gisela Storck, Kay Bohlen, Hans-Jörg Hatje | Plitzplötz: Yorck Dippe | Möre: Rudolf Schlager | Borkaräuber: Wolfgang Gockel

Premiere: 17. November 1995, Großes Haus
Fotos: Christian Nielinger

„Eine Gemeinschaft, die dahingegangen ist..."
Eine dialogische Lesung aus Koran und Bibel

Leitung und Regie: Mohammad-Ali Behboudi unter Mitarbeit von Elke Kuhn und Michael Kühne | Musik: Michael Barfuß | Raumgestaltung: Stefanie Stuhldreier | Kostüme: Sigrid Trebing

Gesungen, gespielt und gelesen von: Mohammad-Ali Behboudi, Michael Kühne, Rolf Mautz, Anna Polke, Hartmut Stanke

Am: 21. November 1995, Falstaff-Foyer

Ende Happy
Lieder und Texte zum Welt - Aids -Tag

Leitung: Carolin Weber und Erinnya Wolf

Mit Stella-Maria Adorf, Susanne Bredehöft, Kornelia Lüdorff, Anna Polke, Sabine Maria Reiß, Carolin Weber, Erinnya Wolf, Günter Alt, Michael Barfuß, Mohammad-Ali Behboudi, Albert Bork, Yorck Dippe, Gerhard Fehn, Peter Friemer, Jürgen Korkesch, Rolf Mautz, Thomas Müller, Helmut Postel, Tobias Randel, Rolf Rüth, Felix Vörtler, Klaus Weise, Frank Wickermann, Jeffrey R. Zach, Franz Xaver Zach

Am: 01. Dezember 1995, Falstaff-Foyer

Endspiel
von Samuel Beckett

Regie: Klaus Weise | Klangkonzept: Michael Barfuß | Raumkonzept: Klaus Weise, Heinz Rolofs | Kostüme: Ariane Salzbrunn | Dramaturgie: Erinnya Wolf

Nagg: Hartmut Stanke | Nell: Stella-Maria Adorf | Hamm: Günter Alt | Clov: Rolf Mautz

Premiere: 16. Dezember 1995, Gasometer Oberhausen
Fotos: Christian Nielinger

Der Streit
Komödie von Marivaux

Inszenierung: Johannes Lepper | Bühne: Martin Kukulies | Kostüme: Ariane Salzbrunn | Dramaturgie: Helmut Postel

Hermiane: Sabine Wegmann | Der Prinz: Andrea Bettini | Mesrou: Mohammad-Ali Behboudi | Carise: Anna Polke | Egle: Carolin Weber | Azor: Frank Wickermann | Adine: Kornelia Lüdorff | Mesrin: Tobias Randel

Premiere: 30. Dezember 1995, Großes Haus
Fotos: Dominique Ecken

Polizeirevier OB-Mitte
Eine Trash-Revue

Konzept: Felix Vörtler | Bühne: Heinz Rolofs | Kostüme: Sigrid Trebing

Gerhard Gockel, POK: Frank Wickermann | Dieter Dippe, PK: Yorck Dippe | Mike Meyer, PM: Jeffrey R. Zach | Willy Wunder, PHW: Felix Vörtler | Prostituierte: Susanne Bredehöft | Traumweib: Sabine Maria Reiß | Penner: Helmut Postel | Musiker: Ralf Bazzanella | Putzfrau: Andrea Bettini

Premiere: 06. Januar 1996, Großes Haus
Fotos: Rudolf Holtappel, Birgit Steinmetz

Die ewige Maria
von Roland Schimmelpfennig
Uraufführung

Inszenierung: Volker Schmalöer | Bühne und Kostüme: Ulrike Obermüller | Dramaturgie: Rolf Rüth

Karl: Felix Vörtler | Maria: Sabine Maria Reiß | Onkel: Franz Xaver Zach | Hans: Frank Büssing | Eva: Susanne Bredehöft | Franz: Gerhard Fehn | Fritz: Jeffrey R. Zach | Ein Junge: Thomas Vierjahn / Peter Derks | Mutter des Jungen: Gisela Storck | Vater des Jungen: Hartmut Stanke

Premiere: 27. Januar 1996, Studio 99
Fotos: Rudolf Holtappel

Wie es bleibt, ist es nicht
Heiner-Müller-Lesung

Mit Albert Bork, Rolf Mautz, Helmut Postel, Tobias Randel, Hartmut Stanke

Premiere: 13. Februar 1996, Falstaff-Foyer

Zuguterletzt: Das, was bleibt!

Susanne Bredehöft, Carolin Weber, Stella-Maria Adorf, Kornelia Lüdorff und Sabine Maria Reiß in „Lala-Ein Hurenabend" mit Liedern von Weill und Gedichten von Brecht, Premiere am 25. Februar 1996 im Falstaff-Foyer

Franz Xaver Zach, Gerhard Fehn, Juana Sudario, Tobias Randel und Günther Delarue in „Hexenjagd" von Arthur Miller, Premiere am 12. April 1996 im Großen Haus

Carolin Weber und Frank Wickermann in „Sonne, Mond und Sterne" von Paula Bettina Mader, Premiere am 18. April 1996 im Studio 99

Tobias Randel und Susanne Bredehöft in „Mutters Courage" von George Tabori, Premiere am 31. Mai 1996 im Zinklager Zentrum Altenberg Oberhausen

Lala - Ein Hurenabend
Lieder von Weill - Gedichte von Brecht

Regie und Musikalische Leitung: Michael Barfuß | Bühne: Stefanie Stuhldreier | Kostüme: Sigrid Trebing

Das Ensemble: Stella-Maria Adorf, Susanne Bredehöft, Kornelia Lüdorff, Sabine Maria Reiß, Carolin Weber

Premiere: 25. Februar 1996, Falstaff-Foyer

Dead Funny
von Terry Johnson
Oberhausener Fassung nach der Übersetzung von Angela Kingsford Röhl
Deutsche Erstaufführung

Inszenierung: Klaus Weise | Ausstattung: Manfred Blößer | Dramaturgie: Erinnya Wolf

Leonor: Tanja von Oertzen | Richard: Andrea Bettini | Erich: Günter Alt | Lisa: Kornelia Lüdorff | Nick: Yorck Dippe

Premiere: 01. März 1996, Großes Haus
Fotos: Sonja Rothweiler

Lederfresse (mit der wrrommm Kettensäge)
Tour de Farce von Helmut Krausser

Inszenierung: Mohammad-Ali Behboudi | Bühne: Stefanie Stuhldreier | Kostüme: Sigrid Trebing | Dramaturgie: Stella-Maria Adorf & Stephanie Gräve

Er, ein junger Mann: Albert Bork | Sie, eine junge Frau: Carolin Weber

Eine Koproduktion mit Welt-Theater Oberhausen

Premiere: 28. Februar 1996 Quagadougou, Bukina Faso, Afrika / 23. März 1996 Oberhausen, Studio 99
Fotos: Rudolf Holtappel

Hexenjagd
von Arthur Miller
Deutsch von Hannelene Limpach und Dietrich Hilsdorf

Inszenierung: Rosee Riggs | Bühne: Moritz Schröder | Kostüme: Jessica Karge | Musik: Michael Barfuß | Dramaturgie: Rolf Rüth

Betty Parris: Monika Praxmarer | Samuel Parris: Franz Xaver Zach | Tituba: Juana Sudario | Abigail Williams: Simone Kabst | Susanna Walcott: Perpetua Keller | Ann Putnam: Anna Polke | Thomas Putnam: Gerhard Fehn | Mercy Lewis: Myriam Schröder | Mary Warren: Stella-Maria Adorf | John Proctor: Jeffrey R. Zach | Rebecca Nurse: Gisela Storck | Giles Corey: Günther Delarue | John Hale: Tobias Randel | Elizabeth Proctor: Sabine Maria Reiß | Ezekiel Cheever: Felix Vörtler | Danforth: Hartmut Stanke

Premiere: 12. April 1996, Großes Haus
Fotos: Dominique Ecken

Sonne, Mond & Sterne
Ein Theaterstück für Kinder ab 4 Jahren
von Paula Bettina Mader

Regie: Barry L. Goldman | Bühne und Kostüme: Stefanie Stuhldreier & Sigrid Trebing

Sonne: Carolin Weber | Mond: Frank Wickermann

Premiere: 18. April 1996, Studio 99
Fotos: Matthias Jung

Blut
von Lars Norén
aus dem Schwedischen übertragen von Angelika Gundlach
Deutsche Erstaufführung

Inszenierung: Klaus Weise | Ausstattung: Manfred Blößer & Vibeke Andersen | Musik-Einrichtung: Michael Barfuß | Dramaturgie: Erinnya Wolf

Rosa: Tanja von Oertzen | Eric: Rolf Mautz | Luca: Albert Bork | Die Interviewerin (Madeleine Hirsch): Anna Polke

Premiere: 10. Mai 1996, Großes Haus
Fotos: Christian Nielinger

Mutters Courage
von George Tabori
Deutsch von Ursula Grützmacher-Tabori

Inszenierung: Franz Xaver Zach, Helmut Postel | Ausstattung: Ariane Salzbrunn | Musik: Michael Barfuß, Ladislaus Kozak | Dramaturgie: Stephanie Gräve

Sohn: Tobias Randel | Mutter: Susanne Bredehöft | 1. Polizist Klapka: Yorck Dippe | 2. Polizist Iglodi: Frank Wickermann | Deutscher Offizier: Felix Vörtler | Liebhaber / Kelemen: Jeffrey R. Zach | Rotzgesicht: Frank Wickermann | Soldat: Yorck Dippe | Onkel Julius: Günter Alt | Martha: Kornelia Lüdorff | Die Csibotniks: Kornelia Lüdorff, Günter Alt, Felix Vörtler | Stehgeiger: Ladislaus Kozak

Premiere: 31. Mai 1996, Zinklager Zentrum Altenberg Oberhausen
Fotos: Rudolf Holtappel

Die Mausefalle
von Agatha Christi

Leitung: Anna Polke | Musik: Michael Barfuß | Ausstattung: Stefanie Stuhldreier und Katharina Kämper
Mit Günter Alt, Andrea Bettini, Stephanie Lang, Andreas Rasche, Stephanie Überall, Sabine Wegmann u. a.

Premiere: 21. Juni 1996, Falstaff-Foyer

Simone Kabst, Kornelia Lüdorff, Günter Alt, Frank Wickermann und Felix Vörtler in „Lilliom" von Franz Molnár, Premiere am 27. September 1996 im Großen Haus

Kornelia Lüdorff, Stella-Maria Adorf und Sabine Maria Reiß in „Waidmannsheil und Sugarbaby" von Klaus Weise, Premiere am 3. Oktober 1996 im Großen Haus

Yorck Dippe und Carolin Weber in „Romeo und Julia" von William Shakespeare, Premiere am 25. Oktober 1996 im Großen Haus

Simone Kabst, Mohammad-Ali Behboudi und Tomas Luamba in „Die Bremer Stadtmusikanten", Märchen nach den Gebrüdern Grimm von Peter Ensikat, Premiere am 15. November 1996 im Großen Haus

1996/97

Liliom
Eine Vorstadt-Legende von Franz Molnàr
Neue Bearbeitung von Jost Krüger (Dortmund)
nach einer Idee von Klaus Weise

Inszenierung: Klaus Weise | Bühnenbild: Martin Kukulies | Kostüme: Annette Wolters | Musik: Michael Barfuß | Choreographie: Andreas Paesler, Katja Buhl | Dramaturgie: Helmut Postel

Liliom, Kirmes-Ansager und Kartenkontrolleur: Felix Vörtler | Julie, Haus- und Putzmädchen: Simone Kabst | Marie, Haus- und Putzmädchen: Stella-Maria Adorf | Luise, ein gewünschtes Kind: Rebecca Janssen / Johanna Raasch | Frau Muschkat, Karussell-Unternehmerin: Kornelia Lüdorff | Alfons Fischbad, Beschaffungsfachmann: Frank Wickermann | Dieter Hollunder, Fotograf: Günter Alt | Wolf Beifeld, Maries große Liebe: Tobias Randel | Nille, Friseurmeister, Julies Bewunderer / Stefan Kadar / Berkowitsch / 1. Polizist: Hartmut Stanke | Linzmann, Kassierer / Dr. Reich / Polizist aus Hamborn: Arved Birnbaum | Himmlischer Polizei-Schreiber / Polizeiarzt / Italienischer Arbeiter: Andrea Bettini | Einsatzleiter / 2. Polizist / 1. Abfahrer: Dieter Oberholz | 2. Abfahrer: Günther Bergmann

Premiere 27. September 1996, Großes Haus
Fotos: Rudolf Holtappel

Robinson & Crusoe
von Nino d'Introna und Giacomo Ravicchio
Deutsch von Herta Conrad

Inszenierung: Taygun Nowbary | Bühne: Heinz Rolofs | Kostüme: Sigrid Trebing | Dramaturgie: Rolf Rüth

Erster Mann: Albert Bork | Zweiter Mann: Mohammad-Ali Behboudi

Premiere: 29. September 1996, Studio 99
Fotos: Matthias Jung

Waidmannsheil und Sugarbaby
(Liliom unplugged)
Textzusammenstellung: Michael Barfuß, Helmut Postel, Klaus Weise

Regie: Klaus Weise | Musikalische Leitung und Arrangements: Michael Barfuß | Choreographie: Andreas Paesler, Katja Buhl | Bühne: Martin Kukulies | Kostüme: Annette Wolters

Ensemble: Stella-Maria Adorf, Kornelia Lüdorff, Simone Kabst, Sabine Maria Reiß, Günter Alt, Andrea Bettini, Arved Birnbaum, Dieter Oberholz, Tobias Randel, Felix Vörtler, Frank Wickermann
Band: Michael Barfuß (p), Manfred Miketta (b), Rüdiger Nass (git), Jörg Seyffarth (dr)

Premiere: 03. Oktober 1996, Großes Haus
Fotos: Rudolf Holtappel

Romeo und Julia
von William Shakespeare
in deutsche Verse übertragen von Frank Günther

Inszenierung: Thomas Goritzki | Bühnenbild: Cornelia Adis | Kostüme: Karoline Markwart-Homola | Musik: Olaf Scherf | Kampfszenen: Klaus Figge | Dramaturgie: Erinnya Wolf

Fürst Escalus von Verona / Paris: Volkert Matzen | Mercutio / uralter Montagu: Frank Smilgies | Montagu: Lothar Parakenings | Lady Montagu: Gisela Storck | Romeo, ihr Sohn: Yorck Dippe | Benvolio: Jean-Michel Räber | Capulet: Rolf Mautz | Lady Capulet: Anna Polke | Julia, ihre Tochter: Carolin Weber | Tybalt, ihr Neffe: Albert Bork | Julias Amme: Susanne Bredehöft | The Player / Peter / Abram / Balthasar / Bratpfanne / Apotheker / Bruder Johannes: Yvonne Devrient | Bruder Lorenzo / uralter Capulet: Jeffrey R. Zach | Simson / Diener / Musiker: Hans-Jörg Hatje | Gregor / Diener / Musiker: Harald Koch | Rosalinde: Ramona Dorschel

Premiere: 25. Oktober 1996, Großes Haus
Fotos: Christian Nielinger

Der Weg ins Freie
Lesung zum 9. November

Leitung: Helmut Postel
Mit Manuela Alphons, Rolf Mautz, Hartmut Stanke

Am: 09. November 1996, Falstaff-Foyer

Caffe Poetico
Texte von Tonino Guerra

Leitung: Andrea Bettini | Musik: Ralf Bazzanella in Zusammenarbeit mit dem von Thomas Pieperhoff geleiteten Instrumentalkreis des ND-Jugendzentrums Dinslaken | Ausstattung: Eva Kull

Mit Andrea Bettini

Premiere: 14. November 1996, K 14
Fotos: Rudolf Holtappel

Die Bremer Stadtmusikanten
von Peter Ensikat
Märchen nach den Gebrüdern Grimm
Musik von Michael Barfuß

Inszenierung: Rosee Riggs | Ausstattung: Moritz Schröder | Musikalische Leitung: Michael Barfuß | Dramaturgie: Helmut Postel

Esel: Erol Ünsalan | Hund: Frank Wickermann | Katze: Stella-Maria Adorf | Hahn: Mark Weigel | Laufweg / Bauer: Tomas Luamba | Schlagzu / Erzähler: Mohammad-Ali Behboudi | Denknach / Bäuerin: Simone Kabst
Am Keyboard: Christian Poffo

Premiere: 15. November 1996, Großes Haus
Fotos: Rudolf Holtappel

Zuguterletzt: Das, was bleibt!

Rolf Mautz und Carolin Weber in „Bus Stop" von William Inge, Premiere am 3. Januar 1997 im Großen Haus

Yorck Dippe, Manuela Alphons und Carolin Weber in „Die Touristen" von Elfriede Müller, Premiere am 28. Februar 1997 im Großen Haus

Anna Polke, Stella-Maria Adorf und Kornelia Lüdorff in „Rot Blau Schwarz Grau" von Wolfgang Mennel, Premiere am 6. März 1997 im Studio 99

Tomas Luamba, Albert Bork und Tobias Randel in „Die Räuber" von Friedrich Schiller, Premiere am 11. April 1997 im Großen Haus

(Underworld):Trainspotting
Lesung aus dem Roman "Trainspotting" von Irvine Welsh

Mit Stella-Maria Adorf, Albert Bork, Tomas Luamba, Kornelia Lüdorff, Anna Polke

Am: 28. November 1996, Unterbühne

Barfuß nackt Herz in der Hand
Monolog eines Gastarbeiters von Ali Jalaly

Szenische Einrichtung: Thomas Goritzki | Bühne: Eva Kull | Kostüme: Sigrid Trebing | Dramaturgie: Erinnya Wolf | Licht: Vincent Ventelou

Mit Mohammad-Ali Behboudi

Eine Produktion von Theater Oberhausen und „Welttheater"

Premiere: 29. Dezember 1996, Falstaff-Foyer
Fotos: Rudolf Holtappel

Bus Stop
Eine Romanze von William Inge
Deutsch von Willy H. Thiem

Inszenierung: Klaus Weise | Bühnenbild und Kostüme: Manfred Blößer | Musikalische Einstudierung: Michael Barfuß | Dramaturgie: Rolf Rüth | Kampfszenen: Klaus Figge

Elma Duckworth, eine Kellnerin: Carolin Weber | Grace Hoyland, Inhaberin eines Restaurants: Anna Polke | Will Masterson, Sheriff: Gerhard Fehn | Cherie, Jazz-Sängerin: Kornelia Lüdorff | Carl, Autobus-Chauffeur: Jeffrey R. Zach | Dr. Gerald Lyman, ein ehemaliger College-Professor: Rolf Mautz | Virgil Blessing, ein Landarbeiter: Günter Alt | Bo Decker, ein junger Farmer und Cowboy: Tobias Randel

Premiere: 03. Januar 1997, Großes Haus
Fotos: Rudolf Holtappel

Sid und Nancy
ein Junkiemärchen von Ben Becker
Ella und El
ein Duell der Worte von Chris Ohnemus
Uraufführung

Inszenierung: Stefan Otteni | Ausstattung: Ariane Salzbrunn | Kämpfe: Klaus Figge | Dramaturgie: Stephanie Gräve

Sid: Hartmut Stanke | Nancy: Susanne Bredehöft | Ella: Sabine Maria Reiß | El: Andrea Bettini | Das Mädchen: Maja Grünwald / Katharina Adams | Der Junge: Daniele Cicero / Sascha Schmitz

Premiere: 05. Januar 1997, Studio 99
Fotos: Christian Nielinger

Aus dem Gedächtnis meines Vaters
Lesung anlässlich des Tages der Opfer des Naziregimes

Leitung: Helmut Postel
Mit Tobias Randel, Hartmut Stanke

Am: 27. Januar 1997, Falstaff-Foyer

Die Touristen
von Elfriede Müller
Uraufführung der Originalfassung

Inszenierung: Klaus Weise | Ausstattung: Manfred Blößer | Musikalische Einrichtung: Michael Barfuß | Dramaturgie: Erinnya Wolf

Timo Schraan: Yorck Dippe | Isabelle Liebster: Carolin Weber | Günter Plitt: Rolf Mautz | Gisela Plitt: Manuela Alphons | Rudolph Krause: Hartmut Stanke | Rosel Krause: Heide Simon | Travel: Felix Vörtler | Strandgast: Nina V. Vodop' yanova

Premiere: 28. Februar 1997, Großes Haus
Fotos: Christian Nielinger

Rot Blau Schwarz Grau
Kinderstück von Wolfgang Mennel

Inszenierung: Barry L. Goldman | Ausstattung: Pia Maria Mackert | Mitarbeit Bühne: Heinz Rolofs | Mitarbeit Kostüme: Sigrid Trebing | Musik: Michael Barfuß | Dramaturgie: Stephanie Gräve

Rot: Kornelia Lüdorff | Blau: Stella-Maria Adorf | Schwarz: Anna Polke | Grau: Simone Kabst

Premiere: 06. März 1997, Studio 99
Fotos: Christian Nielinger

Bewußt Reisen
Im Magic Bus durchs autonome Territorium

Inszenierung: Agentenkollektiv Friedhelm Schrooten / Robert Bosshard

Fahrer: Friedhelm Schrooten | Reiseleiter: Robert Bosshard | Hostesse: Simone Kabst

Premiere: 15. März 1997, Falstaff-Foyer

Sächsische Klassiker
Weltliteratur von Lene Voigt

Von und mit Simone Kabst und Arved Birnbaum

Premiere: 08. April 1997, Falstaff-Foyer

Zuguterletzt: Das, was bleibt!

Volkert Matzen, Felix Vörtler und Stella-Maria Adorf in „Nora. Ein Puppenheim" von Henrik Ibsen, Premiere am 23. Mai 1997 im Großen Haus

Sabine Wegmann, Frank Wickermann und Sabine Maria Reiß in „Happiness is a warm gun" von Johannes Lepper, Premiere am 29. Mai 1997 auf der Hinterbühne

Gerhard Fehn und Theresa Berlage in „An der schönen blauen Emscher" von Ulrich Greb, Premiere am 13. und 14. Juni 1997 im Klärwerk Emschermündung Dinslaken

Simone Kabst in „Die Eisprinzessin", von F.K. Waechter, Premiere am 6. September 1997 im Falstaff-Foyer

Die Räuber
Ein Schauspiel von Friedrich Schiller

Inszenierung: Johannes Lepper | Bühnenbild: Martin Kukulies | Kostüme: Katharina Weissenborn | Musik: Ensemble | Dramaturgie: Helmut Postel

Maximilian, regierender Graf von Moor: Otto Schnelling | Karl Moor: Andrea Bettini | Franz Moor: Günter Alt | Amalia von Edelreich: Sabine Maria Reiß | Spiegelberg: Jeffrey R. Zach | Schweizer: Tobias Randel | Schwarz: Mohammad-Ali Behboudi | Razmann: Tomas Luamba | Schufterle / Hermann: Frank Wickermann | Roller / Kosinsky: Albert Bork | Daniel: Dieter Oberholz | Pater: Gerhard Fehn | Räuber / Feuerwehrmann: Andreas Ringel

Premiere: 11. April 1997, Großes Haus
Fotos: Christian Nielinger

Nora. Ein Puppenheim
von Henrik Ibsen
Deutsch von Heiner Gimmler

Inszenierung: Rosee Riggs | Bühne: Manfred Blößer | Kostüme: Irmgard Kersting | Choreographie: Bennie Voorhaar | Musikalische Einstudierung: Michael Barfuß | Dramaturgie: Erinnya Wolf

Torvald Helmer: Felix Vörtler | Nora, seine Frau: Stella-Maria Adorf | Doktor Rank: Volkert Matzen | Frau Linde: Anna Polke | Krogstad: Yorck Dippe | Anne-Marie: Nina V. Vodop'yanova

Premiere: 23. Mai 1997, Großes Haus
Fotos: Rudolf Holtappel

Happiness is a warm gun
Idee: Johannes Lepper

Inszenierung: Johannes Lepper | Bühne: Heinz Rolofs | Kostüme: Dagmar Fabisch | Musik: Michael Barfuß | Dramaturgie: Stephanie Gräve

Queen 1: Simone Kabst | Queen 2: Sabine Maria Reiß | Queen 3: Sabine Wegmann | Mr. Red: Albert Bork | Mr. Blue: Tobias Randel | Mr. White: Frank Wickermann | Mr. Grey: Jeffrey R. Zach | Special Guest Slightly Colightly: Thomas Müller | (Ne tirez pas sur) Le Pianiste: Michael Barfuß

Premiere: 29. Mai 1997, Hinterbühne
Fotos: Christian Nielinger

Schlafen kann ich, wenn ich tot bin
Zum 15. Todestag: Texte von Fassbinder, Texte über Fassbinder

Leitung: Stella-Maria Adorf und Stephanie Gräve
Mit Stella-Maria Adorf, Stephanie Gräve, Kornelia Lüdorff, Anna Polke, Albert Bork, Tomas Luamba

Am: 10. Juni 1997, Innenhof

An der schönen blauen Emscher
Eine Reise in den Bauch des Reviers

Texte: Dante Alighieri, Leonardo da Vinci, Goethe, H. Medicus, F. de la Motte-Fouqué, G.A. Bécquer, H. von Meißen, J. v. Eichendorff, O. Wilde, Ovid, Hölderlin, Ibsen, Novalis, S. Kneipp, U. Greb u.a.

Idee, Textfassung, Inszenierung: Ulrich Greb | Raum: Gerhard Benz | Kostüme: Elisabeth-Maria Strauß | Musikalische Leitung: Markus Lüdke | Dramaturgie: Rolf Rüth

Klärmeister: Susanne Bredehöft | Wagner 1: Andrea Bettini | Wagner 2: Rolf Mautz | Zauberer / Koch: Gerhard Fehn | Klärassistent 1 (Stockmann): Hartmut Stanke | Kühleborn: Neven Nöthig | Melusine: Kornelia Lüdorff | Echo: Theresa Berlage | Undine: Barbara Wachendorff | Der Durstige: Mohammad-Ali Behboudi | Älterer Herr: Dieter Oberholz | Dirigent des Kurorchesters: Markus Lüdke | Junger Mann: Michael Neuwirth / Rolf Rüth | Reiniger: Horst Feldhoff, Robin Gibas, Wolfgang Gockel, Hans-Ulrich Hecht

Premiere: 13. und 14. Juni 1997, Klärwerk Emschermündung Dinslaken
Fotos: Christian Nielinger

Ringelnatz - Lesung

Leitung: Helmut Postel

Mit Anna Polke, Tobias Randel

Am: 22. Juni 1997, Kaisergarten

1997/98

Die Eisprinzessin
von Friedrich Karl Waechter

Inszenierung: Franziska Meletzky | Kostüme: Ilka Hövermann | Musik: Klang(G)arten, Christoph Maaß, Franziska Meletzky

Putzfrau / Großmutter des Teufels / König von Italien / Eisprinzessin: Simone Kabst

Premiere: 06. September 1997, Falstaff-Foyer
Fotos: Franziska Meletzky

Der Stern ohne Namen
von Mihail Sebastian

Inszenierung: Vitalij I. Denisenko | Bühnenbildentwurf: Irina Tkatschenko | Kostüme: Tatjana Wlasenko

Die Unbekannte (Mona): Tatjana I. Jerentjuk | Marin Miròiu, Mathematikprofessor: Wladimir P. Goljak | Radu Udrea, Musikprofessor: Andrei B. Kosodij | Fräulein Cùcu, Chemielehrerin: Nadjeschda W. Stadnitschenko | Ispàs, Stationsvorsteher: Maxim S. Berenzer | Pàscu, Kaufmann: Wladimir J. Wachnjenko | Eleonora Jonescu, Schülerin: Nina V. Vodop'yanova | Zweite Schülerin: Jelena A. Denisenko | Grig: Vitalij I. Denisenko

Eine Co-Produktion des Theaters der Jugend Saporoshje mit dem Theater Oberhausen

Premiere: 13. September 1997, Studio 99
Fotos: Rudolf Holtappel

Zuguterletzt: Das, was bleibt!

Frank Wickermann, Günter Alt und Yorck Dippe in „Schlachtfest-Woyzeck" von Klaus Weise-Georg Büchner, Premiere 26. September 1997 im Großen Haus

Elenor Holder und Mark Oliver Bögel in „Der Kirschgarten" von Anton Čechov, Premiere am 10. Oktober 1997 im Großen Haus

Carolin Weber und Gisela Storck in „Das Rätsel der gestohlenen Stimmen" von Alan Ayckbourn, Premiere am 14. November 1997 im Großen Haus

Stephanie Überall, Jeffrey R. Zach und Gerburg Jahnke in „Arsen und Spitzenhäubchen" von Joseph Kesselring, Premiere am 30. Dezember 1997 im Großen Haus

Schlachtfest - Woyzeck
Klaus Weise - Georg Büchner

Inszenierung: Klaus Weise | Bühnenbild: Manfred Blößer | Kostüme: Annette Wolters | Musik: Michael Barfuß | Dramaturgie: Erinnya Wolf

Marie: Carolin Weber | Franz Woyzeck: Günter Alt | Beringer / Marktschreier / Hauptmann: Erol Ünsalan | Max / Christian: Felix Vörtler | Tambourmajor / Doktor / Handwerker: Yorck Dippe | Andres / Handwerker: Frank Wickermann | Lisa: Albert Bork | Geist der Mutter / Großmutter / Narr: Heide Simon

Premiere: 26. September 1997, Großes Haus
Fotos: Christian Nielinger

Der Kirschgarten
Komödie in vier Akten
von Anton Čechov
Übersetzung Peter Urban

Inszenierung: Thomas Goritzky | Bühnenbild: Cornelia Adis | Kostüme: Stephanie Geiger | Dramaturgie: Helmut Postel

Ljubov Andreevna Ranevskaja, Gutsbesitzerin: Elenor Holder | Anja, ihre Tochter: Simone Kabst | Varja, ihre Pflegetochter: Kornelia Lüdorff | Leonid Andreevic Gaev, ihr Bruder: Hartmut Stanke | Ermolaj Alekseevic Lopachin, Kaufmann: Andrea Bettini | Boris Borisovic Simeonov-Pisik, Gutsbesitzer: Rolf Mautz | Sarlotta Ivanovna, Gouvernante: Anna Polke | Semen Panteleevic Epichodov, Kontorist: Jeffrey R. Zach | Dunjasa, Zimmermädchen: Sabine Maria Reiß | Firs, Lakai: Dieter Oberholz | Jasa, ein junger Lakai: Tobias Randel | Ein Mann: Mohammad-Ali Behboudi

Premiere: 10. Oktober 1997, Großes Haus
Fotos: Jürgen Diemer

Rote Schuhe
von Tiziana Lucattini
aus dem Italienischen von Brigitte Korn-Wimmer

Inszenierung: Ulrike Grave | Bühne: Heinz Rolofs | Kostüme: Ilka Hövermann | Dramaturgie: Stephanie Voges

Stelluna: Johanna Kollet | Mammalena: Stella-Maria Adorf
Videoclip Idee, Drehbuch, Leitung: Ulrike Grave / Kay Voges | Kamera und Schnitt: John Geiter | Licht: Uwe Hanke
Mit Tomas Luamba, Michael Neuwirth, Hartmut Stanke, Gisela Storck

Produziert von der Filmwerkstatt Brutstätte

Premiere: 23. Oktober 1997, Studio 99
Fotos: Birgit Steinmetz

Das Rätsel der gestohlenen Stimmen
(Mr. A's amazing maze plays)
von Alan Ayckbourn

Inszenierung: Barry L. Goldman | Ausstattung: Ariane Salzbrunn | Komposition: Markus Lüdke | Dramaturgie: Erinnya Wolf

Susi: Carolin Weber | Otto: Nina V. Vodop'yanova | Susis Mutter: Gisela Storck | Herr Akustikus / Vater: Tobias Randel | Herr Pichler: Mohammad-Ali Behboudi | Erzähler 1: Tomas Luamba | Erzähler 2: Arved Birnbaum | Musiker: Markus Lüdke

Premiere: 14. November 1997, Großes Haus
Fotos: Christian Nielinger

Weihnachtsgeschichten
Lesung

Leitung: Helmut Postel
Mit Sabine Maria Reiß, Rolf Mautz, Tobias Randel

Am: 06. Dezember 1997, Ökumenisches Kirchenzentrum im Centro

Scacco Pazzo
(Schach verrückt)
von Vittorio Franceschi
Aus dem Italienischen von Petra Fröhmcke

Inszenierung: Andrea Bettini | Ausstattung: Ariane Salzbrunn | Dramaturgie: Rolf Rüth

Toni (Antonio): Albert Bork | Walter (Valerio): Günter Alt | Marianne (Marianna): Anna Polke | Telefonstimme: Mohammad-Ali Behboudi

Premiere: 07. Dezember 1997, Studio 99
Fotos: Birgit Steinmetz

Arsen und Spitzenhäubchen
von Joseph Kesselring
Deutsch von Annemarie Artinger
Fassung für das Theater Oberhausen

Regie: Dieter Woll | Bühne: Manfred Blößer | Kostüme: Dagmar Fabisch | Dramaturgie: Helmut Postel

Lisbett Wunder / Ellen Mücke: Gerburg Jahnke | Matta Wunder: Stephanie Überall | Teddy Wunder / Herr Gibbs: Mike Meier | Jeffrey R. Zach | Jonathan Wunder / Dieter Dippe: Yorck Dippe | Willy Wunder: Felix Vörtler | Doktor Einstein / Gerhard Gockel | Doktor Rittersporn: Frank Wickermann | Dieter Woll

Premiere: 30. Dezember 1997, Großes Haus
Fotos: Birgit Steinmetz

Jugend
Joseph-Conrad-Lesung

Leitung: Manfred Blößer und Rolf Mautz

Mit Rolf Mautz

Am: 13. Januar 1998, Falstaff-Foyer

Heute Abend: Lola Blau
Musical für eine Schauspielerin von Georg Kreisler

Inszenierung: Sabine Maria Reiß | Bühne: Heinz Rolofs | Kostüme: Ilka Hövermann

Lola Blau: Sabine Maria Reiß | Am Piano: Matthias Flake | Stimmen: Stella-Maria Adorf, Sabine Maria Reiß, Günter Alt, Jan Arlt, Andrea Bettini, Tomas Luamba, Dieter Oberholz, Tobias Randel, Hartmut Stanke, Vincent Ventelou, Felix Vörtler, Jeffrey R. Zach

Premiere: 21. Januar 1998, Studio 99
Fotos: Jürgen Diemer

Zuguterletzt: Das, was bleibt!

Sabine Maria Reiß in „Heute Abend: Lola Blau" von Georg Kreisler, Premiere am 21. Januar 1998 im Studio 99

Stephanie Gräve und Tomas Luamba in „Ganze Tage – Ganze Nächte" von Xavier Durringer, Premiere am 26. Februar 1998 im Studio 99

Carolin Weber und Rolf Mautz in „Baal" von Bertolt Brecht, Premiere am 27. Februar 1998 im Großen Haus

Stella Maria Adorf, Dieter Oberholz, Tobias Randel und Neven Nöthig in „Der goldne Topf" von E.T.A. Hoffmann, Premiere am 27. März 1998 im Großen Haus

Happy Birthday Bertolt Brecht
Lieder und Gedichte von der Brettlbühne

Leitung: Stella-Maria Adorf und Erinnya Wolf

Mit Stella-Maria Adorf, Anna Polke, Sabine Maria Reiß, Volker Buchloh, André Faberski, Dieter Oberholz, Jeffrey R. Zach

Am: 10. Februar 1998, Brecht-Haus

Pu der Bär
von A.A. Milne

Inszenierung: Michael Neuwirth | Kostüme: Ilka Hövermann

Mit Simone Kabst und Kornelia Lüdorff

Premiere: 15. Februar 1998, Falstaff-Foyer

„Durch mein Herz aber ging der große Weltriß..."
Hommage an Heinrich Heine

Leitung: Helmut Postel

Mit Anna Polke, Günter Alt, Albert Bork

Am 17. Februar 1998, Falstaff-Foyer

Ganze Tage – Ganze Nächte
von Xavier Durringer
aus dem Französischen von Ina Schott

Inszenierung: Michael Neuwirth | Bühne: Anna Stolze | Kostüme: Ilka Hövermann | Dramaturgie: Stephanie Gräve

Fred: Frank Wickermann | Lucie: Johanna Kollet | Gaspard: Albert Bork | Sylvie: Kornelia Lüdorff | Pierre: Tomas Luamba | Ein Engel: Stephanie Gräve

Premiere: 26. Februar 1998, Studio 99
Fotos: Birgit Steinmetz

Baal
von Bertolt Brecht

Inszenierung: Volker Schmalöer | Bühnenbild: Dietmar Teßmann | Kostüme: Fred Fenner | Musik: Dirk Raulf | Dramaturgie: Erinnya Wolf

Baal: Felix Vörtler | Johannes Schmidt: Yorck Dippe | Ekart: Rolf Mautz | Johanna / Ein junges Weib: Simone Kabst | Emilie /Soubrette: Heide Simon | Sophie Barger / Ältere Schwester: Carolin Weber | Baals Mutter: Gisela Storck | Kellnerin Luise / Jüngere Schwester / Maja: Nina V. Vodop'yanova | Gastgeber / Mjurk / Bettler: Hartmut Stanke | Gougou: Mohammad-Ali Behboudi | Strolch / Watzmann: Andrea Bettini | Bolleboll: Arved Birnbaum | Lupu: Thomas Vierjahn | Kellnerin (mit Zügen Sophies): Carolin Weber

Premiere: 27. Februar 1998, Großes Haus
Fotos: Jürgen Diemer

Du hast kein Herz, und ich lieb dich so
Frauen um Brecht

Leitung: Erinnya Wolf

Mit Simone Kabst, Kornelia Lüdorff, Gisela Storck, Carolin Weber, Arved Birnbaum

Premiere: 10. März 1998, Ludwig-Galerie Schloss Oberhausen

Der goldne Topf
Ein Märchen aus der neuen Zeit von E.T.A. Hoffmann
Bearbeitung von Johannes Lepper und Michael Barfuß

Inszenierung: Johannes Lepper | Musikalische Leitung: Michael Barfuß | Bühnenbild: Martin Kukulies | Kostüme: Katharina Weissenborn | Dramaturgie: Helmut Postel

Anselmus: Tobias Randel | Archivarius Lindhorst: Günter Alt | Serpentina: Sabine Wegmann | Paulmann: Dieter Oberholz | Veronika, seine Tochter: Stella-Maria Adorf | Heerbrandt: Neven Nöthig | Rauerin: Sabine Maria Reiß | Ehrbare Bürgersfrau / Katze: Anna Polke | „Tintenkleckse": Nadine van Haaren, Uta Matten, Anita Mainitz

Premiere: 27. März 1998, Großes Haus
Fotos: Jürgen Diemer

Alles nur aus Liebe
(Things we do for Love)
von Alan Ayckbourn
Deutsch von Inge Greiffenhagen und Bettina von Leoprechting
Deutschsprachige Erstaufführung

Inszenierung: Klaus Weise | Bühnenbild: Manfred Blößer | Kostüme: Fred Fenner | Kampf: Klaus Figge | Dramaturgie: Rolf Rüth

Barbara Trapes: Manuela Alphons | Nikki Fixon: Tatjana Pasztor | Hamish Alexander: Andrea Bettini | Gilbert Fleet: Rolf Mautz

Premiere: 17. April 1998, Großes Haus
Fotos: Christian Nielinger

Gestohlenes Meer
von Lilly Axter
Deutsche Erstaufführung

Inszenierung: Barry L. Goldman | Ausstattung: Pia Maria Mackert | Dramaturgie: Helmut Postel

Truus 70 (Truus Menger, geb. Oversteegen): Rosemarie Weber | Truus (17) Oversteegen: Johanna Kollet | Freddie Oversteegen: Esther Reubold | Hannie Schaft: Simone Kabst | Mutter Oversteegen: Anna Polke | „Oma": Gisela Storck | Frans: Jeffrey R. Zach | Jan: Martin Skoda | Friseur: Tomas Luamba | Einer, der die Moffen spielt: Christoph Maaß

Premiere: 29. April 1998, Ebertbad
Fotos: Jürgen Diemer

Kabale und Liebe
von Friedrich Schiller

Inszenierung: Stefan Otteni | Ausstattung: Ariane Salzbrunn | Dramaturgie: Stephanie Gräve | Video: Marva und Maschn-Klan Synlabor

Präsident von Walter, am Hof eines deutschen Herzogs: Ulrich Haß | Ferdinand, sein Sohn, Major: Albert Bork | Hofmarschall von Kalb: Yorck Dippe | Lady Milford, Favoritin des Fürsten: Carolin Weber | Wurm, Haussekretär des Präsidenten: Frank Wickermann | Miller, Stadtmusikant: Hartmut Stanke | Dessen Frau: Kornelia Lüdorff | Sophie, Kammerjungfer der Lady: Nina V. Vodop'yanova | Der Kammerdiener: Tobias Randel

Premiere: 03. Mai 1998, Großes Haus
Fotos: Chrisitan Nielinger

Zuguterletzt: Das, was bleibt!

Manuela Alphons und Tatjana Pasztor in „Alles nur aus Liebe" von Alan Ayckbourn, Premiere am 17. April 1998 im Großen Haus

Rosemarie Weber, Jeffrey R. Zach und Esther Reubold in „Gestohlenes Meer" von Lilly Axster, Premiere am 29. April 1998 im Ebertbad

Carolin Weber, Nina V. Vodop'yanova und Albert Bork in „Kabale und Liebe" von Friedrich Schiller, Premiere am 3. Mai 1998 im Großen Haus

Günter Alt und Heike Kretschmer in „Hamlet" von William Shakespeare, Premiere am 11. September 1998 im Großen Haus

Ernst Jandl: Die Humanisten
Inszenierung: Helmut Postel
Mit Carolin Weber, Rolf Mautz, Hartmut Stanke
Premiere: 12. Mai 1998, Zentrum Altenberg

Theater neuen Typs
3tägiges Spektakel im ganzen Haus (Neue Texte, Poetry Slam, Videoinstallationen, Publikumsdiskussionen u. v. m.)
vom 05. Juni bis zum 07. Juni 1998

Alex. Vier Sätze
von Simone Schneider
Leitung: Klaus Weise, F.M. Einheit und Kay Voges
Mit Johanna Kollet
Großes Haus

Negativnächte
Babelsberger Hochschulfilme
Großes Haus

Hasenfratz
von Martin Baucks
Leitung: Stefan Otteni und Martin Rehbock
Mit Mitgliedern des Ensembles
Großes Haus

Bar jeder Schwerkraft
Collage
Leitung: Andrea Bettini und Nina Nina V. Vodop'yanova
Mit Stella-Maria Adorf, Simone Kabst, Anna Polke, Sabine Maria Reiß, Neven Nöthig, Dieter Oberholz, Tobias Randel, Felix Vörtler
Großes Haus

Brim
von Theresia Walser
Leitung: Ulrike Grave
Mit Anna Polke, Carolin Weber, Albert Bork, Tobias Randel
Studio 99

Engel & Dämonen
(Videoinstallation)

Der Mann, der noch keiner Frau Blöße entdeckte
Szenen aus einem Stück von Moritz Rinke
Leitung: Michael Neuwirth
Mit Simone Kabst, Yorck Dippe, Stefan Otteni
Malersaal

Schocker
von Daniel Call
Leitung: Mohammad-Ali Behboudi und Michael Barfuß
Mit Stella-Maria Adorf, Sabine Maria Reiß, Günter Alt, Rolf Mautz, Dieter Oberholz, Helmut Postel, Rolf Rüth, Hartmut Stanke, Jeffrey R. Zach
Intendantenzimmer

TNT Underground
Leitung: Imke Baumann
Mit Anna Polke, Carolin Weber, Albert Bork, Frank Wickermann
Treffpunkt Bühneneingang

Adalina
(Dauerlesung)
Mit Andrea Bettini, Johannes Lepper, Frank Wickermann, Neven Nöthig, Astrid Horst, Susanne Bredehöft, Kornelia Lüdorff
Cafe Auftritt

Publikumsdiskussion
(Toninstallation)
Konferenzraum

Kopflos, Lieblos
Texte und Musik von Stephanie Geiger und F.M. Einheit
Vorderer Innenhof

Das Leben Arsenijs
von Alexej Schipenko
(Autorenlesung)
Raucherfoyer

Achtung! Bissige Literatur!
(Poetry Slam)
Raucherfoyer

Live Übertragung der Verleihung des Mülheimer Dramatikerpreises

Bettspiele
(Autorenlesung)
Raucherfoyer

Die Tugend der Orientierungslosigkeit
(Autorenlesung)
Raucherfoyer

Tobias Randel, Albert Bork, Atef Vogel, Anna Polke und Carolin Weber in „Kleine Zweifel/Brim" von Theresia Walser, Premiere am 15. September 1998 im Studio 99

Albert Bork, Stella-Maria Adorf, Otto Schnelling, Anna Polke und Johannes Lepper in „Die Verwandlung" nach Franz Kafka von Steven Berkoff, Premiere am 25. September 1998 in der Lutherkirche Lipperheidstraße

Felix Vörtler und Frank Wickermann in „Der zerbrochne Krug" von Heinrich von Kleist, Premiere am 2. Oktober 1998 im Großen Haus

Martin Skoda in „Die Schneekönigin" von Christian Martin, Premiere am 6. November 1998 im Großen Haus

1998/99

Hamlet
(The Tragedy of Hamlet, Prince of Denmark) von William Shakespeare
Deutsch von Reinhard Palm

Inszenierung: Klaus Weise | Bühnenbild: Martin Kukulies | Kostüme: Fred Fenner | Musik: Michael Barfuß | Fechtszene: Klaus Figge | Dramaturgie: Erinnya Wolf

Hamlet, Prinz von Dänemark: Günter Alt | Claudius, König von Dänemark, Hamlets Onkel: Andrea Bettini | Der Geist des früheren Königs, Hamlets Vater: Andrea Bettini | Gertrud, Königin, Hamlets Mutter: Manuela Alphons | Polonius, Staatsrat: Rolf Mautz | Laertes, Polonius' Sohn: Florian Scholz | Ophelia, Polonius' Tochter: Heike Kretschmer | Horatio, Freund und Vertrauter Hamlets: Johanna Kollet | Rosencrantz, Hofmann, ehemaliger Studienkollege Hamlets: Tobias Randel | Guildenstern, Hofmann, ehemaliger Studienkollege Hamlets: Juan Manuel Torres y Soria | Reynaldo, ein Diener des Polonius: Rüdiger Wick | Osric: Juan Manuel Torres y Soria | 1. Schauspieler: Robert Lenkey | Schauspielertruppe: Florian Scholz, Rüdiger Wick, André Faberski, Thomas Vierjahn, Daniel Wiemer, Christoph Maaß | Ein Totengräber: Jürgen Mikol | Kumpan des Totengräbers: Wolfgang Peters | Yorick, Narr des alten Hamlet: Jürgen Mikol | Ein Matrose: Daniel Wiemer | Musikanten: André Faberski, Thomas Vierjahn, Christoph Maaß

Premiere: 11. September 1998, Großes Haus
Fotos: Christian Nielinger

Brim / Kleine Zweifel
Zwei Stücke von Theresia Walser

Inszenierung: Ulrike Grave | Bühne: Anna Stolze | Kostüme: Ilka Hövermann | Musik: Michael Barfuß

Hans-Rudi: Albert Bork | Seine Frau Rita: Anna Polke | Luzi: Carolin Weber | Übür: Tobias Randel | Brim: Atef Vogel / Thomas Vierjahn | Japaner: Christoph Pütthoff / André Faberski | Wendla Teusch: Carolin Weber

Premiere: 15. September 1998, Studio 99
Fotos: Christian Nielinger

Die Verwandlung
(Metamorphosis)
nach Franz Kafka von Steven Berkoff
Deutschsprachige Erstaufführung

Inszenierung: Johannes Lepper | Bühne: Martin Kukulies | Kostüme: Katharina Kämper | Dramaturgie: Stephanie Gräve | Musik: Ensemble

Gregor Samsa: Albert Bork | Grete Samsa, seine Schwester: Anna Polke | Herr Samsa, sein Vater: Otto Schnelling | Frau Samsa, seine Mutter: Stella-Maria Adorf | Prokurist / Zimmerherr: Johannes Lepper

Premiere: 25. September 1998, Lutherkirche Oberhausen
Fotos: Birgit Steinmetz

„Blauer Montag"
Arnon Grünberg liest aus seinem Roman

Am: 01. Oktober 1998, Falstaff-Foyer

Der zerbrochne Krug
Lustspiel von Heinrich von Kleist

Inszenierung: Thomas Goritzki | Bühne: Tom Schenk | Kostüme: Stephanie Geiger | Dramaturgie: Helmut Postel

Walter, Gerichtsrat: Yorck Dippe | Adam, Dorfrichter: Hartmut Stanke | Licht, Schreiber: Mark Oliver Bögel | Frau Marthe Rull: Anke Zillich | Eve, ihre Tochter: Simone Kabst | Veit Tümpel, ein Bauer: Felix Vörtler | Ruprecht, sein Sohn: Frank Wickermann | Frau Brigitte: Sabine Maria Reiß | Ein Büttel (Hanfriede): Thomas Müller | Liese, eine Magd: Nina V. Vodop'yanova | Margarete, eine Magd: Kornelia Lüdorff

Premiere: 02. Oktober 1998, Großes Haus
Fotos: Jürgen Diemer

Car Men
Leitung: Erinnya Wolf
Mit Florian Scholz

Premiere: 06. Oktober 1998, Vitrine der Ludwig Galerie, Schloß Oberhausen

„Sibirisches Tagebuch"
Gerd Ruge liest aus seinem neuen Buch

Am: 28. Oktober 1998, Großes Haus

Die Schneekönigin
von Christian Martin nach dem Märchen von Hans Christian Andersen

Inszenierung: Barry L. Goldman | Bühne: Stefanie Stuhldreier | Kostüme: Sigrid Trebing | Musik: Michael Barfuß | Dramaturgie: Rolf Rüth

Gerda: Johanna Kollet | Harlekin: Martin Skoda | Schneekönigin / Räubertochter / Winter: Anke Tornow | Prinzessin / Räuberalte / Frühling: Nina V. Vodop'yanova | Kay / Rabe / Prinz Kai / Rentier / Hirte: Andreas Lein

Premiere: 06. November 1998, Großes Haus
Fotos: Christian Nielinger

Das Tagebuch der Anne Frank
Konzert für großes Orchester, Chor, Alt und Sprecherin
von Michael Barfuß

Junges Orchester Oberhausen
Leitung: Rolf Donner

Am: 09. November 1998, Großes Haus

Zuguterletzt: Das, was bleibt!

Felix Vörtler, Tobias Randel, Florian Scholz und Günter Alt in „Die Aschenputtler" von F.K. Waechter, Premiere am 20. November 1998 im Studio 99

Mark Oliver Bögel, Ralf Drexler, Juan Manuel Torres y Soria, Frank Wickermann und Sabine Wegmann in „Peer Gynt" von Henrik Ibsen, Premiere am 8. Januar 1999 im Großen Haus

Carolin Weber, Stella-Maria Adorf, Felix Vörtler, Günter Alt und Yorck Dippe in „Kasimir und Karoline" von Ödön von Horváth, Premiere am 26. Februar 1999 im Großen Haus

Heike Kretschmer und Juan Manuel Torres y Soria in „FlußPferde" von Anneli Mäkelä, Premiere am 7. Februar 1999 im Studio 99

Die Aschenputtler
von Friedrich Karl Waechter
Uraufführung

Inszenierung & Ausstattung: Franz Xaver Zach | Dramaturgie: Erinnya Wolf

Dr. Sinn: Günter Alt | Karfunkel: Stella-Maria Adorf | Quaste: Felix Vörtler | Schmaltz: Tobias Randel | Wiesel: Florian Scholz

Premiere: 20. November 1998, Studio 99
Fotos: Birgit Steinmetz

„Ein springender Brunnen"
Martin Walser liest aus seinem neuen Roman

Im Rahmen der Reihe „Oberhausener Lesungen-Erzählte Gegenwart"

Am: 24. November 1998, Großes Haus

vorstellBAR
Ein Abend zum Welt-Aids-Tag
Texte und Lieder zum Thema „Sehnsucht"

Leitung: Anna Polke, Günter Alt, Thomas Müller
Mit Mitgliedern des Ensembles

Am: 01. Dezember 1998, Studio 99

Junge Frauen...Ach!
Lesung mit Ulrich Haß
Texte: Nietzsche, Heine, Miller, Nabokov, Schnitzler, Marcel Proust

Am: 02. Dezember 1998, Studio 99

Zur Weihnacht
Leitung: Helmut Postel, Michael Barfuß
Mit Mitgliedern des Ensembles

Am: 21. Dezember 1998, Falstaff-Foyer

Peer Gynt
Ein Schauspiel aus dem 19. Jahrhundert von Henrik Ibsen
Deutsche Fassung von Peter Stein und Botho Strauß unter Verwendung der Übersetzungen von Christian Morgenstern und Georg Schulte-Frohlinde

Inszenierung: Johannes Lepper | Bühne: Martin Kukulies | Kostüme: Ariane Salzbrunn | Dramaturgie: Helmut Postel

Aase: Ulrike Schloemer | Peer Gynt, ihr Sohn (I): Frank Wickermann | Peer Gynt (II): Andrea Bettini | Aslak, ein Schmied: Ralf Drexler | Solveig: Sabine Wegmann | Klein Helga, ihre Schwester: Lilian Etges / Hannah Pranaitis | Ihr Vater: Andrea Bettini | Hägstadtbauer: Hartmut Stanke | Ingrid, seine Tochter: Anna Polke | Mads Moen, Bräutigam: Juan Manuel Torres y Soria | Sein Vater: Ulrich Haß | Ein Koch: Mark Oliver Bögel | Sennerinnen: Mark Oliver Bögel, Ralf Drexler, Juan Maunuel Torres y Soria | Trollkönig: Hartmut Stanke | Die Grüne, seine Tochter: Kornelia Lüdorff | Sohn der Grünen: Ulrich Haß | Hoftrolz: Ralf Drexler | Trolljunge: Mark Oliver Bögel | Trollarzt: Juan Manuel Torres y Soria | Der Krumme: Ulrich Haß | Monsieur Ballon: Ralf Drexler | Herr von Eberkopf: Mark Oliver Bögel | Master Cotton: Juan Maunuel Torres y Soria | Dr. Begriffenfeldt: Ralf Drexler | König Apis (Fellache): Juan Manuel Torres y Soria | Herr Schreibfeder: Mark Oliver Bögel | Kapitän: Ulrich Haß | Schiffskoch: Frank Wickermann | Fremder Passagier: Anna Polke | Knopfgießer: Ulrike Schloemer

Premiere: 08. Januar 1999, Großes Haus
Fotos: Christian Nielinger

Unter dem Milchwald
Texte für Stimmen von Dylan Thomas

Leitung: Christina Böckler und Simone Kabst

Mit Simone Kabst, Kornelia Lüdorff, Nina V. Vodop'yanova, Anke Zillich, Günter Alt, Mark Oliver Bögel, Yorck Dippe, André Faberski, Martin Skoda

Am: 04. Februar 1999, Falstaff-Foyer

FlußPferde
von Anneli Mäkelä
aus dem Schwedischen von Verena Reichel

Regie: Kay Voges | Bühne: Petra Rotterdam | Kostüme: Claudia Helling | Musik: Michael Barfuß | Dramaturgie: Rolf Rüth
Pferd: Heike Kretschmer | Flußpferd: Juan Manuel Torres y Soria

Premiere: 07. Februar 1999, Studio 99
Fotos: Jürgen Diemer

Zuguterletzt: Das, was bleibt!

Mohammad-Ali Behboudi in „Die Stühle" von Eugène Ionesco, Premiere am 21. April 1999 im Studio 99

Ulrike Schloemer in „Der Theatermacher" von Thomas Bernhard, Premiere am 30. April 1999 im Hotel Handelshof, Mülheim

Felix Vörtler, Daniel Wiemer und Yorck Dippe in „Salzwasser" von Conor McPherson, Premiere am 7. Mai 1999 im Studio 99

Günter Alt und Kornelia Lüdorff in „Die Kameliendame" von Alexandre Dumas, Premiere am 11. Juni 1999 im Großen Haus

Kasimir und Karoline
von Ödön von Horváth

Inszenierung: Volker Schmalöer | Bühnenbild: Dietmar Teßmann | Kostüme: Ulrike Obermüller | Musik: Michael Barfuß | Dramaturgie: Erinnya Wolf

Kasimir: Felix Vörtler | Karoline: Carolin Weber | Rauch: Rolf Mautz | Speer: Volkert Matzen | Der Ausrufer: Eduardo Bender | Der Liliputaner: Eduardo Bender | Schürzinger: Yorck Dippe | Der Merkl Franz: Günter Alt | Dem Merkl Franz seine Emma: Stella-Maria Adorf | Elli: Simone Kabst | Maria: Nina V. Vodop 'yanova | Juanita: Florian Scholz | Kellner: Thomas Vierjahn | Abnormitäten: Mann mit Bulldoggkopf: Marcus Weber | Die dicke Dame: Barbara Hermans | Siamesische Zwillinge: Sarah Gebbers / Floriane Kleinpaß | Mann mit 3.Bein: Hubert Lüngen

Premiere: 26. Februar 1999, Großes Haus
Fotos: Jürgen Diemer

Kunst
von Yasmina Reza
Aus dem Französischen von Eugen Helmlé

Inszenierung: Andrea Bettini | Bühne und Kostüme: Manfred Blößer | Dramaturgie: Rolf Rüth

Marc: Hartmut Stanke | Serge: Ulrich Haß | Yvan: Juan Manuel Torres y Soria

Premiere: 26. März 1999, Großes Haus
Fotos: Christian Nielinger

Fabian
von Erich Kästner
Lesung

Mit Kornelia Lüdorff, Helmut Postel

Am: 20. April 1999, Falstaff-Foyer

Die Stühle
(Les chaises) Tragische Farce von Eugène Ionesco
aus dem Französischen von Jacqueline und Ulrich Seelmann-Eggebert

Inszenierung: Mohammad-Ali Behboudi | Bühne: Petra Rotterdam | Kostüme: Katharina Kämper | Dramaturgie: Erinnya Wolf

Der Alte (95 Jahre): Neven Nöthig | Die Alte (94 Jahre): Sabine Maria Reiß | Der taubstumme Redner: Mohammad-Ali Behboudi

Premiere: 21. April 1999, Studio 99
Fotos: Jürgen Diemer

Rosen auf den Weg gestreut
Ein Hanns Eisler-Abend von Michael Barfuß

Inszenierung, Musikalische Leitung, Buch: Michael Barfuß | Bühne: Petra Rotterdam | Kostüme: Claudia Helling | Video: Kay Voges

Mit Sabine Maria Reiß, Anke Zillich, Günter Alt, Frank Wickermann, Camela De Feo (akk), Alfred Holtmann (tb), Guido Wellers (tr), Lothar von Staa (fl, cl, sax), Bernd Bolsinger (cl, bcl, sax), Rolf Hildebrandt (perc), Rüdiger Nass (g), Manfred Miketta (b) und Michael Barfuß (key)

Am: 28. April 1999, Großes Haus

Der Theatermacher
von Thomas Bernhard

Inszenierung: Lore Stefanek | Bühnenbild: Lore Stefanek, Anna Stolze | Kostüme: Stephanie Geiger | Musik: Michael Barfuß | Dramaturgie: Helmut Postel

Bruscon, Theatermacher: Rolf Mautz | Frau Bruscon, Theatermacherin: Ulrike Schloemer | Ferruccio, deren Sohn: Florian Scholz | Sarah, deren Tochter: Heike Kretschmer | Der Wirt: Tobias Randel | Die Wirtin: Anna Polke | Erna, die Tochter: Nina V. Vodop 'yanova

Premiere: 30. April 1999, Hotel Handelshof in Mülheim an der Ruhr
Fotos: Jürgen Diemer

Salzwasser
(This Lime Tree Bower)
von Conor McPherson
aus dem Englischen von Christoph Roos und Rachel West

Inszenierung: Klaus Weise | Ausstattung: Fred Fenner | Musik: Michael Barfuß | Dramaturgie: Erinnya Wolf

Joe: Daniel Wiemer | Ray: Yorck Dippe | Frank: Felix Vörtler

Premiere: 07. Mai 1999, Studio 99
Fotos: Birgit Steinmetz

Feuervogel. Flieg.
Ein Ingeborg-Bachmann-Abend

Leitung: Tanja Hellwig
Mit Johanna Kollet, Anna Polke, Thomas Müller

Am: 02. Juni 1999, Malersaal

Die Kameliendame
von Stefan Otteni und Astrid Horst
nach dem gleichnamigen Roman von Alexandre Dumas d.J.

Inszenierung: Stefan Otteni | Ausstattung: Ariane Salzbrunn | Musikalische Leitung: Michael Barfuß | Dramaturgie: Astrid Horst

Marguerite Gautier, die Kameliendame: Kornelia Lüdorff | Armand Duval : Juan Manuel Torres y Soria | Nanine, Marguerites Hausdame, Sängerin: Bianca von Zambelly | Baron de Varville, Liebhaber Marguerites : Yorck Dippe | Vater Duval / Doktor / Totengräber: Günter Alt | Prudence, Freundin von Marguerite: Carolin Weber | Gaston Rieux, Armands Freund: Kaspar Markus Küppers | Nichette, Kollegin Marguerites: Stella-Maria Adorf | Auktionator / Croupier / Gerichtsdiener: André Faberski

Premiere: 11. Juni 1999, Großes Haus
Fotos: Birgit Steinmetz

Zuguterletzt: Das, was bleibt!

Mohammad-Ali Behboudi, Felix Vörtler, Tobias Randel und Sabine Maria Reiß in „Jedermann" von Ulrich Greb, Premiere am 20. und 21. August 1999 im Amphitheater auf der Halde Haniel

Andreas Maier in „Der gute Dieb" von Conor McPherson, Premiere am 27. August 1999 im Großen Haus

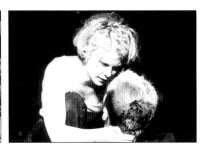

Jennifer Julia Caron und Juan Manuel Torres y Soria in „Cyrano" von Jo Roets, Premiere am 23. Oktober 1999 im Studio 99

Das Ensemble in „Emil und die Detektive" von Erich Kästner, Premiere am 4. November 1999 im Großen Haus

1999/2000

Jedermann
Komödie vom Sterben in der Wa(h)ren Gesellschaft von Ulrich Greb nach Motiven von „Everyman", Georg Macropedius / Hans Sachs und Hugo von Hofmannsthal

Inszenierung: Ulrich Greb | Bühne: Alfred Peter | Kostüme: Elisabeth-Maria Strauß | Musikalische Leitung: Markus Lüdke | Dramaturgie: Rolf Rüth | Videoberatung: Michael Strauss | Kampfszenen: Klaus Figge

Reporterin: Sabine Maria Reiß | Kameramann: Mohammad-Ali Behboudi | Merkwürdige Person: Anke Zillich | Bürgermeister: Rolf Mautz | Gast 1 (Frau Sawist): Nina V. Vodop'yanova | Gast 2 (Herr Muth): Dirk Fenselau | Seine Frau Helga: Anna Polke | Jedermann: Felix Vörtler | Sekretär: Tobias Randel | Jedermanns Geliebte: Hanna Jürgens | Arzt: Thomas Kemper | Jedermanns Mutter: Anke Zillich | Tod: Anke Zillich | Geiz: Hanna Jürgens | Neid: Nina V. Vodop'yanova | Stolz: Sabine Maria Reiß | Teufel: Tobias Randel | Ein Polizist: Christoph Maaß

Premiere: 20. und 21. August 1999, Bergtheater Haniel Bottrop
Fotos: Christian Nielinger

Der gute Dieb
(The Good Thief)
von Conor McPherson
aus dem Englischen von Christoph Roos und Rachel West

Inszenierung: Klaus Weise | Ausstattung: Fred Fenner | Dramaturgie: Erinnya Wolf | Komposition: Michael Barfuß

Mit Andreas Maier

Premiere: 27. August 1999, Großes Haus
Fotos: Birgit Steinmetz

O Erd, o Sonne! O Glück, oh Lust!
Happy Birthday, Johann Wolfgang von…

Inszenierung: Kay Voges, Michael Barfuß | Ausstattung: Achim Naumann d'Alnoncourt, Katharina Kämper | Dramaturgie: Helmut Postel, Erinnya Wolf

Chef, Chefin: Juan Carlos Lopez & Personal: Kornelia Lüdorff, Jennifer Julia Caron, Hanna Jürgens, Kaspar Markus Küppers, Raphael Rubino, Florian Scholz, Juan Manuel Torres y Soria

Premiere: 06. September 1999, Studio 99

Ursel
Ein Kinderstück für Erwachsene von Guy Krneta

Künstlerische Gesamtleitung: Michael Jezierny & Ensemble

Ursel: Swentie Aquino | Michaela Boos: Marie Bosshard | Anna Gelsin: Katharina Norrie | Anna Staab: Oleg Zhukov | Thorsten Notthoff-Bihegue: Christoph Pütthoff |

Eine Produktion der TheaterSpielWerkstatt

Premiere: 11. September 1999, Studio 99

Emilia Galotti
von Gotthold Ephraim Lessing

Inszenierung: Klaus Weise | Bühne: Martin Kukulies | Kostüme: Fred Fenner | Musik: Michael Barfuß | Dramaturgie: Helmut Postel, Erinnya Wolf

Emilia Galotti: Heike Kretschmer | Odoardo Galotti: Hartmut Stanke | Claudia Galotti: Manuela Alphons | Hettore Gonzaga, Prinz von Guastalla: Yorck Dippe | Marinelli, Kammerherr des Prinzen: Günter Alt | Camillo Rota, einer von des Prinzen Räten: Rolf Mautz | Conti, Maler: Juan Carlos Lopez | Graf Appiani: Andreas Maier | Gräfin Orsina: Tatjana Pasztor | Angelo: Raphael Rubino

Premiere: 25. September 1999, Großes Haus
Fotos: Birgit Steinmetz

Cyrano
von Jo Roets
frei nach Edmond Rostands „Cyrano de Bergerac"
aus dem Flämischen von Uwe Dethier
Mitarbeit: Marnick Bardyn, Greet Vissers
Deutschsprachige Erstaufführung

Inszenierung: Kay Voges | Bühne: Petra Rotterdam | Kostüme: Claudia Helling | Musik: Michael Barfuß | Fechtszenen: Klaus Figge | Dramaturgie: Michael Jezierny

Cyrano: Juan Manuel Torres y Soria | Roxane / Duenna: Jennifer Julia Caron | Christian / Le Bret: Kaspar Markus Küppers | De Guiche: Raphael Rubino | Priester: Thomas Müller

Premiere: 23. Oktober 1999, Studio 99
Fotos: Jürgen Diemer

Emil und die Detektive
von Erich Kästner
für das Theater bearbeitet von Götz Loepelmann und Robert Koall

Inszenierung: Thomas Goritzki | Bühnenbild: Monika Gora | Kostüme: Karoline Markwart-Homola | Musik: Michael Barfuß | Lied-Texte: Thomas Goritzki | Dramaturgie: Helmut Postel

Emil Tischbein: Florian Scholz | Pony Hütchen, seine Cousine: Heike Kretschmer | Frau Tischbein / Blumenverkäuferin / Frau im Hotel: Kornelia Lüdorff | Großmutter / Frau Wirth / Frau Jakob: Anke Zillich | Der Mann mit dem steifen Hut: Alfred Herms | Gustav mit der Hupe: Yorck Dippe | Der Professor: Mark Oliver Bögel | Der kleine Dienstag: Günter Alt | Krummbiegel: Ralf Drexler | Traugott Bleuer: Daniel Wiemer | Mittenzwey: Daniel Aichinger | Mittendrei: Tobias Randel | Bahnvorsteher / Kassierer / Kommissar Lurje | Bankchef Ungewitter: Rolf Mautz | Reporter / Photograph / Hotelpage / Polizist / Wachtmeister Jeschke: Volkert Matzen

Am Piano begleitet: Michael Kim

Premiere: 04. November 1999, Großes Haus
Fotos: Birgit Steinmetz

Die Konferenz der Tiere
Erich Kästner-Lesung zu den 7. Jugendbuchtagen in Oberhausen

Leitung: Helmut Postel

Mit Anna Polke, Anke Zillich, Rolf Mautz, Helmut Postel, Tobias Randel, Hartmut Stanke

Premiere: 10. November 1999, Kinderbibliothek der Stadtbücherei

Zuguterletzt: Das, was bleibt!

Nina V. Vodop'yanova, Mohammad-Ali Behboudi und Juan Manuel Torres y Soria in „Antigone" von Sophokles, Premiere am 17. Dezember 1999 im Studio 99

Hanna Jürgens und Andreas Maier in „Pettersson und Findus" von Sven Nordqvist, Premiere am 28. Januar 2000 im Studio 99

Kornelia Lüdorff, Sabine Maria Reiß und Stella-Maria Adorf in „Damen der Gesellschaft" von Clare Boothe Luce, Premiere am 25. Februar 2000 im Großen Haus

Tatjana Pasztor und Jutta Masurath in „Ein paar Leute suche das Glück und lachen sich tot" von Sibylle Berg, Premiere am 11. März 2000 im Gasometer Oberhausen

Endstation Sehnsucht
(A Streetcar Named Desire)
von Tennessee Williams
Deutsch von Bernd Schmidt

Inszenierung: Volker Schmalöer | Bühne und Kostüme: Ulrike Obermüller | Musik: Dirk Raulf | Dramaturgie: Rolf Rüth

Blanche Dubois: Tatjana Pasztor | Stella Kowalski: Stella-Maria Adorf | Stanley Kowalski: Juan Carlos Lopez | Harold Mitchel (Mitch): Hartmut Stanke | Eunice Hubbel: Anna Polke | Steve Hubbel: Felix Vörtler | Pablo Gonzales: Kaspar Markus Küppers | Fremder Mann (Arzt): Tobias Randel | Fremde Frau (Pflegerin): Anke Zillich | Junger Mann (Kassierer): Thomas Vierjahn

Premiere: 10. Dezember 1999, Großes Haus
Fotos: Jürgen Diemer

Antigone
von Sophokles
Übertragung von Walter Jens

Inszenierung: Christoph Roos | Bühne & Kostüme: Peter Scior | Musik: Franz Mestre | Dramaturgie: Erinnya Wolf

Kreon: Mohammad-Ali Behboudi | Antigone: Nina V. Vodop'yanova | Ismene: Hanna Jürgens | Wächter: Juan Manuel Torres y Soria | Haimon: Andreas Maier | Teiresias: Jennifer Julia Caron | Der Mann: Raphael Rubino | Die Muse: Sabine Maria Reiß

Premiere: 17. Dezember 1999, Studio 99
Fotos: Birgit Steinmetz

Fly-Tanic
made by Alt, Barfuß, Dippe, Maier, Torres y Soria, Voges

Regie: Kay Voges | Musikalische Leitung: Michael Barfuß | Bühne & Kostüme: Fred Fenner | Choreographie: Andreas Paesler | Licht: Jochen Jahncke | Sound: Lars Figge | Dramaturgie: Erinnya Wolf | Film & Schnitt: John Geiter

Kapitän: Yorck Dippe | Co-Pilot: Juan Manuel Torres y Soria | Funker: Daniel Wiemer | Chefstewardess: Günter Alt | Stewardessen: Stella-Maria Adorf, Jennifer Julia Caron, Sabine Maria Reiß | Girlie 2000 / Engel: Hanna Jürgens | Oma: Heike Kretschmer | Braut: Kornelia Lüdorff | Werdende Mutter: Tatjana Pasztor | Ihr Ehemann: Juan Carlos Lopez | Deren Sohn Raphael: Raphael Rubino | Frau Muth: Anna Polke | Ute, eine Missionarin: Nina V. Vodop'yanova | Frau mit Flugangst: Anke Zillich | Ihr Ehemann: Felix Vörtler | Arabischer Fluggast / Peruaner: Mohammad-Ali Behboudi | Mann am „Puls" / Peruaner: Kaspar Markus Küppers | Mr. X: Andreas Maier | Der letzte Gentleman: Rolf Mautz | Ein Tansvestit / Peruaner: Tobias Randel | Zauberer / Peruaner: Florian Scholz

Premiere: 31. Dezember 1999, Großes Haus
Fotos: Jürgen Diemer

Pettersson & Findus
nach dem Bilderbuch „Armer Pettersson" von Sven Nordqvist

Inszenierung: Christina Böckler | Kostüme: Katharina Kämper
Findus: Hanna Jürgens | Pettersson: Andreas Maier

Premiere: 28. Januar 2000, Studio 99
Fotos: Jürgen Diemer

Damen der Gesellschaft
(The Woman)
von Clare Boothe Luce
Deutsch von Nina Adler

Inszenierung: Heinz Kreidl | Bühne: A. Christian Steiof | Kostüme: Fred Fenner | Kampfszene: Klaus Figge | Musik: Michael Barfuß | Dramaturgie: Astrid Horst

Mary (Mrs. Stephen Haines): Kornelia Lüdorff | Sylvia (Mrs. Howard Fowler): Anke Zillich | Peggy (Mrs. John Day): Hanna Jürgens | Edith (Mrs. Phleps Potter): Susanne Bredehöft | Nancy (Miss Blake), Schriftstellerin: Sabine Maria Reiß | Crystal Allen: Heike Kretschmer | Miriam Aarons: Stella-Maria Adorf | Countess de Lage: Tanja von Oertzen | Jane, Marys Zofe: Nina V. Vodop'yanova | Mrs. Morehead, Marys Mutter: Manuela Alphons | Kleinmary, Marys Tochter: Jennifer Julia Caron | Miss Fordyce, Kleinmarys Gouvernante: Anna Polke | Maggie, Marys Köchin: Heide Simon | Miss Trimmerback, Sekretärin von Mr. Haines: Johanna Kollet | Miss Watts, Sekretärin von Mr. Haines: Anna Polke | Helene, Crystals Zofe: Anna Staab | Krankenschwester: Sabine Maria Reiß | Lucy, Haushaltshilfe: Heide Simon | Olga: Johanna Kollet | 1. Friseuse: Anna Polke | Miss Shapiro, 1. Verkäuferin im Modesalon: Stella-Maria Adorf | 2. Verkäuferin: Sabine Maria Reiß | Zigarettenmädchen: Johanna Kollet | Sadie: Heide Simon | Mädchen in Nöten: Floriane Kleinpaß | Matrone: Anna Polke | 1. Dame: Jennifer Julia Caron | 2. Dame: Nina V. Vodop'yanova

Premiere: 25. Februar 2000, Großes Haus
Fotos: Birgit Steinmetz

Ein paar Leute suchen das Glück und lachen sich tot
von Sibylle Berg
Bühnenfassung von Stephan Bruckmeier

Inszenierung: Klaus Weise | Ausstattung: Fred Fenner | Musik: Michael Barfuß | Dramaturgie: Helmut Postel

Vera: Tatjana Pasztor | Nora, Veras Tochter: Meike Gottschalk | Ruth, Veras Mutter: Heide Simon | Helga, Veras Mann: Rolf Mautz | Pit, Veras Geliebter: Daniel Wiemer | Bettina, Veras Freundin: Jutta Masurath | Tom, Noras Freund: Felix Vörtler | Karl, Ruths Freund: Heinz Gibas | Engel: Jennifer Julia Caron

Premiere: 11. März 2000, Gasometer Oberhausen
Fotos: Jürgen Diemer

Jesus
Ein Passionsspiel

Inszenierung: Kay Voges | Ausstattung: Pia Maria Mackert | Co-Regie: Christina Böckler | Dramaturgie: Erinnya Wolf

Issers / Jesus: Andreas Maier | Herr Y: Raphael Rubino | Herr C: Juan Carlos Lopez | Frl. M: Verena Bukal | Meßdienerinnen: Jessica Folgmann, Nadine Kellner, Nina-Maria Thieme, George Michahelles, Matthias Vierjahn, Thomas Vierjahn | Der kleine Jesus: Richard Junisa Hull / Phillip Riedel / Fabian Stumm

Premiere: 17./18. März 2000, Studio 99
Fotos: Jürgen Diemer

Zuguterletzt: Das, was bleibt!

Kaspar Markus Küppers und Yorck Dippe in „Die Goldberg-Variationen" von George Tabori, Premiere am 7. April 2000 im Großen Haus

Tanja von Oertzen und Rolf Mautz in „Die Ratten" von Gerhart Hauptmann, Premiere am 26. Mai 2000 im Großen Haus

Jennifer Julia Caron, Kaspar Markus Küppers und Andreas Maier in „Der Diener zweier Herren" von Carlo Goldoni, Premiere am 15. Juni 2000 im Großen Haus

Hanna Jürgens, André Faberski, Jennifer Julia Caron und Florian Scholz in „Quizoola!/ Girlsnightout" von Tim Etchells/Gesine Danckwart, Premiere am 8. und 9. September 2000 im Bunker Alte Heid

Die Goldberg-Variationen
von George Tabori
Deutsch von Ursula Grützmacher-Tabori

Inszenierung: Franz Xaver Zach | Bühne: Manfred Blößer | Kostüme: Bettina Plesser | Licht: Ralf Baars | Musikalische Einrichtung: Michael Barfuß | Dramaturgie: Rolf Rüth

Mr. Jay, der Regisseur: Yorck Dippe | Goldberg, sein Assistent: Hartmut Stanke | Mrs. Mopp, Putzfrau / Terese Tormentina, Superstar / Ernestina van Veen: Ellen Schulz | Japhet : Kaspar Markus Küppers | Masch: Juan Manuel Torres y Soria | Raamah: Günter Alt | Das Goldene Kalb / Mater Dolorosa: Floriane Kleinpaß

Premiere: 07. April 2000, Großes Haus
Fotos: Christian Nielinger

Schaukelpferd und Mundharmonika
von Philipp Harpain
Uraufführung

Regie / Dramaturgie: Michael Jezierny | Ausstattung: Rainer Felzner & Ensemble | Musik: André Faberski

Gregor Gog: André Faberski | Hans Tombrock: Christoph Maaß

Eine Produktion der TheaterSpielWerkstatt

Premiere: 13. April 2000, Falstaff-Foyer

Die Ratten
Berliner Tragikomödie von Gerhart Hauptmann

Inszenierung: Lore Stefanek | Bühnenbild: Anna Stolze | Kostüme: Stephanie Geiger | Musikalische Beratung: Michael Barfuß | Dramaturgie: Helmut Postel

Harro Hassenreuther, ehemaliger Theaterdirektor: Rolf Mautz | Seine Frau: Ulrike Schloemer | Walburga, seine Tochter: Heike Kretschmer | Pastor Spitta / Erich Spitta: Tobias Randel | Alice Rütterbusch: Kornelia Lüdorff | John, Maurerpolier: Felix Vörtler | Frau John: Anke Zillich | Bruno Mechelke, ihr Bruder: Raphael Rubino | Pauline Piperkarcka, Dienstmädchen: Nina V. Vodop 'yanova | Frau Sidonie Knobbe: Tanja von Oertzen | Selma, ihre Tochter: Verena Bukal | Quaquaro, Hausmeister: Mohammad-Ali Behboudi | Frau Kielbacke: Anna Polke | Schutzmann Schierke: Florian Scholz

Premiere: 26. Mai 2000, Großes Haus
Fotos: Jürgen Diemer

Gebrüllt vor Lachen
(Laughing Wild)
von Christopher Durang
Deutsch von Peter Stephan Jungk

Inszenierung: Monika Schill | Ausstattung: Silke Kosbü | Dramaturgie: Sandra Dohle

Mit Kornelia Lüdorff, Florian Scholz

Premiere: 08. Juni 2000, Studio 99

Der Diener zweier Herren
von Carlo Goldoni
Deutsch von Geraldine Gabor

Inszenierung: Barry L. Goldman | Bühne: Stafanie Stuhldreier | Kostüme: Sigrid Trebing | Musik: Michael Barfuß | Dramaturgie: Erinnya Wolf

Pantalone de Bisognosi: Juan Carlos Lopez | Clarice, seine Tochter: Hanna Jürgens | Dottore Lombardi: Jeffrey R. Zach | Silvio Lombardi, sein Sohn: Daniel Wiemer | Beatrice Rasponi: Jennifer Julia Caron | Florindio Arteusi: Andreas Maier | Brighella, Wirt: Juan Manuel Torres y Soria | Smeraldina, Zofe der Clarice: Sabine Maria Reiß | Truffaldino, Diener der Beatrice und später des Florindo: Kaspar Markus Küppers

Premiere: 15. Juni 2000, Großes Haus
Fotos: Jürgen Diemer

2000/01

Quizoola!
von Tim Etchells
deutsch von Thomas Oberender

Girlsnightout
von Gesine Danckwart

Inszenierung: Kay Voges | Bühne: Achim Naumann d'Alnancourt, Petra Rotterdam | Kostüme: Claudia Helling | Musikalische Leitung: Michael Barfuß | Kamera und Schnitt: John Geiter | Logo-Animation: Nils Voges | Ton und Sound für Video und Manipulationsraum: Lars Figge | Dramaturgie: Rolf Rüth

Jennifer Julia Caron: Jennifer Julia Caron | Hanna Jürgens: Hanna Jürgens | Kaspar Markus Küppers: Kaspar Markus Küppers | Florian Scholz: Florian Scholz

Akkordeonist: André Faberski
Feuerspucker: Thorsten Deppe
Statistinnen: Silvia Kemper, Nadine Müller

Projektleitung: Stefan Müller

Premieren am 08. und 09. September 2000, Bunker Alte Heid
Fotos: Birgit Steinmetz

Don Carlos
von Friedrich Schiller

Inszenierung: Christoph Roos | Bühnenbild: Peter Scior | Kostüme: Sigrid Trebing | Musik: Franz Mestre | Dramaturgie: Erinnya Wolf | Lichtgestaltung: Jochen Jahncke | Fechtszene: Klaus Figge

Philipp der Zweite, König von Spanien: Hartmut Stanke | Elisabeth von Valois, seine Gemahlin: Sabine Maria Reiß | Don Carlos, der Kronprinz: Juan Manuel Torres y Soria | Prinzessin Eboli, Dame der Königin: Kornelia Lüdorff | Herzogin von Olivarez, Oberhofmeisterin: Anna Polke | Marquisin von Mondecar, Dame der Königin: Floriane Kleinpaß | Marquis von Posa, ein Malteserritter: Andreas Maier | Herzog von Alba: Bernd Braun | Domingo, Beichtvater des Königs: Raphael Rubino | Page der Königin: Daniel Wiemer | Graf von Lerma, Oberster der Leibwache: Mohammad-Ali Behboudi | Der Großinquisitor: Juan Carlos Lopez | Don Raimond von Taxis, Oberpostmeister: Heinz Gibas | Graf von Cordua: Hendrik Richter | Die Infantin Clara Eugenia: Carla Johnen / Selina Kaiser / Maria Krümmel / Mirjam Wennemar / Vivienne Hübbertz

Premiere: 29. September 2000, Großes Haus
Fotos: Jürgen Diemer

Zuguterletzt: Das, was bleibt!

Heike Kretschmer und Yorck Dippe in
„Portia" von Marina Carr,
Premiere am 20. Oktober 2000 im Großen Haus

Yorck Dippe, Michael Witte, Andrea Bettini,
Tatjana Pasztor und Heike Kretschmer in
„Hedda Gabler" von Henrik Ibsen,
Premiere am 22. Oktober 2000 im Großen Haus

Jennifer Julia Caron in „Hänsel und Gretel"
nach dem Märchen der Gebrüder Grimm,
Premiere am 10. November 2000 im Ebertbad

Hanna Jürgens in „Alles. In einer Nacht."
von Falk Richter,
Premiere am 19. Januar 2001 im Studio 99

Portia
(Portia Caughlan)
von Marina Carr
Deutsch von Chris Ohnemus
Deutsche Erstaufführung

Inszenierung: Klaus Weise | Bühnenbild: Martin Kukulies | Kostüme: Fred Fenner | Musik: Michael Barfuß | Dramaturgie: Helmut Postel | Lichtgestaltung: Jochen Jahncke

Portia Coughlan, dreißig: Heike Kretschmer | Gabriel Scully, fünfzehn, Portias Zwillingsbruder, ein Geist: Verena Bukal | Raphael Coughlan, fünfunddreißig, Portias Ehemann, hat einen Hinkefuß: Andrea Bettini | Marianne Scully, etwa fünfzig, Portias Mutter: Manuela Alphons | Sly Scully, etwa fünfzig, Portias Vater: Rolf Mautz | Maggie May Doorley, etwa fünfzig, Portias Tante, Mariannes Schwester: Anke Zillich | Senchil Doorley, etwa fünfzig, Maggie Mays Ehemann: Erol Ünsalan | Blaize Scully, achtzig, Portias Großmutter: Stella Avni | Stace Diyle (der Zyklop von Coolinarey), dreißig, Portias Freundin: Tatjana Pasztor | Daums Halion, etwa dreißig, Portias Geliebter: Yorck Dippe | Fintan Goolan, etwa dreißig, der Barmann des „High Chaperal": Michael Witte

Premiere: 20. Oktober 2000, Großes Haus
Fotos: Birgit Steinmetz

Hedda Gabler
Schauspiel in vier Akten von Henrik Ibsen
Deutsche Fassung: Klaus Weise

Inszenierung: Klaus Weise | Bühnenbild: Martin Kukulies | Kostüme: Fred Fenner | Dramaturgie: Helmut Postel | Lichtgestaltung: Jochen Jahncke

Jörn Tesmann, Kunsthistoriker: Andrea Bettini | Hedda Tesmann, seine Frau: Heike Kretschmer | Fräulein Juliane Tesmann, seine Tante: Anke Zillich | Frau Elvsted: Tatjana Pasztor | Richter Brack: Yorck Dippe | Ejlert Lövborg: Michael Witte | Nina, Dienstmädchen bei Tesmanns: Nina V. Vodop´yanova

Premiere: 22. Oktober 2000, Großes Haus
Fotos: Birgit Steinmetz

„Fremd ist der Fremde nur in der Fremde"
Eine Veranstaltung zu den „Antifaschistischen Aktionstagen in Oberhausen 2000"
Mit Texten, Liedern und Szenen von Karl Valentin, Bertolt Brecht, Ödön von Horváth, Max Goldt, Ernst Jandl, Wiglaf Droste, Josef Degenhardt u. a.

Leitung: Florian Scholz, Helmut Postel und Ulaş Erbaş

Mit Verena Bukal | Astrid Horst | Kornelia Lüdorff | Anna Polke | Zazie de Paris | Nina V. Vodop´yanova | Anke Zillich | Günter Alt | Michael Barfuß | Mohammad-Ali Behboudi | Bernd Braun | Serdar Deniz | André Faberski | Rolf Mautz | Thomas Müller | Hendrik Richter | Raphael Rubino | Florian Scholz | Hartmut Stanke | Juan Manuel Torres y Soria | Daniel Wiemer | Michael Witte

Am: 09. November 2000, Großes Haus

Hänsel und Gretel
Nach dem Märchen der Brüder Grimm
Für die Bühne eingerichtet von Wolfgang Wiens
Mit Liedern von Michael Barfuß (Musik) und Thomas Goritzki (Text)

Inszenierung: Christina Böckler | Bühne: Petra Rotterdam | Kostüme: Ilka Hövermann | Musikalische Leitung: Michael Barfuß | Liedtexte: Thomas Goritzki | Choreographie: Christina Böckler & Ensemble | Dramaturgie: Michael Jezierny

Mutter: Julia Wirtz | Gretel: Hanna Jürgens | Hänsel: Kaspar Markus Küppers | Vater: Dirk Fenselau | Engelbär: Jennifer Julia Caron | Hexe: Julia Wirtz

Premiere: 10. November 2000, Ebertbad
Fotos: Jürgen Diemer

Der einsame Freund
Ein Ernst-Jandl-Abend

Leitung: Anna Polke, Helmut Postel | Bühne: Andrea Mutz
Die Sprechenden, die auch zu sehen sein werden: Verena Bukal, Anna Polke, Günter Alt, Rolf Mautz, Helmut Postel

Premiere: 14. November 2000, Studio 99

Orpheus steigt herab
(Orpheus descending)
Uraufführung der Neuübersetzung von Wolf Christian Schneider

Regie: Werner Schroeter | Ausstattung: Barbara Rückert | Dramaturgie: Erinnya Wolf | Musikalische Mitarbeit: Franz Mestre

Lady Torrance: Tatjana Clasing | Jabe Torrence: Alfred Herms | Val Xavier: Andreas Maier | Uncle Pleasant / Clown: Ernest Allan Hausmann | Vee Talbott: Tatjana Pasztor | Sheriff Talbott: Bernd Braun | Carol Cutrere: Zazie de Paris | David Cutrere: Juan Carlos Lopez | Beulah Binnings: Anna Polke | Pee Wee Binnings: Raphael Rubino | Dolly Hamma: Kornelia Lüdorff | Dog Hamma: Erol Ünsalan | Schwester Porter: Nina V. Vodop´yanova

Premiere: 15. Dezember 2000, Großes Haus
Fotos: Christian Nielinger

Alles. In einer Nacht.
von Falk Richter

Inszenierung: Kay Voges | Video: John Geiter | Bühne: Svea Kossack | Kostüme: Katharina Kämper | Musik: Lars Figge

Eine Frau: Hanna Jürgens

Premiere: 19. Januar 2001, Studio 99
Fotos: Jürgen Diemer

Zuguterletzt: Das, was bleibt!

Rolf Mautz, Hartmut Stanke, Kaspar Markus Küppers und Jennifer Julia Caron in „Im weißen Rößl" von Hans Müller und Erik Charell, Premiere am 26. Januar 2001 im Großen Haus

Andreas Maier und Nina V. Vodop`yanova in „Muñeca" von Gianluigi Gherzi, Monica Mattioli und Roberto Corona, Premiere am 16. März 2001 im Studio 99

Kornelia Lüdorff und Heike Kretschmer in „Lisbeth ist total bekifft" von Armando Llamas, Premiere am 26. April 2001 im Studio 99

Michael Witte und Jennifer Julia Caron in „The Glory of Living" von Rebecca Gilman, Premiere am 23. Mai 2001 im Studio 99

Im Weißen Rößl
Singspiel in drei Akten
(frei nach dem Lustspiel von Blumenthal und Kadelburg)
von Hans Müller und Erik Charell
Musik von Ralph Benatzky
Texte der Gesänge von Robert Gilbert
Sechs musikalische Einlagen von Bruno Granichstaedten, Robert Gilbert, Robert Stolz und Hans Frankowski

Inszenierung: Volker Schmalöer | Musikalische Leitung und Arrangements: Michael Barfuß | Bühnenbild: Daniel Roskamp | Kostüme: Ulrike Obermüller | Lichtgestaltung: Jochen Jahncke | Choreographie: Michael Siebrock-Serafimowitsch | Dramaturgie: Rolf Rüth

Josepha Vogelhuber, Wirtin zum „Weißen Rößl": Anke Zillich | Leopold Brandmeyer, Zahlkellner: Juan Manuel Torres y Soria | Wilhelm Giesecke, Fabrikant: Rolf Mautz | Ottilie, seine Tochter: Anne Katherine Fink | Dr. Otto Siedler, Rechtsanwalt: Yorck Dippe | Sigismund Sülzheimer: Günter Alt | Professor Dr. Hinzelmann: Hartmut Stanke | Klärchen, seine Tochter: Verena Bukal | Der Kaiser: Heide Simon | Piccolo: Florian Scholz | Kellner Berti: Alexander Wenz | Kathi: Sybille Schedwill | Ein Hochzeitspaar: Jennifer Julia Caron und Kaspar Markus Küppers | Bustouristen: Das Ensemble

Premiere: 26. Januar 2001, Großes Haus
Fotos: Jürgen Diemer

Die arabische Nacht
von Roland Schimmelpfennig

Inszenierung: Annette Kuß | Bühnenbild: Siggi Colpe | Kostüme: Martina Müller | Musik: Reverend Ch. Dabeler | Dramaturgie: Helmut Postel

Hans Lomeier: Juan Carlos Lopez | Fatima Mansur: Kornelia Lüdorff | Franziska Deke: Heike Kretschmer | Kalil: Hendrik Richter | Peter Karpati: Daniel Wiemer

Premiere: 02. März 2001, Großes Haus
Fotos: Birgit Steinmetz

Kinderwahn
Vatergeschichten von und mit Hendrik Richter und Juan Manuel Torres y Soria

Inszenierung: Hendrik Richter, Juan Manuel Torres y Soria und Kay Voges | Ausstattung: Svea Kossack

Premiere: 08. März 2001, Falstaff-Foyer

Muñeca
von Gianluigi Gherzi, Monica Mattioli, Roberto Corona
aus dem Italienischen übersetzt von Brigitte Korn-Wimmer
frei nach Motiven von Madame Leprince de Beaumont:
„Die Schöne und das Tier"

Inszenierung: Friederike Felbeck | Objekt- und Skulpturenbau: Peter Ketturkat | Bühnenbild: Andrea Mutz | Kostüme: Sonja Albartus | Musik: Michael Barfuß | Dramaturgie: Erinnya Wolf

Bella: Nina V. Vodop'yanova | Bestie: Andreas Maier

Premiere: 16. März 2001, Studio 99
Fotos: Christian Nielinger

„...Oder sind wir am End nicht mehr auf der Welt?..."
Soiree zur Ausstellung „Verehrt verfolgt vergessen"

Leitung: Astrid Horst

Mit Bernd Braun, Hartmut Stanke

Am: 27. März 2001, Falstaff-Foyer

Wie ein Theaterstück entsteht
von Karel Capek

Inszenierung: Florian Scholz | Kostüme: Katharina Kämper

Gespielt von: Nina V. Vodop´yanova

Premiere: 29. März 2001, Falstaff-Foyer
Fotos: Jürgen Diemer

Geschichten aus dem Wiener Wald
Volksstück in drei Teilen von Ödön von Horváth

Inszenierung: Johannes Lepper | Bühnenbild: Martin Kukulies | Kostüme: Stephanie Geiger | Dramaturgie: Helmut Postel

Alfred: Yorck Dippe | Die Mutter: Anke Zillich | Die Großmutter: Dieter Oberholz | Der Hierlinger Ferdinand: Juan Manuel Torres y Soria | Valerie: Anna Polke | Oskar: Erol Ünsalan | Havlitschek: Raphael Rubino | Rittmeister: Bernd Braun | Marianne: Verena Bukal | Zauberkönig: Hartmut Stanke | Erich: Raphael Rubino | Der Mister: Mohammad-Ali Behboudi | Der Conferencier: Kaspar Markus Küppers

Premiere: 06. April 2001, Großes Haus
Fotos: Jürgen Diemer

Lisbeth ist total bekifft
von Armando Llamas

Regie: Florian Scholz | Bühne: Andrea Mutz | Kostüme: Sonja Albartus

Lisbeth: Hanna Jürgens | Hermione: Heike Kretschmer | Winfried: Kornelia Lüdorff | Vincent: Daniel Wiemer

Premiere: 26. April 2001, Nachtfoyer im Studio 99
Fotos: Christian Nielinger

Ich probiere Geschichten an wie Kleider
Eine literarische Hommage an Max Frisch

Leitung: Astrid Horst

Mit Astrid Horst, Anna Polke, Bernd Braun
Mit einer Einführung von Dr. Ronald Schneider

Am: 10. Mai 2001, Falstaff-Foyer

Zuguterletzt: Das, was bleibt!

Kornelia Lüdorff und Günter Alt in „Krankheit der Jugend" von Ferdinand Bruckner, Premiere am 1. Juni 2001 im Großen Haus

Imke Trommler und Kaspar Markus Küppers in „Feuergesicht" von Marius von Mayenburg, Premiere am 23. September 2001 im Studio 99

Anke Zillich und Günter Alt in „Ein Sommernachtstraum" von William Shakespeare, Premiere am 29. September 2001 im Großen Haus

Bernd Braun, Hanna Jürgens, Tatjana Pasztor und Verena Bukal in „Sonnenfinsternis" von Susanne Schneider, Premiere am 2. November 2001 im Großen Haus

The Glory of Living
von Rebecca Gilman
Deutsch von Roland Schimmelpfennig
Deutsche Erstaufführung

Regie: Kay Voges | Bühne & Kostüme: Pia Maria Mackert | Dramaturgie: Michael Jezierny | Musik: Michael Barfuß | Kampfszene: Klaus Figge

Lisa: Jennifer Julia Caron | Clint: Daniel Wiemer | Mädchen / Carol / Angie: Hanna Jürgens | Steve: Kaspar Markus Küppers | Burrows: Hendrik Richter | Carl: Michael Witte

Premiere: 23. Mai 2001, Studio 99
Fotos: Birgit Steinmetz

Felix Austria
Ein Österreich-Abend

Leitung: Helmut Postel, Michael Barfuß, Erinnya Wolf

Mit Verena Bukal, Anna Polke, Anke Zillich, Andreas Maier, Rolf Mautz, Dieter Oberholz, Helmut Postel, Hartmut Stanke, Hendrik Richter, Raphael Rubino, Daniel Wiemer

Premiere: 25. Mai 2001, Ebertplatz

Krankheit der Jugend
Schauspiel in drei Akten von Ferdinand Bruckner

Inszenierung: Stefan Otteni | Bühne: Martin Kukulies | Kostüme: Sonja Albartus | Dramaturgie: Astrid Horst

Marie: Kornelia Lüdorff | Desiree: Tatjana Pasztor | Irene: Heike Kretschmer | Frieder: Juan Manuel Torres y Soria | Petrell: Yorck Dippe | Alt: Günter Alt | Lucy: Nina V. Vodop´yanova

Premiere: 01. Juni 2001, Großes Haus
Fotos: Jürgen Diemer

Orte der Sehnsucht
Georg Forster – Weltumsegler und Revolutionär

Idee und Umsetzung: Klaus Weise
Komposition / Musikalische Einrichtung: FM Einheit | Ausstattung: Manfred Blößer, Fred Fenner | Elektronische Szenografie / Video: Ruth Prangen | Lichtgestaltung: Jochen Jahncke | Akustikdesign: Lars Figge, FM Einheit | Dramaturgie: Rolf Rüth, Sandra Hartung

Gespielt von: Verena Bukal | Anna Polke | Anke Zillich | Mohammad-Ali Behboudi | Andrea Bettini | Bernd Braun | Juan Carlos Lopez | Andreas Maier | Rolf Mautz | Raphael Rubino | Hartmut Stanke | Erol Ünsalan

Die Band
Gesang: Rica Blunck | Elektronik, Metall: FM Einheit | Baß, Orgel: Sjang Coenen | Gitarre: Caspar Brötzmann | Schlagwerk: Saskia von Klitzing | Musikalisches Hawaii-Design: Michael Barfuß | Hula-Hula-Interpret: Thomas O. Müller | Bardamen: Floriane Kleinpaß und Nadine Müller

In Zusammenarbeit mit der Kunsthochschule für Medien Köln
Mitwirkende Medienkünstler: Elektronische Szenografie / Video: Ruth Prangen | Live Video: Jörg Pfeiffer, Thomas Tirei | Video „Schwimmer": Oliver Schwabe

Eine Koproduktion mit der Stiftung Industriedenkmalpflege und Geschichtskultur

Premiere: 07. Juni 2001, Kokerei Zollverein, Essen
Fotos: Christian Nielinger

Container-Programm
halbstündige Kurzveranstaltungen von Schauspielern vor der Vorstellung
Mai und Juni 2001

Container auf dem Ebertplatz

2001/02

Feuergesicht
von Marius von Mayenburg

Inszenierung: Kay Voges | Bühne und Kostüme: Daniel Roskamp | Musik: Michael Barfuß | Maskenkonzeption: Thomas Müller | Dramaturgie: Erinnya Wolf

Vater: Michael Witte | Mutter: Anna Polke | Olga: Imke Trommler | Kurt: Kaspar Markus Küppers | Paul: Juan Manuel Torres y Soria

Premiere: 23. September 2001, Studio 99
Fotos: Christian Nielinger

Ein Sommernachstraum
von William Shakespeare
Deutsch von Frank Günther

Inszenierung: Annette Kuß | Bühnenbild: Siggi Colpe | Kostüme: Cornelia Brey | Musik: Gereon Basso, Chris Huwer, Volker Kamp | Dramaturgie: Helmut Postel

Hippolyta, Königin der Amazonen, verlobt mit Theseus: Anke Zillich | Theseus, Herzog von Athen: Günter Alt | Lysander, wird von Hermia geliebt: Daniel Wiemer | Demetrius, Bewerber um Hermia: Mirco Reseg | Hermia, verliebt in Lysander: Regina Gisbertz | Helena, verliebt in Demetrius: Kornelia Lüdorff | Titania, Königin der Elfen: Nina V. Vodop´yanova | Oberon, König der Elfen: Gunter Heun | Puck, oder Robin Gutfreund, ein Troll, Oberons Hofnarr und Adjutant: Hendrik Richter | Mohnblüte: Gereon Basso | Mohnbrötchen: Chris Huwer | Mohnkapsel: Volker Kamp | Peter Squenz, ein Zimmermann (Prolog): Erol Ünsalan | Niklaus Zettel, ein Weber (Pyramus): Juan Carlos Lopez | Franz Flaut, Blasbalgflicker (Thisbe): Mohammad-Ali Behboudi | Tom Schnauz, Kesselflicker (Wand): Andreas Maier | Schnock, ein Schreiner (Löwe): Christoph Landwehr | Matz Schlucker, Schneider (Mondschein): Rolf Mautz

Premiere: 29. September 2001, Großes Haus
Fotos: Jürgen Diemer

Sonnenfinsternis
von Susanne Schneider
Uraufführung

Inszenierung: Klaus Weise | Bühnenbild: Martin Kukulies | Kostüme: Fred Fenner | Lichtgestaltung: Jochen Jahncke | Komposition: Michael Barfuß | Remix: Lars Figge | Videobearbeitung: Volker Köster | Dramaturgie: Rolf Rüth

Fred: Bernd Braun | Gesine, seine Frau: Tatjana Pasztor | Martha: Manuela Alphons | Willi, ihr Mann: Hartmut Stanke | Nektaria: Hanna Jürgens | Koch: Yorck Dippe | Dirk: Raphael Rubino | Duffy: Verena Bukal | Frau Hille: Anke Zillich | Karla, ihre Tochter: Jennifer Julia Caron | Stimme Jerry Carcia: Leo Ernest Caron | Tierstimmen: Mohammad-Ali Behboudi, Romolo Chiaradonna, Helmut Postel, Vincent Ventelou

Premiere: 02. November 2001, Großes Haus
Fotos: Christian Nielinger

Zuguterletzt: Das, was bleibt!

Regina Gisbertz, Juan Manuel Torres y Soria und Daniel Wiemer in „Der Zauberer von Oz" von Thomas Birkmeir, Premiere am 16. November 2001 im Großen Haus

Hanna Jürgens und Katharina Brenner in „Windsturmreiter" von Anna Siegrot, Premiere am 15. Dezember 2001 im Studio 99

Günter Alt, Hendrik Richter, Juan Manuel Torres y Soria und Yorck Dippe in „Kommsse rauf, kannze kucken". Eine musikalische Revue des Ensembles von Kay Voges, Premiere am 31. Dezember 2001 im Großen Haus

Verena Bukal, Bernd Braun und Oleg Zhukov in „Gesäubert" von Sarah Kane, Premiere am 18. Januar 2002 im Großen Haus

Der Zauberer von Oz
von Thomas Birkmeir
Musik von Michael Barfuß
Deutsche Erstaufführung

Regie: Christina Böckler | Bühne: Petra Rotterdam | Kostüme: Ilka Hövermann | Choreographie: Amelie Jalowy | Dramaturgie: Michael Jezierny

Dorothy, ein Mädchen aus Kansas: Regina Gisbertz | Tante Em: Nina V. Vodop 'yanova | Onkel Henry: Daniel Wiemer | Drippsdrüü, die Hexe des Nordens: Esther Reubold | Massákka, die Hexe des Westens: Nina V. Vodop 'yanova | Vogelscheuche: Hendrik Richter | Blechmann: Juan Manuel Torres y Soria | Löwe: Mirco Reseg | Der Zauberer von Oz: Daniel Wiemer | Mampfer, Krähe, Tuiti, Kalidah, Krethi, Blinzler, Flügelaffe: Kaspar Markus Küppers | Bürgermeister, Elster, Kalidah, Flügelaffe: Daniel Wiemer | Mohnblume, Plethi, Flügelaffe, Blinzler: Frank Wöhrmann

Premiere: 16. November 2001, Großes Haus
Fotos: Jürgen Diemer

Sandwich mit der Dietrich
Eine Ensembleproduktion zum Welt-Aids-Tag

Mit Jennifer Julia Caron | Regina Gisbertz | Kornelia Lüdorff | Anna Polke | Günter Alt | André Faberski | Christoph Kreutzer | Thomas Müller | Volker Kamp | Juan Manuel Torres y Soria

Am: 01. Dezember 2001, Studio 99

Es ist alles eitel
Weihnachtslesung
Benefiz-Veranstaltung

Leitung: Helmut Postel und Erinnya Wolf

Mit Manuela Alphons | Verena Bukal | Jennifer Julia Caron | Regina Gisbertz | Kornelia Lüdorff | Tatjana Pasztor | Anna Polke | Nina V. Vodop'yanova | Anke Zillich | Günter Alt | Mohammad-Ali Behboudi | Bernd Braun | Yorck Dippe | Kaspar Markus Küppers | Juan Carlos Lopez | Andreas Maier | Rolf Mautz | Mirco Reseg | Hendrik Richter | Raphael Rubino | Hartmut Stanke | Juan Manuel Torres y Soria | Erol Ünsalan | Daniel Wiemer | Michael Witte

Am: 08. Dezember 2001, Großes Haus

Windsturmreiter
von Anna Siegrot

Inszenierung: Harald Wolff | Bühnenbild: Andrea Mutz | Kostüme:Tanja A. Görlitz | Musik: Volker Kamp | Dramaturgie: Helmut Postel

Blaster: Katharina Brenner | Britta: Hanna Jürgens

Premiere: 15. Dezember 2001, Studio 99
Fotos: Birgit Steinmetz

Kommsse rauf, kannze kucken
Eine musikalische Revue des Ensembles

Inszenierung: Kay Voges | Musikalische Leitung und Arrangements: Michael Barfuß | Bühnenbild: Gesine Kuhn | Kostüme: Sonja Albartus | Choreographie: Michael Sieberock-Serafimowitsch | Video: John Geiter | Dramaturgie: Rolf Rüth

Herbert Giersiepen: Günter Alt | Lotti Giersiepen: Anke Zillich | Johann von Wolf-Gang: Hendrik Richter | Norbert Nebel : Juan Manuel Torres y Soria | Ilona Baumgerber: Juliane Price | Charlene Korn (Charlie): Jennifer Julia Caron | Jean Beton: Yorck Dippe | Samantha Sutthoff: Regina Gisbertz
Die Band: Keybord: Michael Barfuß | Gitarre: Peter Engelhardt | Schlagzeug: Stefan Lammert | Bass: Manfred Miketta | Saxophon, Klarinette, Flöte: Lothar von Staa

Premiere: 31. Dezember 2001, Großes Haus
Fotos: Jürgen Diemer

Gesäubert
von Sarah Kane
Deutsch von Elisabeth Plessen, Nils Tabert und Peter Zadek

Inszenierung: Christoph Roos | Bühne: Peter Scior | Kostüme: Sigrid Trebing | Musik: Franz Mestre | Dramaturgie: Erinnya Wolf | Lichtgestaltung: Jochen Jahncke

Graham: Daniel Wiemer | Tinker: Bernd Braun | Carl: Andreas Maier | Rod: Raphael Rubino | Grace: Verena Bukal | Robin: Oleg Zhukov | Frau: Jennifer Julia Caron

Premiere: 18. Januar 2002, Großes Haus
Fotos: Birgit Steinmetz

Wurzelsepp
Ein spätes Stück Weihnachten

Mit Verena Bukal, Andreas Maier

Premiere: 24. Januar 2002, Falstaff-Foyer

Der nackte Wahnsinn
von Michael Frayn
Deutsch von Ursula Lyn

Inszenierung: Fred Berndt | Bühnenbild: Fred Fenner / Daniel Nunez-Adinolfi | Kostüme: Fred Fenner | Dramaturgie: Helmut Postel / Stefan Kroner | Lichtgestaltung: Jochen Jahncke

Dotty Otley (Mrs Clackett): Anke Zillich | Garry Lejeune (Roger Tramplemain): Mirco Reseg | Brooke Ashton (Vicki): Hanna Jürgens | Frederick Fellowes (Philip Brent / Scheich): Erol Ünsalan | Belinda Blair (Flavia Brent): Anna Polke | Selsdon Mowbary (Einbrecher): Hartmut Stanke | Lloyd Dallas, Regisseur: Juan Carlos Lopez | Poppy Norton-Taylor, Regieassistentin: Regina Gisbertz / Katja Hiller | Tim Allgood, Inspizient: Kaspar Markus Küppers

Premiere: 15. Februar 2002, Großes Haus
Fotos: Christian Nielinger

Zuguterletzt: Das, was bleibt!

Anke Zillich, Anna Polke, Katja Hiller, Juan Carlos Lopez und Erol Ünsalan in „Der nackte Wahnsinn" von Michael Frayn, Premiere am 15. Februar 2002 im Großen Haus

Alexander Swoboda und Nicole Kersten in „Miss Sara Sampson" von Gotthold Ephraim Lessing, Premiere am 28. Februar 2002 im Studio 99

Nina V. Vodop`yanova, Lore Stefanek, Andreas Maier und Bernd Braun in „Drei Schwestern" von Anton Cechov, Premiere am 22. März 2002 im Großen Haus

Michael Witte in „Heinrich der Fünfte" von Ignace Cornelissen, Premiere am 5. Mai 2002 auf dem Schulhof des Bertha-von-Suttner-Gymnasiums

Liza. Am letzten Abend bauchfrei
von Andreas Sauter
Ensemblelesung in der Reihe Lesen am Stück

Mit Jennifer Julia Caron, Sandra Hartung, Andreas Maier, Helmut Postel, Hendrik Richter, Juan Manuel Torres y Soria

Premiere: 22. Februar 2002, Studio 99

Miss Sara Sampson
von Gotthold Ephraim Lessing

Inszenierung und Bühne: Matthias Kaschig | Mitarbeit Bühnenbild: Gesine Kuhn | Kostüme: Sonja Albartus | Musik: Gregor Schwellenbach | Dramaturgie: Helmut Postel / Sandra Hartung

Miss Sara Sampson: Angela Ascher | Mellefont: Alexander Swoboda | Marwood: Nicole Kersten | Hannah: Johanna Marx | Arabella: Carla Johnen / Lena Groesdonk

Premiere: 28. Februar 2002, Studio 99
Fotos: Birgit Steinmetz

Herr Mautz
Ein angenehmes Stück von Frau Berg
Uraufführung

Regie: Klaus Weise | Bühne und Kostüme: Fred Fenner | Dramaturgie: Erinnya Wolf | Musik: Michael Barfuß | Lichtgestaltung: Jochen Jahncke

Herr Mautz: Rolf Mautz | Der Erzähler: Mohammad-Ali Behboudi | Kakerlake 1: Juan Manuel Torres y Soria | Kakerlake 2: Hendrik Richter | Kakerlake 3: Roland Riebeling

Premiere: 09. März 2002, Großes Haus
Fotos: Birgit Steinmetz

Drei Schwestern
Drama in vier Akten von Anton Čechov
übersetzt von Peter Urban 1974; revidiert 1999
Fassung: Astrid Horst und Stefan Otteni
Unter Berücksichtigung der Jaltaer Fassung, der Varianten und Notizen Čechovs

Inszenierung: Stefan Otteni | Bühne und Kostüme: Franz Lehr | Musikalische Einstudierung und Arrangements: Michael Barfuß | Regiemitarbeit: Ulaş Erbaş | Dramaturgie: Rolf Rüth

Andrej Prozorov: Günter Alt | Natasa, seine Braut, danach Ehefrau: Kornelia Lüdorff | Olga, seine Schwester: Tatjana Pasztor | Masa, seine Schwester: Nina V. Vodop 'yanova | Irina, seine Schwester: Verena Bukal | Kulygin, Lehrer am Gymnasium, Ehemann Masas: Tuğsal Moğul | Versinin, Oberleutnant, Batteriekommandeur: Yorck Dippe | Tuzenbach, Baron, Leutnant: Daniel Wiemer | Solenyj, Stabshauptmann: Raphael Rubino | Cebutykin, Militärarzt: Bernd Braun | Fedotik, Unterleutnant: Toks Körner | Rode, Unterleutnant: Andreas Maier | Ferapont, Diener bei der Stadtverwaltung: Volker Kamp | Anfisa, eine alte Bedienstete: Lore Stefanek

Premiere: 22. März 2002, Großes Haus
Fotos: Jürgen Diemer

Der Kontrabaß
von Patrick Süskind

Mit Hartmut Stanke

Premiere: 13. April 2002, Studio 99
Fotos: Jürgen Diemer

Werther in New York
von Tim Staffel

Inszenierung: Kay Voges | Ausstattung: Pia Maria Mackert | Musik: Markus Maria Jansen / Markus Türk | Video: John Geiter | Dramaturgie: Helmut Postel / Sandra Hartung

Werther: Juan Manuel Torres y Soria | Lotte: Hanna Jürgens | Albert: Juan Carlos Lopez | Piucard: Hendrik Richter | Zoe: Regina Gisbertz

Premiere: 19. April 2002, Großes Haus
Fotos: Jürgen Diemer

bash - stücke der letzten Tage
von Neil LaBute
Ensemblelesung in der Reihe Lesen am Stück

Mit Anna Polke, Anke Zillich, Andreas Maier, Daniel Wiemer

Am: 21. April 2002, Studio 99

Heinrich der Fünfte
von Ignace Cornelissen
Aus dem Flämischen von Patricia Linden
Frei nach Motiven von William Shakespeares „Henry The Fifth"

Regie: Barry L. Goldman | Bühnenbild: Gesine Kuhn | Kostüme: Tanja A. Görlitz | Musik: Walter Kiesbauer | Dramaturgie: Claudia Engemann / Michael Jezierny

Der junge Heinrich / König Heinrich der Fünfte: Kaspar Markus Küppers | Ein Mädchen / Prinzessin Katherine: Melanie Haupt | Der entfernte Cousin: Mirco Reseg | Erzähler / Ein französischer Soldat / Ein englischer Soldat: Michael Witte | Musiker / Soldat: Rolf Hildebrandt

Premiere: 05. Mai 2002, Bertha-von-Suttner-Gymnasium
Fotos: Jürgen Diemer

Der Kinderwahn geht weiter
Neue Vatergeschichten von und mit Hendrik Richter und Juan Manuel Torres y Soria

Inszenierung: Hendrik Richter, Juan Manuel Torres y Soria und Kay Voges | Regieberatung: Kay Voges | Bühne: Gesine Kuhn | Kostüme: Tanja A. Görlitz

Heise: Hendrik Richter | Wennemann: Juan Manuel Torres y Soria | M. Fang-Schalter: Eva Wirtz | Lina Linoleum: Sinead Kennedy | J. Riewer-Danz: Volker Kamp

Premiere: 23. Mai 2002, Falstaff-Foyer
Fotos: Jürgen Diemer

Zuguterletzt: Das, was bleibt!

Regina Gisbertz, Raffaele Irace und Anna Polke in „die göttliche flamme oder Die Längste Sekunde" von Werner Schroeter, Premiere am 31. Mai 2002 im Großen Haus

Tatjana Pasztor und Helmut Rühl in „Ultimo. Magazine des Glücks" von Ulrich Greb, Premiere am 4. September 2002 in der Beekstraße, Duisburg

Nina V. Vodop`yanova, Nicole Kersten und Bernd Braun in „Das Winter-Mährchen" von William Shakespeare, Premiere am 20. September 2002 im Großen Haus

Volker Kamp, Martin Skoda und Julia Torres y Soria in „Oh, wie schön ist Panama" von Janosch, Premiere am 6. Oktober 2002 im Studio 99

die göttliche flamme oder Die Längste Sekunde
Ein Theaterabend von Werner Schroeter und Monika Keppler

Inszenierung: Werner Schroeter | Bühne und Kostüme: Barbara Rückert | Musik: Michael Barfuß | Choreographie: Raffaele Irace | Dramaturgie: Erinnya Wolf

Mit Jennifer Julia Caron | Regina Gisbertz | Anna Polke | Michael Barfuß | Mohammad-Ali Behboudi | Andreas Maier | Raphael Rubino | Daniel Wiemer
Unsere Gäste: Zazie de Paris | Raffaele Irace | Oleg Zhukov | Camela de Feo: (Akkordeon) | Volker Kamp: (Kontrabass)

Premiere: 31. Mai 2002, Großes Haus
Fotos: Christian Nielinger

2002/03

Ultimo
Magazine des Glücks
Idee und Konzeption: Ulrich Greb

Inszenierung: Ulrich Greb | Raum: Alfred Peter | Kostüme: Elisabeth-Maria Strauß | Lichtgestaltung: Jochen Jahncke | Sounds: Thilo Schölpen, Peter Issig | Video: Peter Ritterskamp | Regiemitarbeit, Abendspielleitung: Harald Wolff | Dramaturgie: Rolf Rüth

Jürgen Holzer: Sebastian Hufschmidt | Erika Stute: Regina Gisbertz | Rita Fink: Anke Zillich | Hildegard Schwalbe: Tatjana Pasztor | Frieda Keller: Katharina Brenner | Kalfakter (Hans Schlag) / Jäger / Verkäufer 5: Helmut Rühl | Kunde (Hans): Juan Carlos Lopez | Detektiv (Ed): Juan Manuel Torres y Soria | Detektiv (Ed): Mark Oliver Bögel | Mädchen in der Telefonzelle: Stephanie Schmidt | Blumenverkäufer / Mann im Zimmer: Werner Doetsch | Strassenmusikantin / Frau im Zimmer: Karla Böhm

Premiere: 04. September 2002, Fußgängerzone Beekstraße, Duisburg
Fotos: Christian Nielinger

Das Winter-Mährchen
von William Shakespeare
Deutsch von Klaus Weise

Inszenierung: Klaus Weise | Bühnenbild: Martin Kukulies | Kostüme: Fred Fenner | Musik für Böhmen: Melvyn Poore | Musik für Sizilien: Michael Barfuß | Live Tuba: Melvyn Poore | Choreographie: Michael Sieberock-Serafimowitsch | Dramaturgie: Helmut Postel/Sandra Hartung

Leontes, König Von Sizilien: Bernd Braun | Hermione, Königin von Sizilien: Nicole Kersten | Polixenes, König von Böhmen: Rolf Mautz | Florizel, Prinz von Böhmen: Mirco Reseg | Perdita, Prinzessin von Sizilien: Nicole Kersten | Perdita in Sizilien: Patrycia Ziolkowska | Paulina, Frau des Antigonus: Kornelia Lüdorff | Camillo, Lord von Sizilien: Germain Wagner | Autolycus, ein Gauner: Hendrik Richter | Alter Schäfer: Günter Alt | Clown, Sohn des Schäfers / Antigonus, Lord von Sizilien: Erol Ünsalan | Cleomenes, Lord von Sizilien: Ralf Drexler | Dion, Lord Von Sizilien / Archidamus, Lord von Böhmen: Stefan Preiss | Hofmusicus: Hendrik Richter | Emilia, Kammerfrau der Hermione: Patrycia Ziolkowska | Mopsa, Schäferin: Nina V. Vodop´yanova | Dorcas, Schäferin/ 1. Hofdame: Patrycia Ziolkowska | 2. Hofdame / Die Zeit als Chorus: Nina V. Vodop´yanova | Mamillius, junger Prinz von Sizilien: Sinead Kennedy | Gefängniswärter: Mirco Reseg

Premiere: 20. September 2002, Großes Haus
Fotos: Jürgen Diemer

Oh, wie schön ist Panama
von Janosch
in der Bearbeitung von Alexander Kratzer

Inszenierung: Ulaş Erbaş | Ausstattung: Andrea Mutz | Musik: Volker Kamp | Dramaturgie: Claudia Engemann

Kleiner Tiger / Maulwurf / Krähe: Julia Torres y Soria | Kleiner Bär / Fuchs / Henne / Löwe: Martin Skoda | Frosch / Erzähler: Volker Kamp

Premiere: 06. Oktober 2002, Studio 99
Fotos: Birgit Steinmetz

„Ein schöner Tag, so wahr ich Leben atme".
10 Jahre Schauspiel in Oberhausen
Ein Theaterabend mit dem Gesamtensemble

Premiere: 09. Oktober 2002, Großes Haus

Minna von Barnhelm
oder das Soldatenglück
Lustspiel in fünf Aufzügen
von Gotthold Ephraim Lessing

Inszenierung: Lore Stefanek | Bühnenbild: Anna Stolze | Kostüme: Stephanie Geiger | Musik: Michael Barfuß | Choreographie: Tanja Kuhlmann | Dramaturgie: Helmut Postel

Major von Tellheim, verabschiedet: Yorck Dippe | Minna von Barnhelm: Verena Bukal | Graf von Bruchsall, ihr Onkel: Rolf Mautz | Franziska, ihr Mädchen: Nina V. Vodop´yanova | Just, Bedienter des Majors: Andreas Maier | Paul Werner, gewesener Wachtmeister des Majors: Raphael Rubino | Der Wirt: Hartmut Stanke | Eine Dame in Trauer: Anna Polke | Ein Feldjäger: Oleg Zhukov | Riccaut de la Marliniere: Mohammad-Ali Behboudi | Tochter des Wirts: Rebecca Luft

Premiere: 25. Oktober 2002, Großes Haus
Fotos: Jürgen Diemer

Mittsommermord
von Henning Mankell,
Deutsch von Wolfgang Butt
Szenische Lesung

Leitung: Claudia Engemann und Anna Polke | Bühne: Svea Kossack | Kostüme: Daniela Maria Decker

Mit Verena Bukal | Nicole Kersten | Anna Polke | Günter Alt | Bernd Braun | Andreas Maier | Rolf Mautz | Martin Skoda | Hartmut Stanke

Am: 12. November 2002, Studio 99

Zuguterletzt: Das, was bleibt!

Verena Bukal, Nina V. Vodop'yanova und Hartmut Stanke in „Minna von Barnhelm" von Gotthold Ephraim Lessing, Premiere am 25. Oktober 2002 im Großen Haus

Hendrik Richter, Tina Seydel und Sinéad Kennedy in „Pippi Langstrumpf" von Astrid Lindgren, Premiere am 15. November 2002 im Großen Haus

Daniel Wiemer und Regina Gisbertz in „Frühlings Erwachen" von Frank Wedekind, Premiere am 5. Januar 2003 im Studio 99

Tatjana Pasztor und Yorck Dippe in „Vorher / Nachher" von Roland Schimmelpfennig, Premiere am 10. Januar 2003

Pippi Langstrumpf
von Astrid Lindgren
Deutsch von Silke von Hacht, Musik von Michael Barfuß, Liedtexte von Juan Manuel Torres y Soria

Inszenierung: Franz Xaver Zach | Ausstattung: Manfred Blößer | Musik: Michael Barfuß | Dramaturgie: Claudia Engemann

Pippi Langstrumpf: Tina Seydel | Thomas: Hendrik Richter | Annika: Sinead Kennedy | Tante Prysselius: Anke Zillich | Lehrerin / Manager: Kornelia Lüdorff | Frau Granberg: Daniel Berger | Frau Settergren: Renata Crha | Kapitän Langstrumpf / Der starke Adolf: Erol Ünsalan | Donner-Karlsson: Juan Manuel Torres y Soria & Blom (Verbrecher): Dirk Fenselau | Klang: Daniel Berger & Larsson (Polizisten): Ralf Drexler | am Piano: Robert Weinsheimer

Premiere: 15. November 2002, Großes Haus
Fotos: Birgit Steinmetz

„Stille Nacht" oder was?
Ein heiterer besinnlicher Abend
Leitung: Anna Polke; Günter Alt und Michael Barfuß

Mit Jennifer Julia Caron, Juliane Price, Julia Torres y Soria, Imke Trommler; Günter Alt, Michael Barfuß, Volker Kamp, Thomas Müller, Helmut Postel

Am: 18. und 19. Dezember 2002, Falstaff-Foyer

Frühlings Erwachen
Eine Kindertragödie
von Frank Wedekind

Inszenierung: Kay Voges | Bühne: Svea Kossack | Kostüme: Claudia Helling | Musik: Markus Maria Jansen | Dramaturgie: Sandra Hartung

Melchior Gabor: Daniel Wiemer | Moritz Stiefel: Kaspar Markus Küppers | Wendla Bergmann: Regina Gisbertz | Herrscherin: Michael Witte | Herrscherin: Anna Polke | Der Pfarrer: Thomas Müller

Premiere: 5. Januar 2003, Studio 99
Fotos: Birgit Steinmetz

Vorher / Nachher
von Roland Schimmelpfennig
Inszenierung: Christoph Roos | Bühnenbild: Peter Scior | Kostüme: Sigrid Trebing | Dramaturgie: Sandra Hartung/Helmut Postel | Komposition: Sven Rossenbach/Florian van Volxem | Choreographie: Ute Raab

Es spielen: Nicole Kersten, Tatjana Pasztor, Jennifer Julia Caron, Anna Polke, Lore Stefanek; Hartmut Stanke, Bernd Braun, Yorck Dippe, Andreas Maier, Oliver Krietsch-Matzura
Statisterie: Leni Peters, Petra Borkowski, Silke Rösch, Uschi Heckes, Sonja Wazner, Charlotte Krenz

Premiere: 10. Januar 2003, Großes Haus
Fotos: Jürgen Diemer

Die Besetzungen und Fotos der Inszenierungen, die zum Zeitpunkt der Drucklegung noch keine Premiere hatten, sind ab Juni 2003 auf unserer Homepage in Form ausdruckbarer Buchseiten unter www.theater-oberhausen.de abrufbar.

Bettys Sommerfrische
von Christopher Durang
Inszenierung: Christina Böckler

Premiere: 31. Januar 2003, Studio 99

Leonce und Lena
ein Lustspiel von Georg Büchner
Inszenierung: Annette Kuß | Bühne und Kostüme: Sigrid Colpe
Premiere: 14. Februar 2003, Großes Haus

Unerwartete Rückkehr
von Botho Strauß
Inszenierung: Klaus Weise

Premiere: 14. März 2003, Großes Haus

Musik
Sittengemälde in vier Bildern von Frank Wedekind
Inszenierung: Volker Schmalöer

Premiere: 11. April 2003, Großes Haus

Eine Überraschungsproduktion
Premiere: Mai 2003

Wer da war.
Ensemble und Gäste

Alle Namen
Fotonachweise

Ensemble (einschließlich Gäste) 1992-2003

Stella-Maria Adorf, Daniel Aichinger, Manuela Alphons, Günter Alt, Swentie Aquino, Angela Ascher, Stella Avni, Eduardo Bender, Mohammad-Ali Behboudi, Theresa Berlage, Andrea Bettini, Arved Birnbaum, Katharina von Bock, Mark Oliver Bögel, Karla Böhm, Ludwig Boettger, Kay Bohlen, Albert Bork, Gerd Braese, Matthias Brandt, Bernd Braun, Susanne Bredehöft, Katharina Brenner, Frank Büssing, Verena Bukal, Figen Canatalay, Jennifer Julia Caron, Kemalettin Celik, Tatjana Clasing, Rudolf Cornelius, Franziska Dannheim, Günther Delarue, Serdar Deniz, Yvonne Devrient, Markus Dietz, Yorck Dippe, Werner Doetsch, Ralf Drexler, Mete Ejder, André Faberski, Taies Farzan, Gerhard Fehn, Dirk Fenselau, Anne Katherine Fink, Anna Magdalena Fitzi, Hans Matthias Fuchs, Oswald Fuchs, Maryam El-Ghussein, Heinz Gibas, Regina Gisbertz, Mathias Gnädiger, Tahir Göktürk, Meike Gottschalk, Axel Gottschick, Mario Gremlich, Ulrich Haß, Hans-Jörg Hatje, Melanie Haupt, Ernest Allan Hausmann, Alfred Herms, Gunter Heun, Katja Hiller, Brigitte Hoermann, Elenor Holder, Heinrich Huber, Sebastian Hufschmidt, Stefan Hufschmidt, Faysal Ilhan, Raffaele Irace, Gerburg Jahnke, Rebecca Janssen, Juliane Janzen, Hanna Jürgens, Simone Kabst, Volker Kamp, Perpetua Keller, Thomas Kemper, Sinéad Kennedy, Nicole Kersten, Karin Klein, Matthias Kniesbeck, Harald Koch, Toks Körner, Johanna Kollet, Hakan Korkut, Cécile Kott, Augustin Kramann, Heike Kretschmer, Oliver Krietsch-Matzura, Christiana Krüger, Kaspar Markus Küppers, Christoph Landwehr, Stephanie Lang, Robert Lenkey, Johannes Lepper, Andreas Lewin, Juan Carlos Lopez, Tomas Luamba, Markus Lüdke, Kornelia Lüdorff, Helmfried von Lüttichau, Rebecca Luft, Christoph Maaß, Andreas Maier, Nicole Marischka, Gabriele Marti, Jutta Masurath, Johanna Marx, Thomas Marx, Volkert Matzen, Rolf Mautz, Georg Michahelles, Jürgen Mikol, Tuğsal Moğul, Elfriede Müller, Neven Nöthig, Dieter Oberholz, Tanja von Oertzen, Mensure Öz, Lothar Parakenings, Zazie de Paris, Tatjana Pasztor, Wolfgang Peters, Simone Pfennig, Anna Polke, Monika Praxmarer, Stefan Preiss, Juliane Price, Christoph Quest, Jean-Michel Räber, Tobias Randel, Michael Reimann, Sabine Maria Reiß, Mirco Reseg, Esther Reubold, Hendrik Richter, Jacqueline Roussety, Raphael Rubino, Eckhard Rühl, Helmut Rühl, Claudia Schätzle, Sybille Schedwill, Lorenz Schirren, Rudolf Schlager, Ulrike Schloemer, Stephanie Schmidt, Otto Schnelling, René Schnoz, Florian Scholz, Myriam Schröder, Anke Schubert, Tina Seydel, Heide Simon, Martin Skoda, Franz Smilgies, Nicole A. Spiekermann, Hartmut Stanke, Lore Stefanek, Gisela Storck, Juana Sudario, Rainer Suter, Alexander Swoboda, Bülent Tezcanli, Seyhan Tezcanli, Anke Tornow, Juan Manuel Torres y Soria, Julia Torres y Soria, Imke Trommler, Stefanie Überall, Erol Ünsalan, Nina V. Vodop´yanova, Felix Vörtler, Atef Vogel, Nikol Voigtländer, Barbara Wachendorff, Germain Wagner, Carolin Weber, Rosemarie Weber, Sabine Wegmann, Mark Weigel, Sabine Weithöner, Alexander Wenz, Rüdiger Wick, Frank Wickermann, Daniel Wiemer, Klaus-Peter Wilhelm, Eva Wirtz, Michael Witte, Frank Wöhrmann, Hanne Wolharn, Dieter Woll, Franz Xaver Zach, Jeffrey R. Zach, Bianca von Zambelly, Ute Zehlen, Lutz Zeidler, Oleg Zhukov, Anke Zillich, Patrycia Ziolkowska

Regisseure 1992-2003

Paul Adler, Michael Barfuß, Mohammad-Ali Behboudi, Fred Berndt, Andrea Bettini, Carsten Bodinus, Christina Böckler, Peter Carp, Ulaş Erbaş, Friederike Felbeck, Reinhardt Göber, Barry L. Goldman, Thomas Goritzki, Ulrike Grave, Ulrich Greb, Katrin Hahnemann, Guido Huonder, Matthias Kaschig, Stephan Kimmig, Heinz Kreidl, Ralf Günther Krolkiewicz, Annette Kuß, Johannes Lepper, Ulrike Maak, Michael Neuwirth, Inka Neubert, Taygun Nowbary, Stefan Otteni, Sabine Maria Reiß, Rosee Riggs, Christof Roos, Monika Schill, Volker Schmalöer, Norbert Schnell, Werner Schroeter, Titus Selge, Peter Seuwen, Lore Stefanek, Friederike Vielstich, Kay Voges, Sonja Weber, Klaus Weise, Andreas Weißert, Dieter Woll, Franz Xaver Zach

Wer da war. Ensemble und Gäste

Bühnenbildner und Kostümbildner 1993 - 2003

Cornelia Adis, Sonja Albartus, Vibeke Andersen, Kay Anthony, Klaus Baumeister, Manfred Blößer, Manfred Breitenfellner, Cornelia Brey, Kathrin-Susann Brose, Antje Buurman-Buchloh, Siggi Colpe, Robert Ebeling, Dagmar Fabisch, Fred Fenner, Regine Freise, Stephanie Geiger, Tanja A. Görlitz, Monika Gora, Claudia Helling, Ilka Hövermann, Judith Holste, Katharina Kämper, Jessica Karge, Irmgard Kersting, Silke Kosbü, Svea Kossack, Gesine Kuhn, Martin Kukulies, Ulrike Kutschera, Franz Lehr, Pia Maria Mackert, Karoline Markwart-Homola, Sandra Meurer, Martina Müller, Andrea Mutz, Achim Naumann d´Alnoncourt, Daniel Nuñez-Adinolfi, Ulrike Obermüller, Alfred Peter, Lars Peter, Bettina Plesser, Heinz Rolofs, Daniel Roskamp, Petra Rotterdam, Barbara Rückert, Ariane Salzbrunn, Tom Schenk, Moritz Schröder, Peter Scior, Lore Stefanek, Christian A. Steiof, Anna Stolze, Elisabeth-Maria Strauß, Stefanie Stuhldreier, Dietmar Teßmann, Reinhard von der Thannen, Sigrid Trebing, Renato Uz, Alirezah Varzandeh, Johan Vonk, Katharina Weißenborn, Dorothea Wimmer, Annette Wolters, Franz Xaver Zach

Musiker 1992 - 2003

Michael Barfuß, Ralf Bazzanella, Bernd Bolsinger, Volker Buchloh, Reverend CH Dabeler, Angharad Davies, F. M. Einheit, Philip Engel, Peter Engelhardt, André Faberski, Jürgen Faßbender, Camela DeFeo, Matthias Flake, Peter Friemer, Zbigniew Gil, Tahir Göktürk, Rolf Hildebrandt, Annette Hirschhausen Alfred Holtmann, Leonard Jones, Volker Kamp, Walter Kiesbauer, Michael Kim, Vassil Lambrinov, Stefan Lammert, Dirk Lucking, Markus Lüdke, Dana Maliskova, Franz Mestre, Manfred Miketta, Ennio Morricone, Rüdiger Nass, Alfons Nowacki, Dirk Raulf, Thomas Schäfer, Olaf Scherf, Gregor Schwellenbach, Jörg Seyffarth, Lothar von Staa, Bülent Tezcanli, Markus Türk, Jochen Weber, Christine Weghoff, Marius Wegner, Guido Wellers

Choreographie 1992 - 2003

Katja Buhl, René Pierre Chiata, Klaus Figge, Raffaele Irace, Amelie Jalowy, Andreas Paesler, Olympia Scardi, Michael Sieberock-Serafimowitsch, Bennie Voorhaar

Dramaturgie 1992 - 2003

Frank Bischoff, Karin Dörbaum, Claudia Engemann, Stephanie Gräve, Sandra Hartung, Astrid Horst, Michael Jezierny, Gabriele Otto, Helmut Postel, Rolf Rüth, Sonja Weber, Erinnya Wolf, Dr. Jochen Zulauf

Theaterfotografie 1992 - 2003

Jürgen Diemer, Dominique Ecken, Rudolf Holtappel, Matthias Jung, Marion Masuch, Christian Nielinger, Harald Reusmann, Doris Riedelsheimer, Sonja Rothweiler, Birgit Steinmetz, Michael Strauss, Edda Treuberg

Fotonachweise

Die Namen der Theaterfotografen, die die in diesem Buch abgebildeten Szenenfotos gemacht haben, sind in den einzelnen Besetzungen der Stücke im Kapitel „Zuguterletzt: Das was bleibt" nachgewiesen.

Die Besetzungen und Fotos der Inszenierungen, die zum Zeitpunkt der Drucklegung noch keine Premiere hatten, sind ab Juni 2003 auf unserer Homepage in Form ausdruckbarer Buchseiten unter www.theater-oberhausen.de abrufbar.